周蓓 主編

『民國專題史』叢書

鮑茄德斯 著 徐卓英 顧潤卿 譯

河南人民出版社

社會思想史（上）

詳述從原始社會到近代以來各種社會思想的興起與發展，包含有原始社會思想、古代文化之社會思想、中世紀社會思想、個人主義社會思想、馬克思與社會主義的社會思想等

圖書在版編目(CIP)數據

社會思想史 : 全2册 / 鮑茄德斯著; 徐卓英, 顧潤卿譯. —鄭州 : 河南人民出版社, 2016. 4(2017. 1 重印)
(民國專題史叢書 / 周蓓主編)
ISBN 978 - 7 - 215 - 10045 - 9

Ⅰ. ①社… Ⅱ. ①鮑… ②徐… ③顧… Ⅲ. ①政治思想史 - 世界 Ⅳ. ①D091

中國版本圖書館 CIP 數據核字(2016)第 079792 號

河南人民出版社出版發行
(地址 : 鄭州市經五路 66 號　郵政編碼 : 450002　電話 : 65788063)
新華書店經銷　　河南新華印刷集團有限公司印刷
開本 710 毫米×1000 毫米　1 / 16　印張 48. 5
字數 710 千字
2016 年 4 月第 1 版　　2017 年 1 月第 3 次印刷

定價 : 317. 00 圓 (上、下册)

出版前言

中國現代學術體系是在晚清西學東漸的大潮中逐步形成的。至民國初建，中央政治權威進一步分散和削弱，加之新文化運動帶給國人思想上的空前解放，新學的啓蒙，新知識分子的産生，民國學術如草長鶯飛，進入一個自由而蓬勃的時代。中國傳統學科乃中國學術之根基與菁華所在，民國學人采用『取今復古，别立新宗』之方法，引入西方的學術觀念，積極改造，使史學、文學等學科向現代學術方向轉型。此外，大力推介西方社會科學的新學科和自然科學，在學習、借鑒乃至移植西方現代學術話語和研究範式的過程中，逐漸建立中國現代學科，使中國的學科門類迅速擴展。一時間，新舊更迭，中西交流，百花齊放，萬壑争流，開創了中國現代學術的源頭。

伴隨知識轉型和研究範式轉换而來的，還有學術著作撰寫方式的創新。中國古代的著作向來以單篇流傳，經後人整理匯編後，方以成册成集的面目出現并持續傳播。直到十九世紀末，東西方的歷史編撰體裁不外乎多卷本的編年體、紀傳體和紀事本末體等，章節體的出現標志着近代西方學術規範的産生和新史學的興起。章節體具有依時間順序，按章節編排；因事立題，分篇綜論；既分門别類，又綜合通貫的特點。以章、節搭建起論述之框架，結構分明，邏輯清晰，較傳統的撰寫體裁容量大、系統性强。它的傳入，使中國現代學術體系從内容到形式被納入了全球化的軌道。民國時期專題史的研究、譯介、編纂、出版恰恰是在這樣的背景下欣欣而發，是學術的實驗場，也是歷史的記録儀。編選『民國專題史』叢書的初衷正是爲了從一個側面展示中國學術從傳統向現代過渡的歷史進程。

專題史是對一個學科歷史的總結，是學科入門的必備和學科研究的基礎，也是對一個時代艱深新鋭問題的解答，是學術研究的高點。民國專題史著作中，既包含通論某一學科全部或一時代（區域、國别）的變化過程的，又囊括對一時代或一問題作特殊研究的，還有少部分是對某一專題的史料進行收集的。原創與翻譯并重，翻譯的底本大多選擇該學科的代表著作或歐美大學普及教本，兼顧權威性和流行性，其中日本學者的論著占據了相當比重。日本與中國同屬東亞儒家文化圈，他們在接納西方學術思想和研究模式時，已作了某種消化與調適，從思維轉换的角度看，更便于中國借鑒和利用，他們的著作因而被時人廣泛引進。

與當代學術研究日趨專業化、專門化、專家化的『窄化』道路迥乎不同的是，中國傳統學術崇尚『學問主通不主專，貴通人不尚專家』的通識型治學門徑，處于過渡轉型期的民國學術在不同程度上保留了這種特徵。民國學術大師諸學科貫通一脉、上千年縱横捭闔之功力自不待冗言，外交家著倫理政治史、文學家著哲學史、化學家著戰争史等亦不乏其人，民國專題史研究呈現出開放、融通、跨界撰述的特點。與此同時必須看到，自晚清以來，中國的命運就在外侮屢犯、内亂頻仍的窘境中跌宕彷徨，民族存亡仿若命懸一綫。這股以創建學科、總結經驗、解決問題爲指歸的專題史出版風潮背後，包裹着民國學人企望以西學爲工具拯民族于衰微的探索精神，及以學術救亡的愛國之心。梁任公曾言：『史學者，學問之最博大而最切要者也，國民之明鏡也，愛國心之源泉也。』這種位卑未敢忘憂國的歷史使命感和國民意識是今人無法漠視和遺忘的。

『民國專題史』叢書收録的範圍包括現代各個學科，不僅限于人文社會科學，學科分類以《民國總書目》的分科爲標準，計有哲學、宗教、社會、政治、法律、軍事、經濟、文化、藝術、教育、語言文字、中國文學、外國文學、中國歷史、西方史、自然科學、醫學、工業、交通共19個學科門類。本叢書分輯整理出版，内不分科，單本發行，方便讀者按需索驥。既可作爲大專院校圖書館、學術研究機構館藏之必備資源，也可滿足個人研讀或興趣之收藏。

與目前市場已有的一些專題史叢書相比，『民國專題史』叢書具有規模大、學科全、選本精、原版影印的特點。本叢書選目首重作者的首創、權威和著作影響力，尤其注重選本的稀見性。所謂稀見，即建國後没有再版，且多數圖書館没有收藏，或即便有收藏，也是歸于非公開的珍本之列予以保存，普通讀者難以借閲。部分圖書雖有電子版，但作爲學術研究的經典原著讀本，紙質版本更利于記憶和研究之用。本叢書精揀版本最早、品相最佳的原版圖書作爲底本，因而還具有很高的版本收藏價值。

『民國專題史』的著作是民國學者對于那個時代諸問題之探究，往往有獨到之處，無論其資料、觀點短長得失如何，要之在中國現代學術史的構建與發展進程中，自有其開宗立論之地位。

原序

一　初版序

本書爲研究社會學者而作。在這裏面，供給了許多基本材料，使學者對於人類進化的動向，有相當的認識，藉此可以了解目前一切重要的問題，而且深信人類思想的力量之偉大。

本書爲便利初學起見，力求簡明，由淺入深。每章分別敍述的各個題目，都可以作更進一層的研究。學者能完全領會各章的意義，一定覺得許多問題，有再求深造之必要，倘因此引起學者的研究興趣，固然是著者所馨祝的。

一九二一年，六月一日序。

二　再版序

本書每章的材料，都加以補充，應該請學者格外注意的。這種補充的材料，足以使學者更求進益，而同時對於闡明各章的意義，也是很有幫助。

每章的文字，也加以修正和充實。凡是最近社會思想方面的新發展，已添在最後的十一章裏面。本書再版之後，篇幅已較前增多一倍，同時著者希望本書的內容，也有相當的進展。

凡是可供討論的問題，載明在每章之後的附註內。這一類的材料，可以在課餘聚集同學，互相切磋。倘若人人能做預備的工作，來討論這許多問題，一定會發生特別的興趣。但是，各個問題的探討，當以事實和它的意義爲歸宿，不可徒尙空泛的議論和爭辯，這是很緊要的。

鮑茄德斯，一九二八年一月一日，作於南加利福尼亞大學。

目錄

社會思想史

第一章　社會思想的界說

人類面對着種種錯雜的社會問題，感覺到莫可名狀的惶惑。他們的思想，時常墮入五里霧中，沒有明晰的答案。可是，最近一般的人們都開始研究社會的各項問題了。這種努力，很値得擁護的，遇到可以幫助的地方，應該儘量地貢獻給他們。要是一般的人們，都能了解社會思潮的一切機巧，那就離開德謨克拉西的成功不遠了。

大部分的社會問題之分析，都是偏於學理化。這許多探討，不是瑣屑，便是含混。社會思想的眞義，很不幸的給一般理論家完全占有了。大多數的人們，都不懂什麼是社會思想的意義，更不覺它對於人生有什麼利益，因此大家對它，都存一種蔑視的態度。現在社會思想的精粹，是應該普遍地變爲平民化，使人人能够接近它。

一般實踐家所思索着的社會問題，常常是主觀的，他以爲個人的經驗和觀點，就足够了。他感覺到不平的意識，處於對他不平的環境，就抱定了偏面的思想，結果，自己製備一種「頭痛醫頭，脚痛醫脚」的補救辦法，或感情用事地接受了一種現實的固定方案。有時候，他提倡單純的主義，以應付社會上一切的惡習，或是規定單純的救藥，以醫治社會上一切的弊病。他的觀察，時常拘泥於一隅的，他的抽象力，是幼稚得很的，因此他的結論，是偏狹的、意氣的。這樣的結果他不是錯亂無主，便是執拗陳見。

這種實踐家根本不懂得理論的同時，他卻也是一個最危險的理想者。他在譏笑着理論，而結果則墮入錯誤的理論之深淵了。譬如他不明瞭橋樑是不應該架在鏟土之上的同時也應有研究築橋的原理之必要。現在社會上的實踐家和理論家互相在詬罵，不知道大家起來合作，把兩方的觀點，融會貫通，爲世人造福。所以這世界就杌隉不寧，一切的社會問題，一天一天積累如山了。

社會思想進展的途程上，還有一種困難的障礙，就是缺乏相當的基本知識。人們在自己對於根本原則尙未了解以前，貿然地貢獻着解決社會問題的方案；而且他們是常常不願意去考察那種很重要的原則。倘若社會問題的因果，不從歷史上面去細細審查一下，就能够明白現在的各種社會運動之趨向，這是偶然的。差不多各個當前的社會問題，沒有不是人類歷史上悠久性的趨向之一種表徵。每個現實的社會之癥結，是許多原則經過深長的歷史而造成的。所以要明瞭目前社會上的各種癥結，先要研究它的根本原則。社會思想史，就是供給對於社會問題的基本知識之作品，使人認明當前的各種社會之形態和問題。

社會思想的定義

社會思想的眞正意義，就是一種多數人的思想之集成。大部分的社會思想，是談論式的——是散漫的、涉獵的。集團討論式的思想，可以算得社會思想之上乘了；但是這種方式，不很普遍，而且這種社會思想，對於學術界尙少貢獻，也許將來的收穫，是比較多一些。也許將來主要的社會思想，完全要取這種方式。

在過去和現在，社會問題的思想，照例是限於個人方面的。就是說，這種社會思想，是個人或少數的人對於集團的問題之研究。這本書是社會思想史，那麼大部分不得不記載着個人思想家對於社會生活和社會問題的探討。在本書內，社會思想的定義就是這樣，除非另外指明的。

個人的社會思想，大概可以分作兩類——第一種，是關於這個人的同類們之進化論，第二種，是關於這個人或一黨一派的利益之主觀論。第二種的思想，在社會上是帶有破壞性，而爲多數人所反對的。所以社會思想的定義，係指第一種的——是建設的，至少是大多數人們認爲建設的。本書之範圍，也以第一種的思想爲限。

在近數十年以來，許多個人之建設的社會思想，傾向科學化，凡是社會的形式，都拿科學的方法來分析了。因此就有術語的社會學的辭典，以供應這種需要，而社會學的社會思想，也風起雲湧了。本書裏面所敍述的各個人之建設的社會思想，當然也是社會學的社會思想之記載。

社會思想有實質的和抽象的二種。實質的社會思想，很少深切的。它沒有很多的疑問，也不從多方觀察。抽象的社會思想，一定要尋根究柢，詳詳細細地分析實證的事態，研求多方的關係，然後擬定妥當的公例。這兩種思想——實證的和抽象的——之區分，完全在意識的深淺，實質的社會思想，是代表一般的個人之思想，抽象的，是一種特出的思想。能够有抽象力的深造堂奧，追尋人生之神祕的人，是很少很少。因此，實質的思想，差不多完全占有了思想界之地位，幾乎古今一例。

但是，在人類之歷史裏面，也可以找到少數自由自在的人們，不爲衣食所累，也不斤斤於利祿，更不終身流浪着虛糜光陰。他們是以學者自居，專心地研究眞理，這種眞理是求解放社會上一般人們的——在變動和繁雜的生命之中，要想解放着，使生命有益處的，更有意義。當這種有閑的人，能够專心一意地做抽象的思想，他的研究至少有五項過程。

思想之五項過程

（一）人類和大自然的關係，已經有了不少的探討。原始的人是抽象着一個有神仙的大自然。從有史以來，人類總是帶着宗教色彩的，要想拿神權來解釋大自然裏面的一切問題。這一項思想，就創作了多神教、一神教和神權教。它又創作了神權的信條，而結果則引出很深刻的宗教紛爭，它是造成恐怖、希望、信仰、社會理想、祀禮等一切的起源。

（二）在宗教意識之外，去找尋人類和大自然的關係，這就是哲學思想了。他要求用思想的條件，打破大自然環境之謎；找尋一種固定的學理，以解釋大自然的一切。他想用一貫論來說明循環，拿一元論來說明積累。就說大自然裏面的一切變化，是循環性的。他自己覺得創造的進化論，是最滿意的發現。總而言之，他想盡人力之所能，不偏不倚，求出大自然的解釋之最後答案。

（三）與宗教的和哲學的理論，完全分道揚鑣的，是一種思想之本體的研究。他對於思想的方式，在內在地反覆考核着自己腦力的組成和作用，都使他感覺到成爲一種問題。這種探討的演繹，就有像完全意識的批評(Critique of Pure Thought)一類的作品，或是現在很普遍的名詞——實驗心理學，或心理分析論等等。

（四）人類也在探覓着地層內物質的祕密。從英國工業革命以後，大家的眼光，很深切地注視到如何利用物質。一方面岩石和地層岩裏面，都已找到很豐富的礦砂，而地下層的窟穴中，也產出多量的煤氣和油質。最新的交通，是利用汽力、汽油、電力等等。機械上的新發明，也是日新月異，層出不窮，都應該歸功於許多創造的天才的。這一種抽象的思想，使人類增加了很偉大的物質生活。

（五）近年以來，人類社會上一切的問題，也是受到科學思想的審訊了。在數千年的過程中，人類費了十二分的腦力，以研究人類與大自然及神權的關係，和對他們應負的使命，也探討心理和精神的界說，尋求地內物質的資源之享受。但是，一直到最近爲止，人類完全忽視了生命之中心——他對於同類們或社會的關係，及應負之使命——雖然應當承認這問題是不易捉摸的。大家沒有注意到的，就是社會思想，在本書的定義上說的，社會問題之建設的思想，健全思想之中心的思想。因此，這世界在種種社會罪惡之下，一天一天往後倒退，與他的前進差不多互相抵銷。

現在的世界，是空前地需求着社會思想；而社會思想卻沒有充分的預備，以負它重大的使命。在這時候，宗教思想，也成了社會思想化，以便重整旗鼓。基督教在它奪回世界的陣線，大大的需要實驗的社會學理了。

經過許多空無所有的搜索——憑着虛僞的和冷酷的學理——哲學思想也在跑向社會的園地了。心理學也不再是個性的、機構的和形式的，它現在漸漸地想從人類行爲中求解釋了。集團的方法，是被找尋着，以決定個人行爲之根本動機。

同時，經濟思想已達到相當的境地，它正從社會學的知識中，重訂經濟原理的新定義。地球上物質的資源，工商業，及一切的經濟組織，都是依着社會學的原則，重新地度算和估量着。工業平民化（Industrial Democracy）的名詞，也在拿社會學的條文註釋。

在明顯的共同生活中，也多量地需要社會學。它是被邀請着來規定教育制度的價值之定義。集團方面也在設法依照社會的方式，使它們中間所有閒散的分子，都能利用寶貴的時間。在家庭中，也要恢復社會化的組織。而社會方面，當然是拿新的方法，以代替家庭式或鄰舍式的種種弊病了。

社會思想是大部分的社會形態之產物。要明瞭社會思想，一定先要曉得各個時代的背景，它的益處——糾正社會弱點和不平（註一）——還沒有得十二分的認識。

社會思想的歷史，從人類在地球上開始生活以來，凡各個時代裏面的變遷，都有相當的記載。有許多引證，是根據世界上第一流思想家的作品。讀了這種作品，我們也就像和世界上的威權思想家，晤對一室了。

討論要目

（一）社會思想之名詞的各種意義？

（二）社會學的思想之特色？

（三）眞正社會（集團）思想，爲什麼原因而缺乏？

（四）實踐家和學理家的區分？

（五）在應用社會方式的事情專靠實踐的態度，有什麼危險？

（六）實證的思想和抽象的思想，各有什麼長處？

（七）人類思想的主要各項是怎樣的？

（八）社會問題的特徵？

（九）集團思想的討論之條件？

附註

（註一）在列祈登勃吉(J. P. Lichtenberger)的社會理論之發展(Development of Social Thought)一書裏面，所用的公式，全係先事描寫社會狀態，然後說明其成果。這本很有價值的作品，可以給本書讀者作參考之用。該書爲紀元印書局(Century Press)一九二三年出版。

第二章　早期的社會思想

原始的人類，都富於好奇心。他們日常看到的一事一物，往往要窮追根源，找尋相當的答案。他們的注意點，全部集中在生活上所遇到的一切有形之現象。他們的想像力創作了許多荒誕和迷信的解釋。他們所估量着的，不外是日常生活方面的事情用實證的、描寫的和主觀的語調來答覆。

無論什麼地方的原始民族，對於社會的關係之意義，都是不十分了解。考古學的記載，發現了粗淺和簡單的，但是眞實的社會意識之含蓄。早期的許多神話裏面，也承認着社會關係的重要性。當種族生活剛剛開頭的時候，就有了社會公產之意識的粗坯。原始人類的諺語裏面，也暗示着——雖然不是肯定底規定着——社會的責任。

原始人類已經嘗試過單簡的集團行爲。他們對於父系的關係，雖然不很認識，但是對於母系，至少有幾年的情感。這種很微薄的家庭關係，就生出了少量的社會責任。直到宗祀制度發達以後，家庭的集團就增大了，同時也發現着很深切的社會特性。所以宗族制度，是社會的團結力之先聲。

社會公產，就是羣衆思想的起源。像那共有獵場和全族的牧羣等等，都是指示着一種自族思想。集團的跳舞、會宴、建築、慶祝等等，也顯示社會的精神；而戰鬪一事，更足以增進對於種族的忠順觀念。我們來檢查一下各種的自族行爲，就可發現不很淸晰的，但是起端的，社會幸福之意識。像森納爾的(Sumner's)自族的行爲(Folkways)

那一類作品，記載着多量的，原本的自族思想。

自族思想

最初的宗教，都深深地刻劃着自族思想的形跡。早期的宗教，假定了許多神仙的天府。個人的行爲，拿是否順逆天意，作去就的準則。小孩產生在這人和神仙所居的世界，因爲神仙比人多，所以更應敬畏的——它們的勢力高於一切。生人、鬼靈、神道，這三種是包含在世界裏面，地位是由下而上，因此造成許多重要的社會統治之制度。

倘然遇到災疫流行，就是因爲一部分人觸怒了神道。有時因了一個人的觸犯，而全族都要受罰。因此，全族的人們，逢到有一個人犯罪，就想法去懲罰他，借着強暴或是恐嚇的力量，可以鎮壓一切人的行爲和思想了。

原始的人類，也都遵奉風俗。他們對於過去威權者，是應該馴服的。他們很惶恐地處於祖規和現實的恐懼之間。意識上所走的路，是羊腸鳥道那樣迴環曲折而窄隘的。他們所曉得的，只是服從——服從殘酷無仁的過去，和變幻莫測的將來。領袖者是嚴厲暴戾的，服從者是畏縮戰慄的。

原始人類最初的社會觀念，在諺語中保存着很不少。而許多機巧的社會生活之關係，早期的人類，也有已經認識的。他們淺顯的思想，就假定了單純的公式；他們的知識很是簡陋，意識也很薄弱；而所說的話，更是帶着習慣性的，他們時常用諺語來引證。

很多的自族思想——或是原始的社會責任之觀念——還是保存着。早期人們的諺語中，時常可以發現社會思想的出發點。現代的一部分受屈服的種族中間，也可以找到很多有價值的成語。這種胚胎式的社會思想，下面舉幾個例子。（註一）

阿菲利加人的自族思想

第一種例子是從基尼海岸（Guinea Coast）的阿菲利加人之自族思想中揀出來的像這樣的諺語——『灰塵是向撒它的人的臉上飛』——就是說做惡事的人，一定會自己受罪，或是像現代的人說『罪惡會回到家裏來住宿的』（西方的諺語。）還有一種話——『貝殼（古代的錢）即是人』——原始的人類很粗直簡捷地說明了人類歷史上的經濟原理。貝殼或是金錢，改造了人類的思想，決定了人類的進化和一切形態，也還是給予社會一種權力而左右操縱了人類的行動。更有一種很古的觀念，雖則指示着低度的社會意識，但是在社會裏面占絕大的力量，就是這樣的一句話——『吃飽肚子的小孩對着餓肚的小孩說：你應該很高興呀。』在人類歷史中間，無論什麼時候，幸運的人，總是教他不幸的和勞苦的伙伴，要忍耐着平心靜氣着。有一個美國的財富者，他自己擁了千萬家私，有一次表示很可憐那許多在電話公司做苦工的女接線員們，但是他說：『她們這種艱困情形，是上帝給她注定的』。照這樣說，我們現代的那位衣冠財富者，和野蠻時代的吃飽肚子的小孩之社會哲學，有什麼長進呢？

又從這一句話——『意卡（Ika）的傻子和意路卡（Iluka）的呆子，會跑攏來做朋友』——阿菲利加人早就見到物以類聚的意義，好像現代的人說：『鳥類總是和羽毛相同的在一塊兒』（西方的諺語），不論是意識地，或無意識地人類的集團之結合也是像意卡的傻子和意路卡的呆子一樣的。

浪漫式的戀愛，顯然是容易變遷無常。阿非利加人也早就說：『愛得快變得快。』這種關於戀愛的冷酷評語之價值，要是現在引用起來，勢必國家規定一種法律，凡結婚認可證須於舉行結婚禮之前半月或一月向官廳請求發給。

社會不平之意識，很深切地在下面一個譬喻裏表示了——『地上的野豬說：我雖恨殺我的人，但是我更恨把我在殺後推倒在地上的人。』這句話描寫『打落水狗』的人，喜歡在人家失意之時，再給他打擊。因此可以知道，雖是原始的人類，他們對於失敗和無告的人們，都表示一種同情心。

『三個老年者，一定不會完全讀錯愛克路（ekulu 阿非利加人呼羚羊的名稱），一個人讀以可路（ekúlu），第二個人或者讀以克魯（ekulú），第三個人或者讀愛克路（ékulu）——那最後一個是讀得對的。』換句話說，多數的首領是要比一個的好得多，所以諮詢者愈多，事情就辦得更妥當。這一些很簡單的教訓，就使那最富於個性的羅斯福（按此係美國一九〇一年至一九〇九年的大總統），也因此得很多的益處，不僅對於他個人，並且對於全國。當羅斯福總統遇到很困難的問題，他很習慣地請了許多與他的意見相反的人到白宮裏面去各抒意見。他所執行的事情，都很直捷了當的，但是必先經多方的諮詢纔決定。

在黑人的思想(Thinking Black)一書裏面，著者克洛福特(Daniel Crawford)貢獻了黑種人的哲學之各面。（註二）雖則不少地方是關於個人的，但大部分是社會哲學。討論風俗的地方，最是普遍。阿非利加的黑人之社會哲學，可以『服從領袖者』一句話，包括盡淨。社會的成例——不是任何主義——是一切行爲的前導。假若你是服從者，就得耐心地服從着，倘然你是領袖者，就可以嚴厲地指揮着。他們也這樣說：『做鐵砧的一定要忍耐，做鐵椎的可以椎得重一些』。

阿非利加人也懂得社會心理學的文字。但他總是看你的眼珠，不很聽你的聲音。在他們的隊伍裏，人類的一雙眼珠，就是天下一切的文字。克洛福特氏說：阿非利加人的兇暴的眼睛，能夠在你的一雙眼珠裏尋出消息來。倘然你的眼睛是這樣說，而你的舌頭又是那樣說，阿非利加人就會馬上照你眼中的表示來對付的。

有一句成語說：『壽衣上是未有口袋的』，是警告人們不要把實貴的財貨帶到另一個世界裏面去。能夠拿東西分給旁人，要比藏給後代強得多。愈是肯捨予的人，更是可以算富人。和克洛福特接近的阿非利加人中間，罪犯兩字不是用在竊取貨物者或殺人者的身上，是用在私地裏自己獨享的人。『這地方最大的罪惡，就是一個人獨自吃東西，這種所謂獨享的罪，比其他一切的罪要重呢』。倘若有一個人不願拿自己得到的食物分給沒有吃的人，是可算罪大惡極的魔鬼。照阿非利加人的觀點，這種罪惡在禽獸裏面很普遍，應該爲人所不齒。有幾個野人被帶到倫敦，給他們看了都市貧富懸殊的情形，差不多使他們瞠目結舌，驚異得不得了。他們覺得要是一個人多少還有一些天性，怎樣可以自己席豐履厚地享福，不顧同時在同一個城市裏面，有許多鶉衣百結、面帶菜色的窮苦民衆，尤其在白教堂（White Chapel）一帶的人們呢。

『那一隻小獅子聽到大獅子——牠的父親——怒吼的時候，是戰慄底呀？』幾天前的一個早晨，我聽到一個盛怒的父親，對他的兒子咆哮着，但是那個不服從的兒子，還依然幹他的。我想這樣的父親，對於嚴威和教訓上面，與阿菲利加人——他們天天在獅羣常到的環境中生活，所以拿牠們的情形來做抽象社會之標準——的見解，有什麼長進呢？『樹枝長得彎曲，因爲在小的時候，沒有人去把他扶直。』這一句話是顯然地表明幼年人的失教和成年人的犯罪之社會的責任。它的基本原則，與希臘的成語——『幼年者教以義方，長必守道弗衰』——是一般無二的。這種原則，在現今也有相當的認識，就像說父母的溺愛和姑息等等，在現代的觀點——富於社會的危險性之涵義的——是說『父母不知道自己的兒女之弱點』，在阿菲利加人也有雷同的一句話——『硬殼蟲的母親之眼中，牠是美麗極了。』阿菲利加人說：『寄生物是沒有根的』，對於現代所討論的社會寄生分子之問題，也有相當的暗示。

澳大利亞洲的黑人，當他出外旅行的時候，常常帶了些本鄉的泥土；這樣不但表示他對於家鄉的忠順心，並且可以免掉遊獵時旅途的寂寞；他的行爲很粗直地代表他愛國的心理。在澳大利亞的原始人們中，公平的意識很是普遍。澳洲的華郁克(Whayook)種族中，那一個人傷害了他的同族，應該跑到這受傷人的面前，照樣地給他弄傷纔好。(註三)還有溫畢斯(Wumbias)種族中，倘若有那一個人在他的親戚死了的時候，是出門去了，他回來的時候，就不能和旁人說話，一定要等旁人先拿槍拋在他的身上。(註四)斯賓塞(Spencer)和吉爾倫(Gillen)都說：澳大利亞的原始人，對於犯了過失，能有相當的補償，就可算這過失是洗清了。

菲律濱人的自族思想

菲律濱人說：『一塊靑的樹枝，要是放近了火，也會燒着的』。換言之，誘惑是一種狡猾的原子，雖是穩健的人，最後也可以受它破壞的。有一句成語說：『誇口可以把智慧趕走』。菲律濱人早就指出要是你有意在伙伴面前賣弄，可以妨礙你的知識之進境。關於奢侈的危險性，菲律濱人也說：『生長在安樂的人同殘廢者一樣』。他們又說：『僥倖獲得的財貨，是賺得快化得快』。對於苛刻批評人家的人，菲律濱人說：『喜歡尋覓旁人過失的，他自己的過失一定最大』。社會相互的公律，可以拿『你今天大哭，我明天大哭』一句話包括着。社會機構之組成性，在『一只指頭苦痛，全身都覺苦痛』一句成語內含蓄着。人類應有獨立的思想，在他們說：『一個人相信別人所說的一切，自己一定沒有腦子的』。反過來說——自我心太甚的人也給他嚴重的警告——『不聽勸告的人，一定會走上禍患的途程』。人生當以和藹可親爲貴，在菲律濱人的成語說：『慈善是一種可貴的東西，和上帝那樣的行爲，比金銀更可貴』。社會重要的意識，在以德報德，不可以金錢來報德一種方式裏感覺着。類乎這許多的諺語，都能表示菲律濱人最早期的社會思想。

日本人的自族思想

我們現在來檢觀一下日本古代的諺語。（一）『民衆的口，可以鎔化金子』。這句話，就指明公衆意識的基本力量。(二)『世界像一面鏡子，你自己哭了，旁的人也會哭起來。』這是描寫無意識的摹仿之原質。(三)『統治者所需要的，被治者也是需要着。』換一句話說，上級社會所要的，下級社會也是要的，就像泰德（Tarde）說：『在上者時常給在下者摹仿着。』(四)『三個人拼湊在一起可以比得上文殊（有名的佛教思想家）的智慧。』阿非利加人、菲律濱人和英吉利人都有同樣意義的成語，上面已經說過了。無論那一種民族，對於博思廣益的一事，都是很早地見到了。(五)『天網是很粗簡，但是從沒有漏掉一個犯罪者（天網恢恢，疏而不漏。）』起源自希臘和拉丁同樣的格言說：『上帝的磨子，是很小而慢慢地轉着，自己的罪惡早晚會得到報應的。』這果報的公例，無論怎樣，是不能克勝的——就是社會的做作，也是不行。(六)『假如一隻狗的叫是虛僞的，經過一萬個人給它傳出去，就成爲眞實了。』這一句話，是針砭着謠言，同時也摹寫人類喜歡以耳代目地造成社會的波蕩之動向了。(七)『舌頭祇有三寸長，可以殺掉六尺長的人。』這裏也是顯示着饒舌者的罪惡。而且，最重的刑罰，不是有形的，有時候也從人類的舌頭上來的。(八)『一個人喝了酒，酒也就會吃他。』這一句活躍描寫着飲酒之害。(九)『贊和是錯誤的根源。』就是日本人也認識意識的力量可以左右個人，而阿附的意識，足以增加自大心。日本諺語特出的表徵，是對於社會心理學有深刻的認識。從他們諺語上考察的結果，可以知道他們是深切地認識了人類的性情。

其他的自族思想

比而加人(Bulgarian)的諺語發現許多社會思想。阿非利加人的『飽肚子的小孩』之哲學，或是『豬槽』的哲學——已經加佛爾(T. N. Carver)分析過的——在比而加種族裏面都有相當的對象——『滿足的人，總不信飢餓的人』。南斯拉夫人的結婚儀式是著名隆重，每次總得有三天的熱鬧。過了這婚禮以後，做新婦的就度着單調的生活，專門生育着小孩。這種社會狀態，他們有幾句形容的話——『鼕鼕鼕了三天，唷唷唷到老』——可以代表一切。

比而加人鼓勵忍耐的成語，是說：『馬兒，你要忍耐，等待着青草生長的時光』。斯拉夫鄉下的成語——『餓的母雞，會做夢到小米的』——很樸實地指示着人的心田上，是會長出希望之苗的。

丹麥人也有很多的成語，注重到社會的互助。他們的訓條是：『你雖在山谷裏的行爲，也要使得你對於立在山頂上的人們，毫無愧怍』。奸險的人，是最危及社會的，因此他們說：『機詐是沒有光榮的』。饒舌者是最迅速的信差，這裏也有一句成語——『一個人的品性，會比他自身先到鎮上的』。還有欺詐旁人的，他自己先受到最大的欺詐了，就有『欺人者自欺』一句格言。帶有普遍性的罪惡，丹麥人的成語——『要想責備人家，自己先得潔身』——裏面也有相當的認識。風俗是威權的統治者，他們有一句話，是說：『你要服從風俗，不然，就離開這裏』。

葡萄牙人中間有一句帶有社會性的成語，是『一個人愈還債，愈是得不到便宜』。戀愛的非科學化，他們公然承認『戀愛是沒有法規的』。常常地放債和交友，是立在相反的地位，這種情形，在葡萄牙人的成語——『金錢借出了，讎敵也就結成了』，很機巧地描寫着。

阿剌伯的成語，很少帶着社會之意識的。但是也有關於促進社會相互之定律的話——『一個聰明的人，和壞人混在一起就是愚呆；一隻狗跟了好人一塊兒走，也會變成有理性的東西』。聯合的力量在這一句話——『三個人要是能够聯合在一起，可以破壞全鎮』——中，很有力地描寫着。愛情的改造力也是相當地認識——『戀愛可以使得任何境地，都很合意』。對於個人之唯心論的社會準則，有這樣的一句格言——『寬恕比刑罰更是可貴』。但是，慈悲心也會誤用的，因此還有一句成語說，『給罪犯表示慈悲，也許對於民衆是殘酷了』。任何個人不可忘恩負義，他一定不能容許利己的慾念，去摧殘他感恩的心理。阿剌伯人的成語說，『一棵樹給你庇蔭的，切不可教人把他斫掉』。嫉妬的意識，是帶有遍在性的。他們有一句俗諺——『嫉妬是誰也免不掉，尤是高貴的人，愈容易受他的進攻，好像高山的頂上，大風總是迴旋怒吼着』，很足以表示罪惡的習性和社會底動向是背道而馳的。他們的成語——『一只手習慣向旁人拿東西的，和喜歡送東西給旁人的，相差不可以道里計』，描寫得十分深切。馬爾薩斯主義（人口論）的信徒，對於這句簡明的格言——『船上的水手太多了，船就要翻沈的』——必定覺得滿意吧？要是一個人處處博人家的歡心，他的性格一定有損。在阿剌伯人說起來，就是『要是任何人都讚美他的人，一定配不上這許多讚美的』。

錫蘭地方有一句帶有慈悲語調的俗諺，就是『當你吃東西的時候，應該想到窮苦的人們』。但是錫蘭人也承認慈善事業有維持科學的態度之必要。他們說：『給人賙濟的時候，先得想一想纔行』。金錢之作祟，在錫蘭人中間，也有一句成語——『貪欲的人，有兩重罪惡，先要聚斂，又要浪費』。

在墨西哥人的諺語中也找得到社會的意識。下面所錄的幾條，都可以發現社會的要義。（一）『嘴裏面在叫着的貓，一定捉不到東西』。（二）『任何人都能够爬上倒在地面的樹枝』。（三）『有錢的孀婦，祇有一只眼珠在哭，另一只眼珠是在望結婚的鐘響了』。（四）『舌頭是慢的，眼是快的』。（五）『從正月到正月，銀行家把金錢都弄到他的口袋裏了』。

以上所舉各民族間的例子，很足以顯示早期的原始人類之社會思想。為比較起見，有很多在英吉利人、蘇格蘭人、法蘭西人和德意志人中間很普遍的社會諺語——它們的來源是多面的——附載於本章之末。

總論

原始的社會思想，藉俗諺和成語等等，一直保存到現今。它的性質，應該照下面數項來探討着。（一）原始的社會思想，是單簡的、粗陋的、半開化的。（二）它是不相關連的，毫無系統的。（三）拿任何原始種族的諺語分析一下，把屬於個人的和屬於社會的隔離着，一定屬於社會的占極小數。原始的思想，大部以個人之幸福為歸宿；而社會的思想，也常常以個性主義為出發點。社會的意識之產生，並非需要它的本質，也不是偶然發現的，因為有了它，足以使人們的羣衆生活，增進協調與幸運。（四）社會的諺語，是譬喻式的；常常引用自然界的東西來比喻，或取實質的物件來做例子。有很多的比喻，顯露着他們的田野式之心理。（五）各民族之社會的諺語，也是常常包含家庭的和社團的關連性。但是社會責任的意識，總不超越很小的集團之範圍。集團與集團間的責任，在這種諺語中，差不多沒有說明或暗示。社會底幻象，總是擴張不到較大的集團上面。（六）原始之社會底成語，倘用比較的研究法來考量一下，可以發現很多的相同點，而證明人類的經歷和社會底需要之一致——縱然他們的種族是不同的。這種相像點，並非他們是互相合作或是串通的，或彼此摹仿的。它是表示散處在漠不相關的地域之原始種族，都感覺到需要；因此利用他們的腦力去找尋滿意的社會底答案。但是這種原始的思想，卻產生了許多基本的社會概念——就像宗族關係、威權、依賴和種族的忠順。

社會底諺語（註五）

「東西給了朋友，不能算是損失。」

「世界上的捷徑，就是交益友。」

「一個人的品性，可以從他的交友方面觀察。」

「你對付旁人的行為，一定要和你希望旁人對付你的一樣。」

「一個人要交朋友，自己先要和藹可親。」

「一個不好的榜樣，可以破壞很多的訓誡。」

「誠實是最可貴的行為。」

「一個人受了恩惠，應該報答。」

「鳥類總是和羽毛同的聚在一起」。

「樹枝要是彎曲的，一棵樹全跟了彎曲」。

「住在玻璃屋子裏的人，不可拋石子」。

「有了禮物，沒有送禮物的人就覺得空洞」。

「對於一羣蜜蜂是不好的，對於每一只蜜蜂也是不好的」。

「末了笑的人，纔是眞的笑」。

「要一對夫婦倆都快樂，一定男的是聾子，女的是瞎子」。

「慈善者愈捨予而愈富，貪得者愈藏積而愈窮」。

「人手愈多，工作愈輕」。

「沒有受到艱困的人，對於旁人和自己，祇曉得了一半」。

「一個奴子，祇有一個主人，一個野心勃勃的人，對於幫助他進境的人們，都是他的主子了」。

「口渴教各種動物都喝水，喝酒的祇有人類」。

「世界上的意見，可以做好事，也可以做壞事」。

「讚美是和金子與鑽石一般底可貴，因爲都是稀少的緣故」。

「一個人要單獨地走上天堂，他能否找到去的途徑，很是疑問」。

「許多人的誹謗和讚美，都有很大的效用。」

「任何東西的危險性，比不上一個粗忽的友人。」

「受了旁人的恩惠，不可忘掉；給了旁人恩惠，不可牢記着。」

「不論是一個國王，或是一個農夫，要是家庭裏很安定，他就是最快樂的人了。」

「你喜歡怎樣做人，就怎樣去學習。」

「你想和祖先一樣好，一定要有勝過他們的地方。」

「待人好，就是待自己好。」

「大自然就像一個城市，裏面有很多親愛的神聖或人類，都是天性地相親相愛着。」

「知足者常常是最富裕的。」

「我們可以得到很多的朋友，但是祇有少數的知己。」

「倘若耳聞少，口舌也可以少了。」

「語言可以表示個性，你所說的言語一定使我了解你。」

「有了患難，方始顯出交情。」

「你愛我，也得推愛我的狗。」

「父親能夠曉得自己兒女的個性，就是聰明的父親了。」

「帶了王冕的，最是沒有安定」。

討論要目

（一）原始的社會思想之範圍。

（二）早期的社會思想，是用什麼方法來保存着？

（三）那幾句阿菲利加人的諺語，是有極大底社會的重要性？

（四）菲律濱人、日本人和墨西哥人的諺語裏，那幾句最有社會價值的？

（五）依照各種民族的諺語，來比較他們的社會思想。

（六）在本章所錄的諺語中，選出你以爲最重要的三句，並說明選出它的理由。

（七）關係原始的社會思想之結論，那一種最有重要性？

附註

（註一）湯姆斯(W. I. Thomas)所著的社會原始之材料(Source Book of Social Origins)一九〇九年，支加哥大學出版，第一六一頁。

（註二）克洛福特(Daniel Crawford)著黑人的思想，一九一三年杜蘭書局(Doran)出版。

（註三）卡爾(E. M. Curr)著澳大利亞民族(The Australian Race)一八八三年，梅而朋書局(Melbourne)出版。

（註四）好會德(A. M. Howitt)著澳大利亞種族的組織(Organization of Australian Race)第一五二頁。

（註五）這許多社會底諺語，大部分是英吉利人的。但是有不少是來歷不明的，也有不少是在斯賓塞和莎士比亞的作品中找到的。有的是從羅馬人或其他早期的民族方面取來的——它們可以在斯多噶斯主義者（Stoics）像辛尼加（Seneca）、奧利哪（Aurelius）和伊比克德多斯（Epictetus）等等之作品中找到的。將這許多諺語和本章所討論的日本人、菲律賓人及阿菲利加人的諺語對照起來，一定覺得很有趣味。

第三章　古代開化民族的社會思想

本章關於古代的社會思想之討論，以古代開化民族——像埃及、巴比倫尼亞（Babylonia）、亞西利亞（Assyria）、印度、中國、波斯等——的立場爲出發點。在這許多古代開化的民族中間，關於社會思想之形跡稀少而不完全。但是有許多材料，不可忽視。臆斷的證據和諺語式的論列，是佔有了這種材料的主要部分。

一

古代埃及的社會階段，是官僚化與貴族化的。國王是高於一切的。自從底比斯（Theban）的傳統勃興以後，宗教派就佔有權勢，並且造成了一個神權的時代。後來武力派得勢，將宗教派推翻。

埃及的開化，在西曆紀元前四千餘年，它注重法治的社會階段，是顯著地特立在歷史上。早期的法律典籍，都帶有神聖的色彩。它們是被視爲神權的和君權的產物，也規定法庭及犯罪的處罰。

關於社會底意識，差不多只可從諺語中探覓。埃及的學者，認爲這種道德底訓誡之集成，是屬於實驗的，不屬於條理的哲學之性質。最爲人們稱道底埃及成語的詞書，要算『勃達豪托潑之諺言』（Proverbs of Ptah-hotep）和『阿尼之規律』（Prescriptions of Ani）兩種了。

國王是神聖不可侵犯，他主宰了社會底階段。土地的所有權，屬於國王和少數的貴族。大部分的人民，都是佃農和奴隸。在埃及的歷史上中等階級的人民，一定是弱小而佔少數的。後來宗教派得勢而佔有了土地，民衆社會底情形，完全沒有更變。教士們和他們的外援——兵士們——分佔了一切的威權。那許多無權無勢的人們，在奴隸以外，是包括着農夫、船夫、工匠、商賈等等。(註一)

埃及人的生活，都是村野式的。商業很不發達。高等的教育，是保留給少數的人們，雖則初等教育，好像很是普徧。教士們時常引用他們在教育上的優點，凌辱人民，或煽動民衆的迷信心，以便增強他們所享有的統治社會之威權。

埃及人的心理之矛盾狀態，是常常往來於快樂主義的娛樂和未來生命的操慮之間。娛樂的事情很是滋長，飲酒也很普遍，而音樂尤是提倡的。奕棋的遊戲，是全國都認爲很好的消遣法。人民不尙武士道，但是卻僱了傭兵——最後還是這許多兵士，變成了社會底威權者。

一夫多妻制，是被認可而實行的，但是祇有富裕的人們是採行的。在特種勢力階級內，婦女也得到相當的自由。她們可以和丈夫一塊兒出入於公共的場所，也可以公然地參加宗教的典禮，更是享有特別的財產權。據說在某一個時期中，埃及的婦女，不但可以擁有私財，並且可以自由處置，和利貸金錢給她們的丈夫。在另一個時期內，產生這樣一句格言——『你不可忘記你的母親，和她給你的一切，她是生你而多方養育你的。』小孩們所受到的教訓，總是服從父母，尊敬長輩，而一切須要忍耐。仁愛是最偉大。做領袖的人，也得公正和仁愛。(註二)

埃及人對於未來的信仰，佔有了他意識的大部分。結果，雕塑術是十分地發達。他深信人類的形體有了造像，而這個造像又是保存着，那末這人死了以後，他的靈魂和軀殼比較容易重新合在一起。建築術也是很發達，不過只拿墳墓、金字塔和其他一切的碑石紀念物作爲對象。都市的墻壁和城壘等物，還沒有找到，以證實埃及人的社會建設。

埃及人相傳着說：在另一個世界裏，一個人終身的一切行爲，都有報應。這種信心造成了社會的勢力，使人們負有固定的社會底責任。一個人應該公開地對付他的伙伴。他也得尊重社會上弱者的利益。例如，他不應該向奴隸的主人，揑造這奴隸的罪名。他應該尊重財產的主權。從古代埃及的彫刻上得到關於道德和社會底文字，顯示在宗教的場合上，不論那一個人都應該注意對於做國民和鄰舍的義務。

二

古代巴比倫尼亞與亞西利亞之社會底階段，和埃及的情形是大同小異。巴比倫尼亞人記載洪水氾濫的狀態，與舊約書中所述的水災很是相像，並且也指示着道德觀念和社會生活的思想，巴比倫尼亞與亞西利亞之宗教，都是拿國家的集團作對象。而國的界限，一個是在麥洛達許（Merodach）的統治之下，另一個是在阿修爾（Assur）的最高威權之下，顯然分出國家的集團之區別。他們相信每次國王出征，麥洛達許總是庇護着，而且爲國家助戰。照那時候的傳說，麥洛達許所關心的，完全是巴比倫尼亞民族集團的幸福。

巴比倫尼亞的社會，對於奴隸制的態度，與羅馬絕然不同，而與埃及的習俗很近似。巴比倫尼亞人對待奴隸，比較羅馬人寬容得多。奴隸也視為家庭的一分子，而且可以變為社會上的自由人。他們有一句話說：「做了奴隸，和他的前程沒有妨礙。」總而言之，做了奴隸的人，不一定像給他燒了烙印似地，喪失他社會的地位。

婦女在社會上的權利，與埃及的風俗相同。貴族婦女已嫁的，絕對享有財產權。她也可以隨心所欲地處理她的私有財產，而且能夠自由遺給她所指定的人。她的粧奩所有物，使她的經濟完全獨立，因為這是她專有的財產，可以隨她個人的意見，用遺囑來傳給任何人。

巴比倫尼亞最早而著名的國王，要推罕穆剌俾(Hammurabi)——西曆紀元前二一二三年至二〇八一年。他作了一部法律的書——罕穆剌俾之法典(Code of Hammurabi)——因此著稱於世了。這本法典很能代表他的欲望，要想拿公道正義，以治理巴比倫尼亞的社會。在法典中間，也有關於私有營業和勞工情形的詳細規則，於現代重商主義的思想，具有典型性。

這本法典，可算是最早的勞工法規程式。罕穆剌俾想拿法律來解決各種勞働者的工資。法典中也規定嚴重的處罰，以對付隱藏潛逃的奴隸。像這一類方法，確定了財產所有權的保障，而人類的地位是屈居於法律之下。在申命記的法典(Deuteronomi Code)沒有頒布以前，勞工的權利，未得法律的認識。

罕穆剌俾主張社會的統治，是應該世襲的。他對於公道的意識，差不多完全是一報還一報的。『倘使有人把貴族的人之一目弄壞，甚至失明，他自己的一目，也應該照樣失明。』(註三)但是這種公道，也得受社會階級的規律之限制。凡是對於低級的人，有了犯罪行爲，可以將罰金抵償。『倘然有貴族把一個苦人的一目弄壞，使他失明，應該處罰銀一塊。』（註四）關於公道的概念，在罕穆剌俾之法典的條文裏面，可以找到其他的明證，尤其是這一條——『匠人替人家造了一所住房，因爲工程不堅固，這房子不久就坍下，壓死了主人，間接就是匠人給送掉生命，因此這匠人是應該處死刑的。』（註五）

巴比倫尼亞之文化和發明，顯示着這民族社會的地位，在藝術方面的發展——尤其是建築術和彫塑術，造成間接而重要的社會勢力。罕穆剌俾國王以前，外科醫術已經有了顯著的進展。但是，在醫藥界方面，全部的人民，都受了疾病是鬼祟的理論所束縛。

亞西利亞民族住居在巴比倫尼亞之北，比較起來，缺乏社會的意識。他們對於未來的生命是漠不關心的；他們的宗教，也不很發達。亞西利亞的藝術家，完全集中他們的注意點於國王、朝廷和戰爭上面。他們用藝術的程式，以顯示他們的國王和兵士，但是忽視了民族的生活和風俗。

三

當我們看到早期東印度人的記載，就覺得他們的社會理想，是高於本書前章所討論的一切民族。在吠陀經裏面，可以找到很多社會生活的證據，和高度的社會意識及友愛。東印度人洪水的記載——和聖經創世記中所描寫的洪水相似——包含着一種概念，就是說，因個人的罪惡而大家都要得到處罰。在吠陀經的信徒中間，認爲祭祀是絕對的社會底職務。也可以說是一種社會底行爲由祈禱者與神靈共合參加着。薦祀的食物，是供養神靈的；而祈禱者的精神得與神靈接近，可以增修道行。因此，人與神就發生相互同情的關係。

自從婆羅門教(Brahmanism)盛行以後，宗族階級的制度就發達了。它將社會區分爲數段。它造成了一種概念，是說，一部分的人是天然的——和人爲的——比另一部人高貴。在文殊師利的法規中，許多社會概念，是得到相當的闡明了。結婚和家主的責任，都有相當的解釋。婦女的責任，也是有了規定。凡是公私法規的性質，都是值得注意的。在患難的時候，任何宗族階級對於另一個宗族階級，有互相扶助的義務。這一種認識，是反應原有的宗族階級制度之開端。同時，也認爲任何個人，可以降至較低的宗族階級，而不可進至較高的宗族階級。個人的道德標準，與基督的教訓，差不多並駕齊驅。例如下面所錄的訓誡。

「惡言應該忍耐受着，不可觸犯他人，更不可因爲這容易腐化的軀殼，去和人家結怨讐。遇到盛怒的人，不可與他發怒；就是遭到人家痛詈，也得爲他祝福。」

佛教創始了一種社會理想，包括打破宗族階級的制度。在佛家化法四教的最後的一教，它基本組成的原則，一部分含有社會底重要性。它是讚譽着正當的說話——這種說話是拿友好與誠意待人的正當的行爲——這種行爲是對人和平與尊敬的——也是需要的。而更注重的，就是謀生一端，應該取正當的方法——這種方法，是要不傷人和不殺生。在崇奉基督教的美國，有許多被人讚美的營利事業，一定會給異教的印度化法擯棄在門外。

佛教的十誡中，有八條是代表社會底意識和義務：

（一）戒殺生。

（二）戒取不義之物（不可偸竊。）

（三）戒姦淫。

（四）戒謊言（不可對人說謊。）

（五）戒酒。

（六）戒誹謗。

（七）戒貪。

（八）戒怒。

佛的教訓，是以德報怨，生命是應該充滿仁愛和慈悲，而實行最大的忍耐。佛教是形成一種人與人間微妙的社會意識，而教條的勢力，足以破除一切堅強的階級障礙。它的基本概念，很是通達人情的。

關於佛的社會思想，在下面幾條格言裏，也可以找到更多的線索。

「慈悲和同情，就是佛的心。」

「孝順父母，是最上的金律。」

「誠實是菩提薩陲的樂土。」

「信徒們，一定要避免奸通，對於自己的妻子要認爲滿足，不可片刻妄想人家的婦女。」

「一個國家沒有了統治者，就像一個人沒有了頭，不能維持下去的。」

「做國王應該拿慈悲心看待人民，好像是他的女兒一樣；做人民的對待國王，也應該和對待父親一樣。」

「世上沒有佛，也應該好好地待你的父母，因爲孝道就能漸漸成佛。」

「扶養病人，心田上正義的樹就會生長起來。」

「力氣無論怎樣大的人，自己舉不起自己來。」

「十個人就有十種顏色（意見）。」

「一幅畫給十個手指（十個人）畫了，一定會正確的（就是諮詢者愈多，事情愈穩妥）。」

佛的一切格言，總括起來，和基督的教訓相同，它們是倡言着一種善的意識，和民族受到壓迫而無力反抗時的消極論調，對於權勢的人還得遵守着服從之美德，雖則自己是長期底苦痛、忍耐和拋棄一切。

四

古代的中國之社會思想，可以從孔子（西曆紀元前五五一年至四四八年）的著述裏面觀察一下。這位學者，並不是改革家，也不是宗教的領袖。根本上他是一個保守家。他對於民情和政治，都很注意到。他的著述並不映照着自己的觀念，因爲他的創造力不很堅強，但是他申述以前所有發明的概念。在禮記一書中，有很多關於社會和家庭的訓條。在不少地方，這本禮記——或是中國人的行爲錄——是社會的和個人的倫理學。中國社會底觀念，常是環繞在家庭集團的周圍。例如，孔子的母親死了，他就守制，與世隔絕了二年又三個月。在祭祀的時候，一家活着的人和去世的靈魂，總是聚攏在一塊兒，成為一個孝悌底集團。個人的幸福，是處於家庭全體的利益之下。中國人崇拜和尊敬自己的祖先。崇拜過去，是容易摧殘新底思想。習慣的蹈襲，是統治着傳統的繼續，是得到尊重。

結婚一樁事情，大家都是特別地注意着。但是男女結婚，總憑着父母之命和媒妁之言。在社會底場合上，男女是授受不親的。父母對於子女，完全是專權。做母親的，負有教訓子女的大部分責任。孝道是基本的美德。雖則一夫多妻制是不允許的，而娶妾是很通行。男女的衣服，除了頭上和腳上的裝飾以外，都很相像。衣服的式樣，很是簡單而審美，不過使男女的區別，減到最低限度。

孔子相信以身作則的功效。因為從大家的摹仿，就可得到滿意的結果。孔子想用這種方法，希望改進社會。在他的意念裏，祇求穩定社會狀態的基本原則，而不是社會底進化方式。他意識着大自然是一個完美無缺的狀態。因此也想國家能够達到美滿的境地。他並且主張個人也要十全十美。依照孔子的學說，一個人要想做君子，須自己能够克服自己的情感和欲望，要拿愛好音樂、禮節和交誼的心理，去替代自己肉體裏發生的慾念，而更應該拿格物致知來救濟世道。

仁、智、勇三者合併起來，可以造成最高尚的人格。

在中國人的社會思想上，家和國二者，是認為社會上面的主要組成。在民政的組織上，縣的制度很佔重要。縣是成爲中國人合作生活的基本單位；縣官也變爲政治生活的中心因爲縣官和民衆有密切的關係，所以也稱爲父母官。縣的制度含蓄着民治的原子，而注重地方自治。

古代的法律是複雜而精密的。它賦予法官非常的威權。雖則習慣是統治着，但是法官常有相當的自由權限，決定處置犯罪者刑罰底性質。

和西方的成例相反的，中國人認爲被告訴人，在尙未得到反證以前，應該算是有罪的。過度的肉刑，當認爲遺憾。（註六）孔子反對拿霸道治國。他預言着，在百年之後，極刑是一定會廢除的（雖在這被習慣統治着的國家。）

和平與協調的社會關係之觀念，在中國早已佔有絕大勢力了。武力和戰爭，都給蔑視。很可笑的，中國自和西方信奉基督教的國家接近而爲世界列強之一以後，反去找不開化的和非基督教的武力方法作主要底自衛。

同情在中國人裏面，成爲一種基本的概念。勤勞和忍耐，是社會美德的典型。老子——道教的創造者，與孔子同時——的社會底訓條，是以德報怨。孔子卻與他不同，以爲應該以德報德，以怨報怨。這種概念，引起孔子規定人類行爲的金律，就是，己所不欲，勿施於人。

對於上面的人應該服從，是幾千年來成爲中國人的社會底基本原則。這種原則，是孔子所演述的，他是代表着統治階級說話。因爲他提倡服從時代的權勢者和遠避神道，就被視作在鼓吹唯物論的哲學。但是這種責難，一半是給他的倫理學說所消釋。孔子實在是人道主義者，而非唯物主義者，他是實用主義者，而非理想主義者。因爲這種原因，他所表現的主見，遠不及他對於前代的思想之演述。

在孔子之後，就有孟子。他是環境主義者，因爲他相信外界的罪惡勢力，足以敗壞人類善的根性。反過來說，他主張用改革內心以求進化。孟子的人道主義，比較孔子來得透徹，因孟子認爲民族的幸福，是個人至上標的。他是斥責戰爭和武人，並且公然地說，武將們就是罪人。他也主張倘若違反當地人民的公意，而強佔他們的土地，是根本錯誤的。

在上面所討論的各種民族中間，以中國人的社會思想最爲精密。雖則中國的社會理想，大都沒有系統，但是，中國人卻主張家和國，是社會組合之中堅，而且也發現了很有重要性的世界大同之概念。中國人所創造的諺語，比任何民族多——不論在過去和現在。諺語和格言所代表着的文化之場合上，中國人的社會思想，是誰也比不上。

五

波斯自從被亞力山大(Alexander the Great)在西曆紀元前三三一年征服以後，就趨向希臘的文化了，而對於社會思想上的貢獻，和其他早期的民族一樣。在居魯士(Cyrus)、達理阿(Darius)、薛西斯(Xerxes)三個國王的統治之下，一種專以訓練士兵的國有教育制度，已經滋生着。雖則它是存在這產生「東方之聖」(The Magi)的國土上，但是並不注意到社會的和知識的進展。凡不在軍籍的人們，祇有受着極低度的教育。

在西曆紀元前十六世紀，瑣羅亞斯德(Zoroaster)的著述之中，我們是初次發現波斯的社會思想底動向。波斯古經(Zend-Avesta)——瑣羅亞斯德教徒和現代的祆教徒所信奉的——是提倡着一切人類的關係，應該以仁愛爲原則。清潔、誠信和家庭關係的貞節，都是需求着的。

古代的希伯來人和希臘人，對於社會思想方面，各有絕大的貢獻，本書另有專章以論列之。現在將埃及、巴比倫尼亞、亞西利亞、東印度、中國、波斯等民族的社會思想，總括一下，可以說全體都注重着基本美德——特別是仁愛。雖則爲「個人造福」是佔有重要地位，但就大體說起來，總是要求着羣衆在社會上的諧和，與增進對於神和人的情感關係。

中國社會的諺語(註七)

「貓哭老鼠，假慈悲。」

「跟好學好，跟了乞丐學了討。」

「君子動口，小人動手。」

「衣服是新的好，朋友是舊的好。」

「四海之內，皆兄弟也。」

「有緣千里來相會，無緣陌路不相逢。」

「對怎樣的人，說怎樣的話。」

「天下一家。」

「人在外，心在家。」

「大魚吞小魚，小魚吞蝦，蝦只能吃泥土（代表社會上負擔租稅的各種階級）。」

「巧言令色，鮮矣仁。」

「修身而後可以平治天下。」

「王法不外乎人情。」

「性相近，習相遠。」

「一善能贖百惡。」

「人如忘其祖先，猶水之無源，木之無本。」

「百行孝爲先。」

「走路時必讓長者先行。」

「頒白者，不負載於道路。」

「君子樂道足以治人，小人樂道則易治。」

「益者三友：友直、友諒、友多聞。損者三友：友便辟、友善柔、友便佞。」

佛的社會思想（註八）

「不可思議的：我們愈將食物布施，自己愈是強壯；愈將衣服送給旁人自己愈變得美麗；愈替人家建築了清眞住所，自己愈多寶藏。

「慈善也有相當的時間和情形。能够做善舉的人，就像赴戰的武士一樣。要和武士一般地智勇兼全。

「一個人能够仁愛而慈悲，總是恭厚地待人，將憎惡、妒忌、怨怒驅逐淨盡。

「慈善者已經找到救世的途徑。他像種植了一枝苗木，將來會得到樹蔭和花果的。慈善的結果就是這樣，幫助了窮苦者以後的愉快和那種收穫是一樣的，偉大的涅槃（Nirvana）卽是這種意識。

「只有繼續地做善舉，纔能永生不滅。只有慈悲方可達到至善。」

「我們的善惡行爲，會像影子一般地跟隨着。

「最需要的，就是仁愛的內心。

「對衆生一定要像看待自己的獨養子一般。不可壓迫他們，不可毀壞他們。體內的任何原子，應該克制着，遠避邪道，走上正義之路，不以蹂躪他人爲得意。遇到受痛苦的人，應該去安慰和幫助他。

「不可妄想做國王的尊榮，也不要去聽諛言。

「過度的煩惱沒有益處的，應該靜心念佛和佛的眞諦。」

「人生的罪惡有十種，能夠避免這十種罪惡就是上人。身體上有三種罪惡，舌上有四種罪惡，內心也有三種罪惡。

「身體的罪惡就是殺害、偷竊、姦淫。舌的罪惡就是謊語、誹謗、詈言、空談。內心的罪惡就是貪欲、憎恨、過失。

「我教你們怎樣避免這十種罪惡：

（一）戒殺放生。

（二）戒竊盜，他人汗血所得的，應該歸其享受。

（三）戒姦淫，人生應重貞操。

（四）戒謊，隨時說實話，不可疑忌，應宅心仁厚。

（五）戒造作誹語，不可傳播流言，不可吹毛求疵，應時時留心旁人的長處，對其仇敵，代爲辯護。

（六）戒咒詈，說話須高雅尊嚴。

（七）戒空言耗時，說話應扼要，不然宜守緘默。

（八）戒貪婪，應爲他人得幸福而歡樂。

（九）戒憎惡，宜清心寡慾，雖遇讐敵亦不懷恨，應以仁愛普照萬物。

（十）戒粗魯，應求眞理，格外在不知道的地方，因爲可以免掉懷疑與過失。懷疑足以使人麻木，過失更足以誤入歧途，尋不到永生之道。」

「人們應該將仁愛克制憎怒，將善制惡，以寬大制貪欲，以眞實制謊言。

「憎恨不爲憎恨而抑止，是爲仁愛而抑止的。

「說話眞實，去除怒氣，有求必應，能做到這三步，就可以成聖了。」

「人生意想中最快樂的事，就是締結婚媾，使有情人成眷屬。但是，還有比這更快樂的事，就是認識眞理。夫婦的關係，在死亡時卽斷絕了，而待參眞理，是不受死亡的影響。

「因此，應該參拜眞理，永生極樂。丈夫愛戀着妻子，希望和她永遠做夫婦，一定要和眞理一般忠實地待她，而這妻子也應該依靠，尊敬和崇拜着她的丈夫。妻子愛戀着丈夫，希望和他永遠做夫婦，也一定要和眞理一般地看待他，而這丈夫也應該信任，光榮和贍養着他的妻子。這樣，夫婦們的結合纔是神聖而愉快，並且所生的小孩子們也會孝順父母，增進夫婦的快樂。」

罕默剌俾之法典(註九)

第一四一節「倘若妻子和丈夫同居以後，她要離開家庭，並且因爲她浪費而舉債，她不但拋棄家室，也還不去看護丈夫；那末丈夫可以正式訴諸法律。要是丈夫允准與她離婚了，她可以自由地走開。要是丈夫不准她離異，而另外要了一個新婦，那前妻應該留在家裏充當傭僕。」

第一四二節「倘若妻子和丈夫爭鬧，她對他說：「你不應該留着我，」那末，一定要將她的理由審查一下。要是她毫無過失，而她的丈夫是在蹂躪着她，就應該認她無罪，准許她收拾粧奩，回歸她自己母家去。」

第一四三節「要是審查的結果，是她不能守儉樸，時常遊蕩着，浪費一切，而且輕視她的丈夫，那末大家應該將她拋在河中。」

第一四三節「倘若娶了妻子是有疾病的，丈夫可以再去娶另一個妻子，可是不能將生病的前妻趕走。同時，她應該住在丈夫的家裏，由他贍養終身。」

第一五〇節「丈夫贈給妻子的田園房屋貨物等，同時將印契給她收執，那末，當丈夫死去以後，她的兒子們不能索還這許多贈與物。但是她將來可以用遺囑隨意給那一個兒子，不一定各個兒子都分到。」

第一九五節「兒子打了父親，應該斫掉兒子的手指。」

第一九六節「一個人將旁人的眼珠弄壞了，應該將他自己的眼珠也傷害。」

第二〇三節「自由階級的人打了同樣地位的人，應該處罰銀一塊。」

第二〇五節「奴隷打了自由階級的人，應該割掉一只耳朵。」

第二三三節「匠人替人家造了一所住房，因爲工程不完好，牆壁動搖了，應該由匠人負責重行修整。」

孔子的社會思想(註一〇)

「古之欲明明德……格物而后知至，知至而后意誠，意誠而后心正，心正而后身修，身修而后家齊，家齊而后國治，國治而后天下平。」

「所謂治國必先齊其家者，其家不可教，而能教人者無之。故君子不出家，而成教於國。孝者所以事君也。弟者所以事長也。慈者所以使衆也。……一家仁，一國興仁；一家讓，一國興讓；一人貪戾，一國作亂。其機如此，此謂一言僨事，一人定國。」

「自天子以及於庶人，一是皆以修身為本；……道也者，不可須臾離也，可離非道也。」

「施諸己而不願，亦勿施於人。」

「君子戒慎乎其所不睹，恐懼乎其所不聞……故君子慎其獨也。」

「子曰：何以報德，以直報怨，以德報德。」

討論要目

（一）古代埃及人的社會思想之主要原則。

（二）罕默剌俾之法典中所有的社會思想的性質。

（三）社會階段和估價的定律。

（四）佛教經典中社會思想的原則。

（五）孔子社會思想的主要情態。

（六）中國人的社會諺語。

（七）古代開化民族對於社會思想的主要貢獻。

附註

（註一）格立斐德(Griffith)譯：埃及人之道德(La Moral Egyptienne)，第五三四頁。

（註二）古恩(Gunn)譯：東方的智慧(Wisdom of the East Series)。

（註三）罕默剌俾之法典，第一九六節。

（註四）罕默剌俾之法典，第一九八節。

（註五）罕默剌俾之法典，第二二九節。

（註六）書經，第二七卷，第三節。

（註七）根源不明。

（註八）錄自佛的福音(The Gospel of Budha)，保羅加樂(Paul Carus)編，一九〇九年，還本考特書局(The Open Court Printing Co.)出版。

（註九）錄自罕默剌俾與摩西之法典(The Codes of Hammurabi and Moses)，台維斯(W. W. Davis)編，一九〇五年出版。

（註一〇）錄自儒教與道教(Confucianism and Taoism)，道格勒斯(R. K. Douglas)編，一九〇六年，倫敦基督教求知會(Society for Promoting Christian Knowledge)出版。

第四章　希伯来人的社會思想

古代埃及、巴比倫尼亞、亞西利亞、東印度、中國、波斯等民族的記載裏面，都發現一種原則的，但是多少帶些消極的社會之背景。希伯来的預言家之社會理想，好像明星似地映照着。摩西五經(Pentatench)和希伯来先知者的著述裏面，都富有社會精神的光芒。同時，希伯来的預言家——比較著名的，就像阿摩斯(Amos)、罕西 (Hosea)、伊薩阿(Isaiah) 和哲来梅阿(Jeremiah)——都抨擊着社會的罪惡。

希伯来人在社會思想上，要比任何同時代的民族，高出一等。他們遺留了很多的歷史材料，記載着幾百年的情形，發現着社會的概念之演進。他們所說的基本原則，是基督教的社會思想之根源，也是一部分西方文明的倫理和社會思想之出發點。

希伯来人的社會思想，產生在集團的痛苦中。從早期希伯来人的傳說裏面，我們可以辨別到在幼發拉區(Euphrates Valley)發生了事變，就把亞伯拉罕(Abraham)送上到不熟識而敵對的迦南(Canaan)之險途。狰獰的鬼魔——災疫——使眷念家庭的亞伯拉罕之全家遭難，而驅逐他往埃及居住了多時。亞布来(Abram 就是尊崇的長者之意)，或亞伯拉罕(就是大衆所信仰的長者之意)，可算是世界上三大宗教的創造者，因爲猶太教、基督教、回教三者，都是從他起源的。

亞伯拉罕在他遷居、流落和受苦的幾年裏面，仍是牢守着宗教的信心。用很簡單的宗教方法，很清晰地解釋着生命上的困難和掙扎。在這種含有宗教意識的困苦中，亞伯拉罕發展着卓超智敏的個性，表率人羣。自此開始，希伯來人的社會思想就演進了。結果，以色列（Israel）的社會概念，成爲人類社會思想的導師。（註一）

在整個社會實體的場合上，希伯來民族是泰坦社會的奮鬬之成果，他們是從產業崩潰上勃興起來的。當時埃及地方，雅谷（Jacob）的後裔，做人家的奴隸，終日手足胼胝，受種種的虐待，而所得的報酬甚是微薄。在他們中間，有一個人是比較得天賦獨厚，和其他的人們在遺傳上和環境上都不同。他有一天看到了一個希伯來工人被埃及的雇主在鞭撻着他，——就是這天賦獨厚的人，名摩西（Moses）——的胸中就燃燒着一種社會不平的意識之熾焰，因此就將那埃及主人殺害了。從這樁事實上，摩西成爲世界勞工運動的創始者。在他早年血氣正盛的時候，因了一次的暴行，變爲社會的煽動分子。但是他後來經過長的時間，耐心地爲他的民族服務，替耶和華（Jehovah）行道，就成世界偉大的社會底先知先覺之一。

拉美斯二世（Rameses II）是一個沒有知識的工業領袖。他是倨傲、暴戾而不懂得社會心理的。摩西是富於同情心、機敏而恪守宗教的。拉美斯二世代表着古代的貴族階級，摩西可算最初時期的德謨克拉西之倡導者，在歷史上能够有社會意識的第一人。

照以色列人退出埃及國的記載，摩西殺了埃及主人，並不覺得良心上的責罰，但是他卻有些怕法老（Pharoah 古時埃及國王）。在當時殺掉一個奴隸是不算一回事，不過殺掉一個主人，是情形大不同了。奴隸是代表着弱者，壓主是代表着政治和財富的勢力。因此，摩西祇有逃往國外。他在埃及不但沒有辦法，而且生命也恐怕保不住。結果，就逃到密地安(Midian)了。

在密地安時，摩西反覆思量着他的民族所遭受的經濟和社會底不平等。因此，他對上帝行了拜領聖禮，而從上帝那裏，得到糾正社會底絕大錯誤之原動力。他見了耶和華的影像，就信奉耶和華爲公道和慈悲之神，深能了解社會和工業底罪惡，而且對社會上被壓迫分子是表示同情的。摩西對於耶和華的社會信條，是這樣報告着：

「我已經切實地看到人民在埃及所受到的苦難，而且聽到你們對於壓迫者之悲怨的呼號，我是來將你們從埃及人的勢力之下，救濟出來。」(註二)

換一句話來說，在不義者之財富和政治力量底結合，上帝就起來反抗，而且對摩西說：「你去把以色列民族從專制階級的下面救濟出來。」摩西意識到耶和華神是表示同情於受苦難而不能自立的人們，情願幫助他們反抗暴虐的壓迫者。摩西能想像耶和華是社會觀念之神，在人類歷史早期的階段，可算是傑出的了。上帝是被視爲愛好公道，愛護人類的。上帝所說的話，大都屬於平民主義的語調。舊約聖經(Old Tastament)最初含有社會意識的教條，是以反抗社會和工業底壓迫爲立場。

時代的紛爭就發生了。摩西受了耶和華的默示和威權的衝動，趕回埃及去。他創始組織着人類最初的罷工運動。因此，法老在震怒之下，命令工人製磚瓦，不准燒柴草。當工人們對於這種苛刻的條件，發出反抗的呼號之工業的領袖們大聲地呵斥着說：「你們在偷懶，你們在偷懶。」但上帝和摩西還是戰勝了專制政治和財閥政底階級，工人們就得了自由。

從這種奮鬬之中，希伯來的國家就產生了。集團的忠順，或愛國心，成爲希伯來民族的內心底概念。宗族的觀念，給國家的生命之意識所替代。更進一層，一種社會和經濟的公平意識，得到淸晰而實證的人類行爲底表演，與神的默示。社會問題的意義，是首次得到了確定。

社會的先知

希伯來的先知所繼續喊吶着的社會底主要情調，就是公道。當時的需要，總是這樣的解釋着：『讓公道像水一般地流着』。領袖應該以公道治人。『以色列的首腦們，聽我爲你祝禱，你是不是應該曉得公道？』

希伯來文字裏面，公道二字就是密許拍(Mishpat)。它是有各種的意義，例如公道、秩序、法律、正義、法權，阿穆斯要求在他的本國建立着密許拍。密卡(Micah)主張耶和華是要個人能實行密許拍，愛好仁義，而跟着上帝走。伊薩阿督促着人民要好好地找尋密許拍，他宣稱凡是對於窮苦無告的，不以密許拍相待者，要受相當的處罰。他也認耶和華爲密許拍之神。哲來梅阿明白地宣示着，耶和華是拿慈悲和密許拍賜給人民。

阿穆斯極力反對特殊權利階級。他排斥資產階級，因他們是專橫而不義。這樣，他就指出了社會革命之基本原則。資產階級對於反抗者的高壓行爲，更足增加他們的兇暴——換言之，專制階級的高壓，不但不能改善不平的意識，而適足以堅強最後的革命力量。阿穆斯主張凡是統治階級和社會的勢力分子，應該負責保護窮苦和失意的人們，使之不受外界的侵陵。當時的統治階級，著名是欺侮社會上弱小分子的。因此，阿穆斯的主張，含着充分的諷性。

法官是負有特種的責任。阿穆斯嚴厲地提訊凡是不守公道和不重正義的一切人們。遇到有受賄的——特別是身居高位，穿了公服的人們——一定要獲得多面的咒詛。個人方面做了不公道的事情，也要受到嚴重的譴責。商人要是把量尺減短，或是把秤作弊；任何人蹂躪或凌辱了窮苦者，或是取不義之財，或是不願幫助低微者；都要受到同樣的處分。（註三）公道的概念，給阿穆斯很活躍地描寫出來。同時泰谷（Tekoa）牧羊的預言者，也很勇敢地，對聽他講述的人，把這種概念作明白的宣示。阿穆斯不論是坐在國王的交椅上，或做法庭的審判官，或處於富貴的環境，或和商賈交易，以及每天與人交接的時候，總在提倡着公道主義。

這種反對不公道的運動，伊薩阿也是繼續地提倡着。他是政治家而兼演說家。在猶太帝國（Kingdom of Judah）裏面，伊薩阿找到各種社會罪惡，和以前阿穆斯在北方的帝國中所訓斥着的，一般無二。他對於攻擊這種社會的罪惡之勇氣，實在應該嘆賞的。

他說：『王公們都是叛徒，隨從們都是賊子，大家只愛財貨，總是在追求利祿；他們對於孤兒寡婦，便是不理不睬。』（註四）

因此，伊薩阿就公然地、大膽地、盛怒地，向着這班社會上怙惡的人們進攻了。

他又說：『你們把葡萄園裏的果子全吃完了；窮苦人所失掉的贓物都是在你們的家中。為什麼你們將我的

人民蹂躪得粉碎？爲什麼你們拿磨子壓在窮苦人的臉上？』（註五）

伊薩阿和阿穆斯同樣地盡力排斥着法官與公務人員因爲得了賄賂，就會將惡人輕釋，把無罪者陷爲有罪。他也斥責着一班文士們，專作高壓論調底文字，不想爲伶仃無依的人們要求公道，阻攔着耶和華的信徒們獲到公正的待遇，而總是在欺凌着寡孀孤雛們。他更是痛心疾首地譴責着製成罪惡的命令之人們。

伊薩阿在直接的意識上，就是亨利喬治（Henry George）的導師，因爲他是堅決地反對着土地之專有權。他的新主義，就包含在取締任何人收占房屋土地，以致最後除專利權享有的人們以外，大家均無房屋土地，那少數的人就成爲地主而操縱一切。伊薩阿反對社會的不公道，因爲它不但荼毒人民，而且也足以破壞和衰敗國家的。

照了阿穆斯和伊薩阿的榜樣，密卡也認耶和華是公正之神。密卡繪描着當時的社會底不公道，是說，那一班人們是嫉善好惡，他們把耶和華的信徒們，揭開了身上的皮膚，或是連肌肉也從骨上去掉，然後，『把人民的肌肉呑完，剝去了皮，折骨擊髓，斬成粉碎，簡直像從釜中取食一般』。（註六）密卡很不遲疑地責罰祭司們借着神諭斂財，或預言家靠着神道貪求金錢，而希望耶和華還是庇佑着。密卡可算是第一個人討論犯罪行爲——後來愛德華羅斯（Edward A. Ross）所詳細分析的。他得到一種概念，就是，社會的罪惡，有時候會發生在法律底範圍之內。他攻擊着豪富的大地主壓迫平民的行爲，不論是高級的官吏或祭司，都要一般地待遇。他的社會概念，總是簡明而果毅地表示的。

排擊社會的不公道，在哲來梅阿的訓條裏面，還是繼續地保留着。以後在申命記的法典中也有發現聖詩作者們，都是反對不公道的。那一班先知先覺們，對於這問題，皆有嚴重的警告。約伯書（Job）的作者也是憫恨着不公道的。舊約聖經的全部中，可以找到無數的左證，歸納起來說，公道是成爲古代希伯來人思想上的主要概念了。

奢侈的詬病

在舊約聖經裏面，與責罰社會關係上的不公道互相並行的，要算奢侈的詬病了。擁有多量的財富之害，是再三地敍述着。阿穆斯就是公然指斥爲富不仁者，譏刺着他們『睡在象牙的牀上，或四肢坦伸在睡椅上。』

在他們自己坐擁巨資者，時常認爲上蒼的厚澤獨施。阿穆斯發見這種信念的虛妄，命令着富人們也應該一同負起社會的責任，而立即停止一切帶有罪惡性的剝削。

伊薩阿和阿穆斯都公認擁有財富者絕非天賦獨厚或幸運，而是一種社會的付託罷了。哲來梅阿更是直捷爽快地，一舉而擊破侈逸豪華的國王耶和華金（Jehoiakim）黃金的生命之夢。權勢的、專橫的君主，沈耽奢糜，都受到下面那種冷酷嚴正的評語之抨擊：

『誰是把房屋建築在不仁不義上面，一定要受到譴罰的』。

『你要治理天下，是不是伏在密室裏就行了』。

『你的眼和心，不是專門用了去貪得，殘殺無辜，壓迫平民，和橫暴不法的』。（註七）

爲富不仁者的情形，給哲來梅阿活躍地描寫出來。他們專拿欺詐去陷害和羅捕平民。他們的屋子裏面，充滿着欺詐行爲的證據。他們自己是奢侈淫逸，而使了孤苦無告的人們，衣食都沒有辦法。

西番耶（Zephaniah）指斥財貨之害，也是直捷了當的。他聲稱凡是不義而得來的五穀，結果要受到反噬的；造孽的金錢所建之房屋，終歸要敗滅的。富人們的金銀財寶，終究是救不了他們最後的覆亡。

智慧論的作者用典雅而切實的筆法，在箴言裏面，將舊約聖經中關於財富的哲學，不知不覺地這樣綜合起來了：

「不勞而獲，以致成富，智慧是完全喪失了。你的目光，可是轉注到那裏？富人好像生翼，和老鷹一樣地飛上天去。」

舊約聖經很是一貫地擁護勞工。奴隸的幸福，常時得到提倡的。照申命記的法典，提到了潛逃的奴隸，不一定要送還他的主人。事實上，任何人掩藏了潛逃的奴隸，應該把他留起來。從這一點上觀察，財產權和奴隸的所有權，是遭受抹殺了。這種態度與罕默剌俾之法典和其他歷史上的一切法典完全相背。但是，奴隸制在希伯來仍極占地位。（註八）

罕默剌俾的法律，規定了勞工應得的酬報；舊約聖經則限制勞工的工作時間。不但雇主自己一星期祇工作六天，他的奴隸也不能一星期工作超過六天，男女都是一般地。現代的工業，就像二十世紀美國的製造企業，反而違背了希伯來的法制家所訂定的勞工規則。當時，雇主們是不應該欺侮窮苦的奴役。不能因爲自己強大，勞工弱小而就壓迫勞工。卽窮苦的異族勞工，也不能任意蹂躪的。

婚姻與家庭

婚姻的制度，舊約聖經中早就提及。在創世紀的第二章上，婚姻的結合，是認爲有神權的默示。因爲生理的和社會的需求，婚姻是視作神聖的。雖則希伯來人對於子女應該盡事孝道，甚爲注重；但是做了丈夫的人，應該離開他的父母而與自己的妻子同居。對於妻子的責任，比諸對於父母的責任，更是重要。

在罕西的訓條裏面，將做丈夫的應該耐苦耐勞之概念，很詳細地敍述着。這位生在紀元前八世紀時候的先知，自己出演着婚姻的關係之神聖，雖則他的妻子和人姦通而生了私生子，他依然和她守着夫婦的關係。的確他是特出的，知道了他自己妻子不貞而違反了結婚時的誓言，沒有馬上和她離異。他是表示着，離婚這樁事情，非得想盡各種方法去和妻子恢復情感而依然無效之後，纔能夠引用。

關於罕西的家庭變端之紀載——無論是否寓意的——就是男女道德觀念之不平等的抗言。現代社會上一般的態度，對於婦女墮落了，就斥責和遠避她；但是男子有了越軌的行爲，依然能夠若無其事地和上流的男女們在一塊兒繼續社交。這種態度，是罕西所盡力反對的。

攻擊性的不道德之文字，要算罕西的最爲精警了。下面所錄罕西描寫性的不道德之作品，雖然簡單，可是很痛快淋漓的：

『酒色會將心都迷失。

光榮像鳥兒飛去了，一切的意識也消滅。

樹根乾枯後，不會再開花結實的』。（註九）

在申命記的法規中我們可以找到很詳盡的條文，訂明父母對於子女和子女對於父母的相互之責任。最主要的，就是父母應該負責在家庭中授給子女道德的和宗教的教育；而子女是應該服從父母。這樣的訓條，總括起來說一句就是：『你應該孝敬你的父母，方始可以長久地居住在這上帝給予你的土地』。（註一〇）另有一句禱咒說：『誰要詈了父母，他的燈就熄滅』。（註一一）

智慧論的作者對於夫婦間的關係和父母與子女間的關係，都有深長的探討。他們認為婦女喜歡爭詈是可恥的。他們也警告着祇有美容的婦女。『妻子賢德，丈夫好像戴了王冕似的；妻子不貞，就是她丈夫的附骨之疽』。（註一二）

這班作者們對於父母的訓教之重要，絕不忽視。他們主張，有的時候，做父母應該用強力格外要矯正子女的過失。這種情形下面有一句描摹的文字：

『教訓和叱責會產生智慧的，放縱小孩的結果，使了他的母親受到恥辱』。（註一三）

換句話說，父母對於子女的教養，應採取一種絕對的固定的態度。他們應該使子女所受的訓練，與將來立身之道是符合的。無論是怎樣愛子女的父母，有時也當用懲罰的手腕來表示愛。只有這樣的方法，可以使子女長大起來，在父母年老時可以得到安慰。

在另一方面做子女的也應該負起自己的責任。能够樂意地接受父母的教訓，就是智慧之表徵。聰明的孩子總是聽從父母的勸導他不但和悅地靜聽父親的訓話，也是遵從母親的勸告。

上面已經說過，舊約聖經的作者時常注意到婦女行爲的高尚準則之重要性。阿穆斯嚴斥着當時貴族的和富豪的婦女，消耗她們很寶貴的情感於無益和罪惡的生活之中，或是將知覺浪用在淫亂的事情上。阿穆斯和伊薩阿都同意着認爲一國的幸福完全隨着婦女們的態度轉移。上帝的盛怒總是加在倨傲的、妖覛的、輕躁的婦女們之頭上。

創世紀裏面，指出罪惡是反社會的。該隱（Cain）是第一個人憪憪地說：『我可是弟弟的看守者？』罪惡的生活，可以把靈魂縮小，增加自私自利的心，而敗壞社會的眞態。罪惡行爲也違反社會的責任觀念。阿穆斯早就主張着，自私自利的生活，和叛國的行爲，是不相上下的。因爲個人浪費一分精力，就是減去國家的一分實力。

酗酒一事也是被認爲可憾的。伊薩阿是世界上第一個節慾的改造者。他的感人而典雅底言論，可以將下面幾句話來代表着：

『清早起來，接着就狂飲到晚，酒力在體內燃燒着，結果一定要遭殃。』（註一四）

伊薩阿特別拿飲酒之害，警告着祭司們和先知們。酒會把人吞下去，使他越出常軌，使他迷失智慧，而錯亂無主。

在利未記(Leviticus)和韻文(Numbers)二書裏面，對於酒之爲害，都有相當的認識。耶和華的徒衆是應該戒酒，戒狂飲。箴言一書中智慧論的作者怎樣地說：

「酒是侮弄者，狂飲是暴行，受它害的人是愚笨者。」（註一五）

原作者也勸誡着統治者和法官們，不可飲酒，因爲恐怕他們會忘掉法律或誤判人犯等。另一方面，箴言中也規定了對於下級社會的標準，認爲給窮苦者飲酒使他忘掉貧困和苦痛，是合法的。（註一六）但是，總括起來說，一般的教條認爲狂飲足以減削社會的效能和敗壞人類的個性。

古時猶太保護誤殺人者之城廓，代表着一種新的社會趨尙。一個人無意地誤殺了人，可以逃到那裏躱避。「聖壇」和「至聖所」也是認爲誤殺人者之逃逋處。（註一七）

舊約聖經的文學上，平民主義之社會概念，占有相當的地位。在亞伯剌罕的時代，宗教的集團最是盛行。在這種集團中有很多家庭，由族長統治着。個別的集團裏面各種道德的標準，都受到相當的崇尙。但是對於集團之外或集團和集團之間，表示着反社會的態度。例如，對另一集團的人，可以說謊或甚至殺害。

平民主義的概念之發展，與耶和華的意識之演進，是並駕齊驅的。在希伯來人的腦海中，認爲耶和華先是一族之神，後來是一國之神，再後來成爲宇宙之神，就是說他所關心的，不獨少數的人們之幸福，而是各種民族全體的幸福。

希伯來人的國家觀念，含有多量的平民主義之原子。國家的基本機能，他們認爲不是在求國王個人的利益，而是謀民衆自己的幸福，這種觀念和迦南人的習俗，站在根本相反的地位。因爲迦南人總是慴服地喘息於貪婪而專制的統治者之下。

希伯來人認爲國家是神統政體之一部。不過，耶和華發言的時候，總是責難着虛妄的財富，專斷的政治力量，國王的自私心，奢侈的生活，和特殊權利。耶和華是替被壓迫者、窮苦者、失敗者和勞働者說話——總之他是爲人道而發言。

因此，對國家的忠順，是絕對的、堅定的。下面的一節，是從讚美詩第一百三十七篇內摘來的被放逐的希伯來人欲重歸故土的心，顯然可見：

「在巴比倫的河濱，我們坐下，是的，我們想着郇山的時候，我們還哭泣。

我們將豎琴掛在彼處楊柳樹上……

耶路撒冷呀，倘使我忘卻你，讓我的右手忘卻牠的自己。倘使我忘卻你，倘使我不把你當作至上快樂，讓我的舌頭黏在上顎，說不得話」。

依照罕西所說，耶和華教世上的人民彼此要拿眞誠和眞愛相待，而應該掃除社會的罪惡——像虛僞、偸竊、奸淫、暴動的行爲。約伯書的作者描寫良善的人，是能够救濟貧苦者，幫助垂危之人，使寡婦的心裏會快樂。(註一八)是盲者之目，跛者之足，窮苦無告者之救主。他能够找出社會罪惡的根源，而且打擊不義之人的下腭，拔掉害人者的牙齒。他是爲無罪者辯護。他的心目中不重金銀。對於他的讐敵也不幸災樂禍。因此，我們可以肯定地說，平民主義的基本概念，是起源於希伯來人的。

國際主義與和平

阿穆斯討論到國際關係的問題。從有史以來，首次地假定了宇宙之神的概念。阿穆斯認為耶和華不但是以色列人的神，而也是其他民族的神。『是不是我從埃及國裏創造了以色列，』耶和華說『從加夫都（Caphtor）創造了非力斯坦（Philistine），從克爾（Kir）創造了敍利亞（Syrian）？』（註一九）照伊薩阿和密卡的觀點，總有一天，耶和華是統治了多數的民族，而排斥着強大的國家。希伯來人承認耶和華是超越時代與體積而存在之神的概念，是比同時期的各種民族和國家所具有的見解，更其廣博，而具有偉大的宇宙觀念。

世界的和平之概念，也是希伯來人的創作品。伊薩阿和密卡二人是最先提倡着世界的和平，他們的功績相埒。他們預言將來必定有一天全世界的國家都崇拜一個公道之神，大家會將刀劍變做了耕犂，矛槍變做了修樹的剪，那時國和國之間不再敵對了，戰爭的方法也不再講求了，憎恨的意識和盲目而自私的仇視，也從此消滅。近代的著述家，沒有一個人能够及得上那位舊約聖經的作者——伊薩阿——這樣痛痛快快地宣佈軍閥主義的殁落。照凱德（Charles Forster Kent）的譯本，他說：

『武士的靴子，一步一步音調鏗鏘地走着，

戰衣上沾滿了被殺者的血跡，

結果，還是像木柴送到火裏一般地同歸於盡」。（註二〇）

希伯來人很嚴重地認爲仁愛是社會底原動力。愛情可以使了個人變爲社會化。它是昭示着個人是社會一分子的責任和對於人類應盡的義務。它可以遏止憎恨，甚至使人以德報怨。它是一種主要的美德，是完善的生活之不朽的原則。

舊約聖經提倡着社會的救濟。耶和華根本是關心於社會生活狀態的改善，命令着一切人類間的關係應該社會化。他的教條——是先知們和智慧論的作者所演述的——承認環境足以改造個性的勢力。（註二一）

希伯來人的社會思想，大部分是關於社會上的不公道。他們是活躍地描寫社會的罪惡，同時盡力地、毫無畏縮地，排斥着作惡的人們——大都是國王和法官們。家庭制度是社會的主要機構。仁愛是人民的忠實僕從。教育都集中在家庭之內，而以道德性的紀律，爲教育的範疇。因以，希伯來人在希臘和羅馬衰落之後，依然繼續存在着。他們所揭示的，是一種新穎而完美的社會制度，由正直無私之神——耶和華——指導着。個人的和社會的關係，完全由仁愛的意識衝動着。

社會性的誡條（註二二）

「你應該孝敬你的父母，纔可以長久地住在上帝耶和華給你的土地。

不應該殺人。

不應該犯姦。
不應該偷竊。
不應該對於你的鄰人做虛偽的證人。
不應該垂涎你的鄰人的家庭，不應該垂涎你的鄰人的妻子和他的僕人，亦不應該垂涎他的牛驢和他的一切所有物。」

該罰的城

「聽呀！耶和華在叫喊呀！
聽呀！城內的居民和議會，
富人專做兇暴的事，
人民專說誑話；
我能忘記惡人家裏的財富，
和當受天罰的短少的度量衡麽？
或者宥恕萬惡的天秤，
和分量短少的袋麽？

因爲你們的罪惡，我已開始壓迫你們，
和毀滅你們。
你們可以飮食，但不得滿足，
你們可以貯藏，但不得備日後的用度，
你們應該播種但不得收穫，
你們應該榨橄欖油但不得塗你們自己，
你們應該釀酒，但不得自飮」。

眞正的德謨克拉西

「一個君主應該正直，
官吏應該公平。
他們中每一個人應該是避風的處所，
應該像一個避暴風雨的處所，
像乾燥的土中的泉水，

像荒涼地方的大石的影子。
能够看見的人的眼睛不應該閉上，
能够聽見的人的耳朵應該靜聽；
躁急的人應該有知識，
口吃的人說話應該沒有停頓。

卑鄙的人不應該再稱爲高貴，
惡人也不應該再稱爲尊榮。
因爲卑鄙的人說話下劣，
心中專想惡事，
做不敬神的事，
毀謗耶和華，
使飢餓的人不得食，
使口渴的人不得飲。
但高尙的人有高尙的計畫，

因爲他的高倘的行動，他們得保持不滅」

教育的價值

「有知識的人是他自己的朋友，
有見識的人應該昌盛。
智慧勝過黄金，
見識比白銀更爲可取。

*

智者的舌傳播知識，
但愚者的口專說癡戇的話。
智者的心指導他的口，
使他的話更加動聽。
好意能得人的贊成，
但不講信義的人們的行動，使他們自己毀滅。」

父母對於子女的責任

「依照小孩做人的方法給以訓練，
等到年紀大了他不會丟卻牠。
糾正你的兒子，他自能給你安慰，
並且給你眞正的快樂。
公開的責罰勝過隱蔽的慈愛。

正直的人過着純正的生活，
他的子女是有幸福的！」

財富的比較的價值

「過着純正生活的窮人
是勝過有錢而不誠實的人。
正直而略有財產

是勝過不義而擁有鉅產。

樸實的人和謙恭人來往，
是勝過和驕傲的人共事。
好名譽勝過鉅大的財產，
比金銀更有價値。

不義之財毫無益處，
但正義能從死救人。
相信財富的人會失敗，
惟有正直的人像綠葉一般地繁盛。

勿爲財富所役使；
應自己醒悟而停止。
你如果注視牠，牠就不見了！

因爲財物的逃走
正和鷹隼騰空而去一樣。
略有財產而尊敬上帝
是勝過擁有鉅產而有煩惱。」

飲食的節制

「酒是侮弄者，狂飲是暴行，
受牠害的人是愚笨者。
誰說「嗚呼？」誰說「悲哉？」
誰和人爭論？誰鳴不平？
誰無故而呼痛？
誰雙眼緋紅？
是貪飲酒的人，
是貪飲各種酒的人。

不要注視於酒，當牠是紅的，
當牠在杯中閃爍着，
當你一飲而盡的時候。
後來牠會像蛇一樣地咬人，
像蝮一樣地刺人。

那時候你會看見奇異的東西，
你心中會存着偏曲的意見。
你要像睡在海中，
像一個睡在暴風驟雨中的人。
我受人打擊，但不覺痛；
我失敗了，但自己不知道。
無論什麽時候，待我酒醒了？
我再要尋你。」

親睦的公民

「耳朵聽見了，牠賜福給我；
眼睛看見了，牠給我證據，
因爲我拯救了呼救的窮人，
和孤苦的無父之兒。
我幫助垂危的人，
使寡婦的心裏會快樂。
我給正義包裹着；
公平是我的袍和帽，
我是盲者的目，
跛者的足。
我是貧苦者的救主，
我不知道的根源我去找出來。

從他牙齒中救出被害的人。」

討論要目

（一）希伯來人的社會思想之起源。

（二）亞伯剌罕成爲世界人物的主要出演。

（三）歷史上首次的罷工。

（四）摩西怎樣是急進者？

（五）摩西的社會概念。

（六）阿穆斯的社會思想之主要點。

（七）伊薩阿怎樣是亨利喬治的前導者？

（八）伊薩阿怎樣倡導第十八誡？

（九）密卡怎樣預先代表羅斯說話？

（十）伊薩阿和密卡的社會概念相同之點。

（十一）哲來梅阿和西番耶所注重的社會思想。

（十二）罕西的書典之社會論調。

（十三）該因的故事之社會意識。

（十四）約伯書的社會思想之重要性。

（十五）舊約聖經中關於勞工的立法之各面。

（十六）舊約聖經對於結婚的態度。

（十七）舊約聖經的作者對於孝道的概念。

（十八）用兩字總括希伯來人的社會思想。

附註

（註一）基督與衆先知的社會教條(The Social Teachings of the Prophets and Jesus)，凱德(C. F. Kent)著，一九一七年出版，第四頁。

（註二）出國記 (Exodus) 第三章，第七、八節。

（註三）阿穆斯書第二章第六七、八節，第三章，第十節；第四章，第一、二節第五章，第七、十五節；第六章，第四節。

（註四）伊薩阿書，第一章，第二十三節。

（註五）伊薩阿書第三章第十四、十五節。

（註六）衞卡書，第三章，第二、三節。

（註七）哲來梅阿書，第二十二章，第十三、十五十七節（現代讀者聖經 Modern Readers' Bible）。

（註八）威立斯(Louis Willis)著：聖經的社會學研究 (Sociological Study of the Bible) 一九一二年，支加哥大學出版，第六章。

（註九）罕西書，第四章，第十一節；第九章十一、十六節。

（註一〇）出國記，第二十章，第十二節。

（註一一）箴言，第二十章，第二十節。

（註一二）箴言，第十二章，第四節。

（註一三）箴言，第二十九章，第十五節。

（註一四）伊薩阿書，第五章，第十一節。

（註一五）箴言，第二十章，第一節。

（註一六）箴言，第三十一章，第七節。

（註一七）出國記，第二十一章，第十三節。

（註一八）約伯書，第三十一節。

（註一九）阿穆斯書，第九章，第七節。

（註二〇）伊薩阿書第九章，第五節。又凱德著：基督與衆先知的社會教條，第一一二頁。

（註二一）除最後的一段外皆轉錄凱德氏編譯的新約聖經縮本，一九二五年，史各列勃納公司（Charles Scribner's Sons）出版。

（註二二）轉錄凱德氏著：基督與衆先知的社會教條，一九一七年出版。

第五章　柏拉圖派的希臘社會思想

研究希臘的文化時，我們發現她的社會思想，在理智上比較希伯來的社會思想，是高妙得多，但在實用的原則上卻遠不及希伯來。因此，我們希望在希臘的社會思想方面找到許多重要的新貢獻，足以補充希伯來的遺教；而同時將它們和早期的希伯來之基督教的社會思想合攏起來，也就成爲現代社會思想的主要基礎。

希臘民族的思想界，以柏拉圖（Plato 西曆紀元前四二七年至三四七年）的唯心論，和亞理斯多德（Aristotle 西曆紀元前三八四年至三二二年）的機會主義，算是登峯造極了。站在唯心的立場上，柏拉圖描摹一種理想的社會。亞理斯多德從他研究了一百五十八種法規，就創製各種實用的社會程式之條例。他們倆的著作——柏拉圖的民主論（Republics）和亞理斯多德的政治論（Politics）——成爲希臘社會思想的二大泉源。

柏拉圖和亞理斯多德是歷史上最早的思想家，將社會的生活，作有系統的分析。雖則在時代的場合上，他們二人是隔離得不很遠，但是在社會思想的實質上，他們有很多地方是相反的。不過他們雖都是一代的威權思想家，我們要知道他們一部分的社會思想，僅乎闡明在他們前代的人們之學說。在柏拉圖之前，有蘇格拉底派（Socrates）和詭辯派（Sophists）二種學者們。在這班學者們之前，又有很多的思想家，他們在文化上面的努力，創作了許多個別的重要的社會觀念。

最早期的希臘社會思想

西曆紀元前九世紀的時候，來喀古斯（Lycurgus）已經宣佈着兒童應認爲國有，他主張教育制度，應該以造就兒童將來爲國家效力作對象。希臘的領袖們雖也注重着國家之統一，但是她從未達到眞正的統一。她不過經歷到一種暫時的愛國主義的運動——就是在希臘受到波斯襲擊的時候。

希西阿（Hesiod）是希臘的教授派詩歌之創造者。他在西曆紀元前七百年，記載着黃金時代（Golden Age）和在它以後的社會時代。他是和平地抨擊着當時社會不公道。（註一）一世紀以後，哲學家亞諾芝曼德（Anaximander）和詩派提奧奇尼斯（Theognis）等，（註二）討論着社會的價值，應給兒童們完美底教養——就是現今所謂優生學和優境學的基本概念。

雅典的法制家梭倫（Solon），生於西曆紀元前五百九十年。他將社會的改革方法，加入法制裏面，藉以避免社會的革命。在那時候的習慣，欠了債無力償還者，可以被債主鬻身爲奴隸，但是這種制度，給梭倫取締了。當時的生活程度很高，因此梭倫就禁止粮食出口，使物價貶抑，國內的消費者易於購買。他採取一種方案，在現今一定認爲含有革命性的，就是限制每人應有若干土地。原先人民各階級的區分，以擁有財產多寡爲標準，但是他認爲應該拿個人的收入作準則。同時，他將德剌科（Draco）派苛酷的法律，也改爲和緩，而且在多方面增進個人的自由。雖然，繼梭倫之後，仍爲專制的時代，但梭索是被公認爲創造了很多平民主義的重要概念。

平民思想的起源

在專制君主的時代以後，雅典處於像克力斯提尼(Cleisthenes)那樣的領袖之指導下，成爲一種純粹的德謨克拉西。克力斯提尼將雅典的政制改爲平民主義化。他拿十體政治來替代四體政治，藉此得到一種新的而且比較得完善的政權分配。他是首先採用放逐制以爲處罰罪犯的一種方式。同時，照傳說上他自己是第一個給政府放逐的人。

柏拉圖和亞理斯多德的前導者，是很多很多。厄斯啓拉 (Aeschylus —— 西曆紀元前五二五年至四五六年）是雅典的第一個悲劇派詩人。他用了普通的語調，描述文明的社會之演進。（註三） 藝術史家希羅多德(Herodotus) 在他自己的幻想上，發展了一種世界的觀念。從種種傳奇的與人種學的材料——自特類戰爭(Trojan War) 起，一直到東方和西方文化的衝突爲止——希羅多德的著作所含的基本社會原則，是說地球上驕橫的專制者，結果總得失敗。希羅多德經歷很多的國外遊程，他把各地民族的風俗習慣都詳審縝密地記載着。因此，他被視爲世界上第一個社會學的作家了。（註四）

伯里克理斯 (Pericles —— 西曆紀元前四九五年至四二九年）可算是希臘的最偉大的政治家，他也提倡着平民主義。他的平民主義概念，認爲全部公民都有充任官職的資格。伯里克理斯所創製的社會方程，在很多方面是傳統式的。他採用了公務人員應給津貼的辦法。但是，結果反而減少忠實奉公的情形，仕途的精神也變爲萎

賺了伯里克理斯的這種失策，因爲他企求媿美賽夢(Cimon)的賙濟窮苦者而受人崇敬。(註五)

幼里披底 (Euripides——西曆紀元前四八〇年至四〇六年)在他的悲劇詩裏面引起了對於實跡的興趣；不像他的前輩們空洞的傳奇式的演述，而是雅典的社會之一分子的狀態之演述。他是婦女解放運動的倡導者。(註六)他的著作內發現着西曆紀元前五世紀時雅典的社會變態。亞理斯多芬(Aristophanes)的滑稽劇本裏面，同樣地反射着當時社會的變態，而且還諷刺着社會的形形色色。

希波格拉第(Hippocrates——醫學的鼻祖——的幾種著作，頗能引起柏拉圖的注意。他說人類的疾病之二大原因中，第一種是氣候、時令或天氣對於個人的感應。(註七)他也是一位最早的人文地理學者。他所開導的學說，在森潑爾 (Ellen C. Semple) 所著的自然環境的影響(Influences of Geographical Environment)，和赫丁登(Ellsworth Huntington)對於人類開化的研究中，都有詳盡的探討。

詭辯派也是在西曆紀元前五世紀，因了他們的反常而懷疑態度的學說，就起蘇格拉底派在文化上的活動。詭辯派的領袖們——像勃洛大哥拉(Protagoras)、哥加斯 (Gorgas)、卡理克理斯(Callicles)、司拉息馬許斯(Thrasymachus) 等——提倡訓練後學，是爲了要解決民衆的問題，不是科學的和哲學的問題。照柏拉圖所說的，卡理克理斯深信政府是侵略民衆的工具。司拉息馬許斯主張，一般所稱的公道，是迎合社會上強有力的分子之舉動，因此，強權卽是公理了。(註八)底比斯 (Theban) 的政治家意巴密嫩達(Epaminondas)在他自己的事績上，表演着一種非常高度的愛國概念。他的大公無私底愛國觀念，比較任何其他希臘的政治家要更進一步的。

蘇格拉底派的思想

詭辯派主張凡是適合於個人的，也一定適合於社會。這種學說，就受到蘇格拉底派（西曆紀元前四六九至三九九年）的反對。蘇格拉底派的觀念，由柏拉圖和色諾芬（Xenophon）演述着。蘇格拉底是雅典一個雕刻匠的兒子。他主張凡是公道、智慧、節慾、勇敢等德行，是使個人成爲社會上的優秀分子，增進社會的福利；同時，這種德行也是使個人的性格完美，地位日高。蘇格拉底費了好多年的時光，在市廛街衢中民衆集會之處，或是在公衆遊息的地方，冷眼地觀察人類的動作，或和他們談話，探問進德修身的情形。因此，蘇格拉底演進了一種頗有重要性的社會哲學。這種哲學的核心，可以拿「德卽是知」一句來代表，這所謂的知，不僅是對事實的記憶力，而且還要有澈底的了解纔行。倘然一個人完全明瞭某一事的善惡的各面，他就會採取善的一道。例如，當一個人是完全明曉了牙病的各種害處，他一定去找牙科醫生給牙齒修好；他知道了詐僞的害處，也是一定要養成誠實的習慣。從此得到一個結論，就是社會的美德要靠明曉社會情形的知識。

蘇格拉底深信雅典的社會是根本窳敗，因爲處處可以見到人民缺乏知識，以致墮入罪惡中。祇有在工藝的和職業的活動裏面，他纔覺得很有合理的行爲，但是都先有了相當的知識而後能够達到的。（註九）

一個好的木匠，一定是能全部明白他的技術。那末一個完善的人，一定要眞正了解善的行爲之價值。換句話說，一個完善的都市居民，一定要深深地認識，需求着彼此皆想進化的人羣之都市，是怎樣的意義。

蘇格拉底希望使人人都聰明，他的學說就引起了下面一個問題：怎樣能够使得社會的機構對於個人有益處，而各個人也能够了解這種益處？因此一切行爲都合於社會化（註一〇）但是蘇格拉底並沒有留傳什麼著作，他的學說，也就無從肯定地解釋。可是很幸運的，他是留給同時代的學者們一種深刻的印象，尤其是他的學生柏拉圖。

那句原則的格言——「德卽是知」，在理論上說起來，是很對的。但是，事實方面，蘇格拉底就沒有見到各種傳統的或是仿效的行爲模型之絕大勢力。他是輕視了這種根深蒂固的行爲模型所代表底力量。因爲這種模型是堅固地附在神經系上面，而知識時常是外在的，僅僅乎鑲在人生的外表。有了知識，也不能就擔保那種幾百年固守着的本能的動向，立卽可以克制或改變了。

更進一層說，當一個小孩的本能已經在伸張着，指導着他個性發展的途徑，他尙還談不到有能力眞正了解各種行爲的形式之意義，更談不到去找那許多不容易明瞭的知識呢。

柏拉圖的社會思想

柏拉圖早年的生活和教育，沒有詳細的記載。可是使他受到最大的影響的，就是蘇格拉底的閱歷和學說。蘇格拉底的堅強的個性，給予柏拉圖的思想生活上一種深刻的印象。柏拉圖年青的時候，已經很注意到雅典社會的和民衆的生活狀態。大概他只有二十三歲的一年，那許多自命爲「公正和良善」的統治者，跑到雅典來執政。

他們——就是歷史上稱爲三十個專制魔王——的失政，使柏拉圖的腦海中，生出一種憤怒的波蕩。而且，在西曆紀元前三九九年平民政治復活的時候，蘇格拉底遭受了公然的戮殺，益加使柏拉圖深恨當時的政治制度。蘇格拉底死後的幾年平民政治造成了寬弛而恣縱的社會狀態。因此，柏拉圖就想從思想的園地裏面找尋一種完美的社會。他日常的生活和政治的接觸，結果演進了一種理想的民主政體。

蘇格拉底的「德卽是知」的原則，柏拉圖是接受了。從這一個原則上，柏拉圖就推想到一種廣泛的結論，就是，認爲世界上最重要的，祇有教育。柏拉圖的勢力在二十世紀裏面還是很普遍，恐怕完全是因爲他這種主張吧。

要想感化世界的教育究竟是怎樣的性質呢？在理論方面，柏拉圖的答案就是認識論。他認爲一切的觀念是左右人生的勢力者。意識界雖是變幻莫測，不可捉摸的，柏拉圖創造了固定不變的觀念。人生不過像曇花一現，而他從觀念方面，發現了一種實質不變的概念。祇有這種永久的實質，纔是値得人類去找尋和認識的。

因爲柏拉圖帶有貴族的態度，和他對於早年所經歷的平民政治存着憤恨的心理，所以在他的社會哲學中，就不從直接地研究民衆方面着力——就像蘇格拉底那樣，而是從觀念的園地裏面，去找尋一種公道的社會。這種思想的趨向，可以在他所著的民主論——柏拉圖壯年的時候所著的——裏面看出來。關於理想的概念之探討，在法學（Laws）和政治論（Politicus）——政治論是柏拉圖暮年的著作，有一部分地方和民主論是反應的——二本書中也可以找尋到。民主論可算是社會哲學的第一部著作，因爲它從一種固定的立場上，攷核着社會生活的各面。它雖比不上希伯來先知們的著述的切實和直捷，可是在思想的一貫、精奧，和哲學價値的各方面，比了他們的教條好得多了。

一個理想的社會

柏拉圖既然是離開了政治的事業，去度着學者式的思想生活，因此他的理想社會，不免缺乏世俗性。柏拉圖生長在一個幅員狹小的國家，同時國內的政治集團也是很小，所以他的理想社會，僅是代表着一個容有五千零四十戶的集團。（註一一）當然要想拿柏拉圖的社會觀念應用到現代的容有五百萬人的大都市，或是容有一億人的國家，是絕對的不可能。但是，柏拉圖的思想，有一部分在法學內已經有相當的轉變。關於柏拉圖的社會哲學，在他的第三期的作品（註一二）——政治論和政家論（Statesman）——內，也可以找覓。

在柏拉圖的理想社會內，有三種傳統的階級，就是包括三種人民——統治者或監護者、兵士或『外援』、和匠工或工農勞働者。他認為理想的國家之構成，應該拿成年人做主體。（註一三）因此，柏拉圖的理想國家，就是建築在成年人的需要和活動上面。

社會的階級

任何個人是不能獨善其身地存在着。各個人有他的偏向和能力，大家合攏起，可以互相獲到利益。因此社會上不但有階級的區分，而且個別的職業集團裏面也應該各司專職。造就公道的社會之主要原則，就是各得其所和各盡其力。柏拉圖認爲天賦的不同，以及各種職業的特殊性，應該將它們合攏來，互相挹注着。（註一四）一般的平民，從事於基本的職業，例如技巧的工匠等。對於他們，特種教育的利益是不公開的。他們祇可受平常的教育——包括運動和音樂的訓練。照柏拉圖的貴族色彩的社會哲學，大部分的平民都不能覺到高深的教育之利益，因此，根本就用不着給他們這種高深的教育。在邏輯上是很對，但是在實質上這種教育原理就錯誤了。

第二種階級是兵士。他們要維持地方的治安，抵抗外來的侵略，以及和別國爭土地的戰爭。國家的人口愈增，需要土地愈大，同時，旁的國家也是一樣。結果就難免戰爭爆發了。（註一五）柏拉圖很誠實地承認爭地的戰爭之根源。雖然他說和平比較戰爭要強得多，但是他從上面所說的條件之下，也找不出避免戰爭的方法。（註一六）在達密雅（Tamias）和克理蒂雅（Critias）二書內，柏拉圖描寫一個理想的和平天國——「阿倫提」（Atlantis）。

兵士的職業也是一種技術，要經多年的訓練纔行。一個忠實的兵士之主要條件，就是勇敢。軍政時代的社會心理，就是兵士們總在煽動戰爭。這種國家容易引起鄰國的敵對，敵國既多且強，結果那一般黷武的人們必定遭到覆滅，或是人民陷於奴隸的境地。（註一七）在另一方說，兵士階級以外的人民，願意過着太平的日子，安居樂業，因此盡力想避免戰禍。這種人民漸漸地失去了好戰的態度，而他們的子孫也是同樣地成爲和平的人民。但是，他們終究成爲敵人的俎上肉，陷於奴隸的境地了。（註一八）

在國家的集團內，一定有少數的特殊能力之人，因爲天賦獨厚，加以特殊的訓練，以致達到統治者的地位，而保障民衆的福利。（註一九）他們必然愛好智慧和哲理，戒除軟弱的個性，或酗酒，自私自利等惡習。（註二〇）反對自我的生活，（註二一）照柏拉圖所說，做統治者是要十二分地熱心於謀國家的幸福。同時，他們絕對地厭惡任何害國的東西。（註二二）

但是，統治者是應該帶有貴族的氣息。（註二三）他們不用去和人民商量了以後，再決定他們所要公佈的法律。好像醫生不用去和病人商量吃什麼藥一樣的道理。在民主論、法學和其他討論統治者和哲學家的態度的著述中，柏拉圖認爲居高位者對於世俗和物質的情形，可以漠不關心，而同時卻在一致地找尋正義，或者竟然是社會性的正義。

領袖者的考試

統治者的候補人，先得受教育的原則。滿二十歲的時候，就得受一度普通的考試，以便再去受專門的訓練——包括數學、幾何學、天文學等。（註二四）到了三十歲的時候，又要受一度考試，倘然合格了，再得去研究哲學五年。在三十五歲的時候，纔開始實際的事業了。先是很小的官職，使他們將學理方面的東西和事實互相調劑一下，而且增加各種閱歷。（註二五）從此以後，他們還經過多次的文官考試，時間延長到數年不定。最後，再得經過三種試驗。第一種是邏輯學的試驗，他們應該很擅長論理，因爲這樣纔能去爲社會服務。第二種是關於恐懼的試驗，他們要受到各種危險，例如生命的危險，因爲領袖者遇到強暴勢力的野心和慾望之壓迫時，應該大公無私地，牢守着主義，絕不妥洽。第三種是關於娛樂的試驗，他們要經歷各種動搖心旌的娛樂。換句話說，他們一定要顯示着國家的幸福，纔是他們最重要的使命。（註二六）苦痛和威嚇都不能更變他們的節操。聲色貨利的誘惑，也不能動搖他們的克己功夫或削減他們的領袖身分。從這許多辦法上，可以看到柏拉圖對於統治者規定了長期的和精密的訓練。他的主張，和古代認爲君權神予的學說及現代分贓式的政治制度，是大不相同的。

柏拉圖認爲一旦選定了統治者，也許他們會受到外界的誘惑，以致貪婪誤國，或專制暴戾，離開民衆。（註二七）換句話說，選擇良善的統治者之後，要使他們永遠做良善的統治者，很不是容易的一樁事。爲保持統治者的德行，和杜防利祿私念的有力的誘惑起見，柏拉圖擬定了幾種保障的方法。就是統治者除了應用的物件以外，不應該擁有私產。他們不能養尊處優地私人享樂，要接近民衆。俸給的數目，祇夠他們的日常用度已足。他們不可接觸金錢或服用金銀的佩飾。在意識上，使他們覺得自己是神聖的，用不到貪求俗世的渣滓，更不爲俗世的接觸所瀆褻。總之，要是統治者企求享有土地金錢房屋等等，他們的精神就不能全神灌注在國家和人民的幸福上面，而變成專制者，終日處於私慾的交鬨中。（註二八）柏拉圖因爲想使統治者專意於國家幸福的緣故，所以主張統治者的妻孥們應該得到公衆的教養。（註二九）

輿論和教育

這裏有一個問題，就是民衆們對於傳統式的階級制度是否認爲滿足而忍受呢？柏拉圖的答案，認爲應該利用公衆輿論的勢力，同時全國的民衆應該藉教育的方法使之明瞭彼此都如兄弟一般，皆是造物的子孫。這種教訓可以使大家都表示一種謙遜的態度。但是，大家也應該知道，造物化育的時候，是因材而施的；因此各人有各人的個性。譬如有一部分的人們是金質的，他們就應該有領袖的權力而做統治者；另外有一部人們是銀質的，他們就做兵士；餘下來的民衆是銅質鐵質的，他們就做匠工了。（註三〇）

有人提出異議，認為那種悖謬的觀念，恐怕民衆不能相信吧。這種異議的理解，當然是成立的，但這問題並不是沒有解決的辦法。將那種金銀銅鐵質的觀念，用教育的方法，灌入小孩子們的腦海裏，他們長大以後，也就相信怎樣了。他們年紀大的時候，也是同樣地教着他們的子女們，就這樣轉輾地教下去。從傳統上，大家也接受這觀念了。（註三一）因此，柏拉圖將他的社會哲學建築在教育上。他認為任何社會的或經濟的學說，都可以利用教育的方法，去朦混全民族。少數的反社會分子，可以藉把持教育的制度，不消百年的時光，破壞一個國家了。

職業的選擇

統治者應該考察小孩子們的質地。柏拉圖承認天才的產生，是平民主義化的。就是說，父母是銅質鐵質的，也許他們子女是賦有天才的；父母是金質的，也許他們的子女是銅質和鐵質的。要是在平民的子女中間，發現了金質的小孩，應該給他鼓勵而且將他好好地教養，造就成為統治者。倘然金質的父母所生的小孩是銅質和鐵質的，也應該將他降至社會的下層階級，讓他去做農或做工。（註三二）柏拉圖所推測到的事實——在現今已經科學承認了的——就是天才的產生沒有界限，從最高層到最下層的各種社會階級裏面都可以發現。生在茅舍陋室，和生在廣廈宮房是一般地可能的。因此，社會應該去找尋偉大的天才，給以相當的機會使他自由發展，不可讓灼爍才華，消磨在窮鄉陋巷的環境中。

同時，照柏拉圖的主張，凡是不健全的小孩，也應該找出來，而且用妥善的方法，暗地裏將他去掉。（註三三）因爲有能力的人，倘要去留心許多不健全的小孩，就得空耗有用的精力，以致不能專心去建造國家了。這種主義是忽視他自己的殘忍狀態。它雖是合乎優生學，但失卻平民化和義俠化的精神。完全是貴族化的色彩。

結婚的一樁事情，也得官廳相當的監察。柏拉圖認爲一般的人們選擇終身伴侶的時候，大都不注意到他們將來應該生育怎樣的兒女，這是很可憾的。（註三四）結婚雖爲個人的事，但是也應該爲將來的兒女着想，而同時還得注意到國家和社會的幸福。（註三五）結婚的眞諦，不是在財富權位各方面，而是生育健全的兒女。結婚是絕對的神聖，因爲他是社會所需要的。柏拉圖不贊成階級化的婚姻，就是祇和性情相同的階級的人結婚。性質溫和的人，總是喜歡和同樣性格的人結婚，性質勇敢的人也是喜歡和同樣性格的人結婚。但是，倘然溫和的人能和勇敢的人配合，或者反過來，那就更好了。（註三六）結婚是神聖的，因此一定要嚴守優生學的條件。

貧和富

統治者應該設法避免貧和富的懸殊。柏拉圖對社會的先見之明，指示着貧窮的人是易於作奸犯科，而富裕的人又是流於驕侈淫佚。（註三七）兩方面都造成禍亂的根源，使了社會事業，漸漸地衰頹不振。窮苦者因爲受不到相當的教育，以致不肯忍耐地工作；豪富者因爲擁有了巨資，更是多行不檢，也想不到去勤謹作事了。（註三八）人們對於財富的積累有絕大的模仿力。一個人積聚了很多財產，旁人就立卽去仿效，結果全部的人民都變成嗜錢若命了。（註三九）但是，專愛錢財的人民，對於國家就有危險性的。

一個人愈是有錢，愈想再多積起來。這種貪利的慾念，足以破壞社會。因爲受了金錢的迷惑，就不想遵守道德。道德的觀念和金錢的慾念在相互掙扎着的時候，總是前者減削下去，後者伸張起來。（註四〇）

倘然國家變成建築在財產的原則上，一定是富者把持權勢，貧者完全處於壓迫的地位。（註四一）平常的時候，富者漠視貧者的幸福，正和他不注意修養道德一樣。祇有遇到社會發生危機的時光，他方纔不去侮辱貧者。在繁榮和昇平的時候，窮苦者處於最低賤的地位，但是一旦戰爭爆發，許多強壯而耐勞的窮苦者，就和富人們站在一條戰線上（註四二）——這時候社會就平民化了。在戰場上，窮苦者比富人們強得多，因爲富人們是享福慣的，皮膚從沒有受過風塵，而身上又長滿了脂肪。柏拉圖對於窮苦者的論調，有一句卓越的結語，他說，許多人們成爲富家翁的緣故，因爲沒有一個人有勇敢去掠奪他們。從這一點上，柏拉圖已經顯然指示着社會主義運動、產業革命運動和經濟的過激主義之擡頭了。（註四三）

依照柏拉圖的主張，凡是有乞丐的地方，同時一定有盜竊，榨取和罪惡行爲的存在。（註四四）他認爲乞丐的產生，不外（一）缺乏相當教育，（二）不良的訓練，（三）社會的規律和國家的立法之不公。（註四五）柏拉圖指示了防止貧富懸殊的兩條途徑——教育和立法。每人應該有至少限度的財產，不能超過這限度的四倍。倘是超過了這最高數目，應該實行値百抽百的稅則。（註四六）柏拉圖所擬議的共產主義，目的不在企求國家的物質幸福，而是想防止統治者受私慾的誘惑。他也想使國家不致因了勞資的糾紛而崩潰。至於教育的途徑，就是訓練兒童使他們對於日常生活的需要易感滿足（註四七）——至少一部分的兒童應該得到這樣的訓練。做父母的不能以財產遺給子女，而應以一種神聖的精神留傳給他們。（註四八）

檢查的制度

統治者也得充當檢查人。他們對於一切的藝術，都應該經過相當的檢查，使兒童們不受迷色亂聲的蠱惑。尤其是各種小說的作品，應該經過檢查，以防止兒童們得到惡劣的意識。一切創造的藝術，應該禁止他遺留罪惡的印像，以免將來的統治者生長在各種殘缺的道德的偶像所汚染的空氣中。他們應該生長在優美的環境之內，絕無障礙地接受一切外界的美感。（註四九）

統治者也應該維護風化。因爲起首柏拉圖就在描寫一個完善的國家，所以認爲變更現實的風尙就等於退化。（註五〇）那末，統治者應該盡力保持各種風化，取締一切投機式的改革。倘若小的地方允許變更了，這種改革的精神，將一發而不可遏止。

柏拉圖對於理想社會的論調，是集中在訓練良好的領袖上。他認爲他們的判斷，比了法治的政體要強。因爲法律是嚴峻而缺乏彈性的。柏拉圖承認人類的行爲是富有變遷性的，不是固定的法律可以包括得了的。（註五一）

法律的優點，不是使人類變成良善，而是使他們的行爲有規律而合乎社會的精神。法律之所以爲人們尊敬，因爲它是長時期的經驗之成果。（註五二）

法學一書，對於刑法很是注重。（註五三）風俗雖是神聖不可侵犯的，但法律也很需要的。從這種觀點上，服從就是社會的主要美德。在學說方面，柏拉圖是現代化和科學化的，因爲他主張刑法的作用不是報復性的，而是含有防範和感化性。（註五四）事實上，感化是刑法的眞正鵠的。（註五五）但是在實踐方面，柏拉圖是嚴厲而冷酷的。例如，他認爲乞丐們只要逐出城外，或驅至國外，就算完事了。（註五六）同時，他對於殺戮的刑罰也是時常引用的。（註五七）

柏拉圖主張各種職業，都可以使婦女和男子們一般地參加——甚至最高的職業，像統治者的位置。（註五八）在職業上，男女兩性僅有的區分，就是男子比較女子來得強壯，這是應該認識的。（註五九）某一種人是適宜於某種的職業，旁一種人就適宜旁種的工作。

雖然生育子女是認爲根本重要的，柏拉圖主張婦女不必終身專意於養育子女。任何婦女都應該有機會去發展她們的個性。假定有政治天才的婦女，儘可從事政治。柏拉圖在社會的思想方面是一個保守派，但是在他的理想的民主政體內，允許一種新的制度——普徧的婦女參政權。

因爲婦女們和男子們的責任都是一樣，她們應該得到同樣的機會，享受相當教育。同時，她們逢到戰爭的時候，應該和男子們一般地盡力衛國。（註六〇）婦女們也可以做女教士，（註六一）參加監督婚姻制度的委員會和

仲裁離婚案的委員會等。（註六二）

教育的任務

柏拉圖雖是反對改革但提倡激烈性的教育制度，由統治者切實地監督着。它也是承襲式的普通的教育，分爲二種：運動以鍛鍊體力；音樂以怡養性情。（註六三）運動可以使人堅強，音樂使人溫和。堅強的極端就是猛暴殘忍，而溫和的極端又是優柔孱弱。（註六四）因以，一定要二者調和，纔能產生一種優良的個性。前者可以增強理智力，後者可以改善凶暴的情感。（註六五）在幼年和青年的時候注意運動以鍛鍊體力，一到年長的時候就能精神飽滿地工作了。（註六六）音樂——包括文學——的協調和節奏，能夠使人受到很好的影響，例如從小孩的時候，加以協調和節奏的訓練，就可以長成一種溫和的性情。

教育的意義，不是去從外界找求什麼東西，而是使個人固有的才力能夠充分地發展出來。（註六七）所以教育的過程是終身的，自從小孩子產生一直到老死，都是繼續不斷的。但是，人的年齡愈大，教育的進境尤是遲緩。到了老年的人，他就不能再多學了，和他不能再飛跑一般。（註六八）因此，在青年時候的教育，最是重要。一個小孩受了相當的教育，他的前程也是注定了。（註六九）在小孩年幼的時候，就應該教他尊敬父母，同時加以妥善的培植。照柏拉圖所理想的國家，凡是在三歲至六歲的兒童們，應該由選定的監護和保姆等管理指導。

誘的，好像治國家一樣。（註七〇）應該利用那種模仿性的公例，做教師的要以身作則，實地施教。（註七一）

受了良好教育的個人，就是良好的社會之縮形。柏拉圖拿社會的三種階級比喻個人的三種本能——這是錯誤的。他認爲統治者、兵士和匠工，就像個人的理智、精神和情感一樣。情感應該處於精神之下，而二者同受理智的管束。結果就成爲一個良善的人。在社會上，統治者、兵士和匠工，也應遵守同樣的次序。教育的基本目的，是要改變人民的氣質。這種變更比諸任何外在的東西都重要。因此，柏拉圖認爲國家的基礎，是建在教育的上面。（註七二）

在理想的國家中，宗教也占着重要的地位。柏拉圖主張對於上帝的信心，可以凌駕強權即公理的主義。蔑褻神道足以減削社會的力量。上帝創造個人以謀全體的幸福，並非教全體去爲個人圖利。因此，信奉上帝能够免掉個人的自私自利心，和使他對於人道的信念，不致完全成爲自我主義的形態。（註七三）

社會的變態

因了柏拉圖首先陳述了一個完善的民主政體，任何變態都認爲退化。但是在理想的國家中，也免不掉破壞性的觀念之侵入。聰明的統治者，難保不爲獨裁的勢力所誘惑。要想使統治者的腦海裏面，沒有這種自利的慾念之衝動，柏拉圖就擬定一種共產的制度。但是他有許多地方忽視了共產主義的弱點——這許多弱點，以後經亞理斯多德給指出來。

雖然有了種種高妙的預防方法，可是智慧的統治者，也有時候保守不住。遲早他們會得發生弊端的。也許考驗青年時，容納了好戰的青年去預備做統治階級。這種統治者是富有爭鬬的精神和企求尊榮的野心，因此在他們執政的開頭，就將所謂完善的國家，趕上沒落的途程上了。（註七四）一旦統治者祇想追求個人的權勢和尊榮，那理想的民主政體就變成『權位政體』了。

在權位政體之下，統治者擁有絕大的私產，權勢赫喧，享受着最高的尊榮。同時旁人也興奮起來，因此都去企求着財富和權勢。那末，民衆就差不多貧無立錐了。結果演成一種『寡頭政治』，祇有財富的人纔得到尊榮，纔可以充任統治者。（註七五）貧苦的人們總是受到侮辱，處處沒有地位。

這種寡頭政治的國家，根本已經分裂，成爲兩個國家了。在精神上，富人和窮人是截然分爲兩個國家。他們雖是住在同一個國土，彼此都時時刻刻地在互相陰謀爭鬬着。（註七六）社會的安寧，就給這貧富懸殊所發生的衝突來破壞了。無產階級盡力地攻擊有產階級。（註七七）內戰也跟了發生起來。因爲富人們都是驕侈淫佚，而貧苦者的人數又比較的多，結果總是貧苦者占勝利。平民政治——一般民衆的政治——就成立了。人人都變爲統治者。

但是，一般的民衆不是大家都適宜於統治者的地位。他們都沒有相當的經驗。而且民衆裏面，很多遊手好閑的。這班人們就把持平民政治的一切。（註七八）在沒有受過自由主義的訓練的民衆裏面，要想實行過度的自由制度，祇有走到無政府狀態途徑了。許多人都自命爲民衆的良友。但是他們漸漸地變成專制者，因此，這平民政治也就變爲專制政治了——在柏拉圖的五項退化中最低賤的一種國家。

柏拉圖不信任民衆，而在承襲式的政體之外，加上一種信念，就是個人應該參加社會的生活。社會的公道觀念，不是厚於個人的朋友，或薄於個人的仇敵，也不是趨附最高權勢者的利益。強權卽公理的學說，受到他的指斥。（註七九）公道的社會裏面，任何個人都是獲到相當的地位，使他對於國家有絕大的貢獻，同時他自己也是能夠盡他應有的責任。總括起來說，柏拉圖對於道德的和社會的制度，存着一種興奮的信心。

柏拉圖認爲觀念是眞實的，而且是改造世界的工具。他推測了各種完善的形式，甚至一個完善的社會形式。他想用文化的統制，造成一個新的社會制度。

柏拉圖關於社會思想的著述（註八〇）

（一）社會的起源

「國家是產生於人類的需要。任何人不能自給自足，大家都有很多的需求。除此以外，國家的起源還有什麼呢？

「可以說沒有其他原由。

「那末，我們大家旣是都有很多的需求，當然要有很多的人們來供應，一個人在什麼地方需要這樣的人幫助，在另一個地方又要那樣的人幫忙。這許多彼此互助的伙伴們聚攏起來，住居在同一的領域內，他們的團體就稱爲國家。

「這是很對的。

「他們互相交換着，以有易無，而且大家認爲這種交換，是謀羣衆的利益。

「這是更對的了。

「因此，我說大家在意識上，可以揣想和創造一個新的國家，但是眞正的創造者，還是需要，它就是我們所有的發明之母」。

（二）傳統的意義

「很對，我說，可是還有其他，我僅僅告訴你們一半。民衆們——在對他們講述的時候應該這樣地說——大家都是兄弟，不過上帝創造的時候，使了各人不同。一部分的人們是賦有指揮的權力，因爲上帝創造他們的時候，把金質摻和在中間，所以他們纔是應該享有最高的尊榮。另外有一部分的人們是銀質製成的，他們就充外援（兵士）。再有一部分的人們是銅質和鐵質製成的，他們就作牧農和匠工。這種類別，在小孩們裏面也是保持着。但是，彼此既然是同一的來源，金質的父母也許會生出銀質的小孩，銀質的父母也許會生出金質的小孩。上帝對於統治者所宣示的第一要義，就是他們所應該急於維護的，和他們想做良好的統治者的方法，沒有比選種問題更重要。他們應該注意兒童的質地，倘然金質或銀質的父母所生的小孩是銅質和鐵質的，就是造物要將他降至低層階級，那末統治者的目光不能表示憫惜這小孩的降級而爲牧農或匠工。同時，倘然銅質和鐵質的父母生了金質的小孩，也應該將他升至尊榮的地位，做統治者或外援。因爲神諭說過，一個銅質或鐵質的人要是執政了，國家一定會給破壞的。這是一種神話，是否可使民衆們都能相信呢？

「在現今的一般民衆，恐怕沒有方法使他們相信。但是他們的子孫或者可以使之深信，以後就能世世繼承下去了」。

（三）知識和學問

「一直等到哲學家卽是國王，或世上的國王和王子們都有哲學的精神和勢力，政治權力和智慧合爲一體，一般的人們祇知其一不知其二的都站在旁邊；社會都市總是免不掉給罪惡搗亂——同時，我深信人類的全體都是怎樣——因此祇有達到那時候，我們的國家纔有生命的可能，纔有重見天日的希望」。

「那末我們是否可以說，哲學家不只愛一部分的智慧，他是愛着全部的智慧？

「是的，他愛着全部的智慧。

「不愛學問的人——尤其青年，倘還沒鑑別是非的能力的時候——我們認爲不是哲學家或知識的愛好者；好像拒絕食物的人，可以認爲他並不飢餓，或是胃口不好。

「這是很對的。

「那末，要是任何人喜歡各種知識，處處好學不倦，他應該稱爲哲學家了吧？」

「我們是否承認意見的存在呢？

「這是毫無疑義的。

「它和知識是否相同，抑另是一類？

「另是一類的。

「那末，意見和知識，是否各有各的作用，正像它們的性質互異一般呢？

「是的」。

（四）勇敢

「社會的勇敢，是否因了一部分人們在任何情形之下，總是保持着對於各種東西應否怕懼的性質之意見——就是立法者教導他們的；這是你所說的勇敢麼？

「請再說一遍，因爲我不很懂你。

「我說勇敢是一種救濟。

「救濟什麼呢？

「對於應該怕懼的各種東西的意見，就是它們究竟是什麼，性質是怎樣的，那幾種是法律想用教育的方法去培植的；我說「任何情形之下」的意思，就是表示不論苦樂喜懼，他能够保持着，不失掉他的意見」。

（五）節慾

「國家裏面，還得找尋兩種德行——其一是節慾，其二是公道」。

「節慾就是對於喜怒哀樂的克制，在「人是自己的主人」一句話裏面含蓄着；也可以在其他的文字中找到相當的註解。

『這是無疑的。

『在「人是自己的主人」一句話中，看來很是可笑，因爲主人也就是僕役，而僕役也就是主人；這各種說法，所指的只是一個人。

『當然的。

『我想這意義是在人的靈魂上，有善和惡兩種原則；當惡的原則處於善的原則統制之下，這人就可以說是自己的主人，而且這句話是贊美；但是因了不良的教育和不良的環境，善的原則縮小了，惡的原則就伸張起來而箝制善的原則——這種情形之下，他就擡怨而被呼爲自己的僕役和沒有意義的人了』。

（六）公道

『那末，請你對我說，我下面的話對不對：你可記憶得國家原有的基本原則，一個人應該只管一樁事，就是合乎他個性的事，那末公道是不是這種原則，或這原則的一部分。

『是的，我們時常說，一個人應該只管一樁事。

『還有一層，公道是各盡各的職，並不是好管閒事。這是我們一再申述，而旁人也是同樣地說的』。

（七）訓練統治者或領袖者

『眞正良好的教育，是不是一種最安全的保障？

「但是他們大都已經受有教育了，」葛勞康說。

「我說，我是很相信，而且我更肯定地認爲他們應該受相當的教育的；眞正的教育，不論它是怎樣的性質，可以使了他們彼此之間和對於受他們保護的一般民衆都成爲文明化和人道化。

「很是，」他說。

「而且，不僅是他們的教育，就是他們的住所和屬於他們的一切，都應該對於他們做統治者的德行，沒有妨礙，也不致誘惑他們去剝削民衆。任何有理性的人一定要承認的。

「一定的。」

「那末，讓我們來檢視一下，依照我們的主張，他們的生活是怎樣的。第一點，除了絕對的需要以外，他們不應擁有任何財產；他們也不能有不准人進內的祕室私房；他們的一切食用的東西以熟練的武士們——節慾的而勇敢的——所需要者爲度；他們應該接受人民所給的固定數目的薪俸，祇可够他們常年的用度爲止，不能超過；他們應該像兵士們一樣，居住在公共的住宿處或帳幕裏面。我們可以告訴他們，金錢祇可從上帝那裏去求；他們是賦有比較金銀更爲神聖的實質，因此他們不需要普通一般人們所追求的渣滓，也不能以塵俗的東西去汚瀆他們的神聖，因爲普通的金屬，是一切罪惡的根源，而他們自己的，是不可侮的。在人民中間，祇有他們纔不該去接觸或管理金或銀，或是和金銀的藏處接近，或服用金銀的佩飾，或以金銀去飲酒。這樣纔可以救他們，而他們也就是國家的救星了。倘然他們享有房屋、土地、金錢等，就變成房主地主而不是統治者了，成爲民衆的仇敵和專制者而不是親信了；彼此都嫉恨着，陰謀破壞着，他們的生命上，感到內心的恐怖比諸外界的仇敵還要嚴重，而他們的失敗和他們的國家的失敗，離開不遠了。因爲這種種原因，我們是不是可以說，我們的國家是應該依照我們對於統治者所定的一切規律治理着？

「是的，葛勞康」。

（八）富和貧

「藝術的沒落有兩種原因。

「它們是什麽？

「我說，是富和貧。

「它們是怎樣的作用？

「方法是這樣的：當一個陶器匠變爲富人，你想他還肯照常認眞地去做他的工麽？

「當然不肯的。

「他就漸漸地變爲怠惰和不檢了麽？

「很對。

「那末，結果他就成爲很劣的陶工了？

「是的，他一定會得退步下去。

「但是，在另一方面倘然他沒有錢，不能去置備各種工具，他就不能好好地工作，也不去教他的兒子或學徒們好好地工作了。

「當然不能的。

「因此，在貧和富的影響之下，工人或工作都要傾向於沒落的一途了麼？

「那是很明顯的。

「因此，我說，在這一方面，可以發現一種新的流弊，凡是統治者都得留意的，不然它暗地裏就會發生的。

「什麼流弊呢？

「就是富和貧，其一是奢侈和怠惰的起源，其二是卑劣和罪惡的根源，而兩者都是因爲不滿意的結果」。

（九）職業的複雜性

「我們現在先假定人類有三種階段智慧的愛好者、光榮的愛好者、利祿的愛好者。

「的確。

「同時也就有三種娛樂，因爲他們的對象不同？

「很對。

「倘然你去試驗一下這三種人們，而且逐一問他們那一種生活最感覺愉快，他們一定是各人贊美着自己的生活，同時批評旁人的生活；專想營利的人一定認爲光榮和學問是空泛的，賺不到錢，比不上那金銀的實質收穫。

『是的，他說。

『那末光榮的愛好者——他的意見是怎樣呢？是不是他會想到財富是卑賤的，而學問倘是不能使人增進名譽更是像烟霧一般沒有意味的？

『同時，我說，我們是不是也可以推想，哲學家除了追求學問的眞理以外，他那裏會得承認其他的好尙有什麼價值呢？他祇想自己的職業——學問——纔是最上的愉快。他認爲其他的娛樂是需要的麼？倘是不需要的，他就用不到了。

『這許多都毫無疑義的，他說。

『那末，各種階級的好尙和生活既是各有各的不同，而問題不是那一種生活比較體面或比較的好壞，而是那一種比較愉快勝任——但是，我們怎樣可以知道誰是說眞實的話呢？

『我自己也是說不出來，他說。

『不過，怎樣是相當的標準呢？還有比經驗、智慧、理論等三者更好的麼？

『沒有更好的了，他說。

『那末，我說，來考核一下。在三種人的中間，那種人對於我們所列舉的好尙有最大的經驗？利祿的愛好者對於學問的經驗，比諸哲學家對於利祿的經驗，會得勝過麼？

「他說，哲學家比較占優勢，因為他自少至長，對於一切好尚的滋味，都得嘗試過；可是利祿的愛好者祇是他自己的經驗，用不到去嘗試學問和真理的滋味——或者可以說，他就是想去嘗試，也恐辦不到。

「那末，智慧的愛好者就強於利祿的愛好者了，因為他有兩重的經驗。

「是的，他是比較占勝。

「更進一層，哲學家對於光榮的經驗，比諸光榮的愛好者對於智慧的經驗，也是占勝麼？

「不，他說，三種階級的人要是達到了他們的目的，同樣地受到光榮的來臨的，因為富人、勇士和哲人三者，都有他們的崇拜者，等到他們接受了光榮，他們就各有各的經驗，不過從求得真理所有的愉快，只是哲學家纔能享受。

「那末，他的經驗使他比任何人要更有判斷力了。

「要勝過得多。

「祇是他纔算有智慧和經驗了麼？

「當然」。

討論要目

（一）蘇格拉底的學說，「德卽是知」，是什麼意義？

(二)柏拉圖怎樣引用蘇格拉底的學說？

(三)柏拉圖怎樣是一位理想家？

(四)蘇格拉底和柏拉圖對於社會思想的貢獻之比較。

(五)柏拉圖和希伯萊的先知們所代表的社會思想之比較。

(六)烏托派和先知的不同點。

(七)柏拉圖所主張的理想社會。

(八)柏拉圖對於戰爭的態度。

(九)柏拉圖對於貴族的統治之概念。

(一〇)柏拉圖所規定的促進統治者的效能之方案。

(一一)柏拉圖對於貧富的態度。

(一二)柏拉圖對於檢查制度的觀點。

(一三)柏拉圖主張法律在社會上的地位。

(一四)運動和音樂對於訓練個性的相互作用。

(一五)教育在理想社會上的地位。

(一六)柏拉圖對於平民政治的解釋。

(一七)柏拉圖的社會思想之總綱。

附註

(註一)希西阿著:工作和日程(Work and Days),梅恩斯(A. W. Mains)譯本,牛津大學一九〇八年出版。

(註二)希西阿,卡列默求斯(Calimachus)和提奧奇尼斯合集,朋克斯(Banks)譯本,波氏經文圖書館(Bohn's Classical Library)版,第二二七頁。

(註三)包資福特與勃爾(Botsford and Sihler)著:希臘的文明(Hellanic Civilization),第六四頁。

(註四)蘭洛林生(George Rawlinson)譯:希羅多德的史料(History of Herodotus)四大本。

(註五)潑洛塔許(Plutach's)著:伯理克理斯傳,克勞(Clough)修正本,第一章,一二三四節以下。

(註六)包資福特與勃爾著,希臘的文明,第三四〇頁。

(註七)希波格拉第集(Works of Hippocrates)原本關空氣水和陸地三篇,亞當斯(Adams)譯,第一卷。

(註八)柏拉圖著,第一章,三三八節。在本章及以後各章中關於柏拉圖的問答都是約威德(Jowett)譯本。

(註九)愛德麗亞當(Adela M. Adam)著:柏拉圖的道德和政治理想(Plato, Moral and Political Ideal),第十頁。

(註一〇)讀者可在威爾·杜蘭(Will Durant)著:哲學與社會問題(Philosophy and the Social Problem)一書的首章內,找到關於蘇格拉底的解釋,雖是偏重觀念,但頗有獨到之處。

(註一一)法學,第七三八節。

(註一二)柏拉圖的社會思想方面,初學者應該先讀民主論,尤其是從第五章四七二節至第七章五四一節。

(註一三)民主論,第三六九節。

(註一四)民主論,第三七〇節。

(註一五)民主論,第三七三節。

(註一六)法學,八〇三節。

(註一七)政家論,三〇八節。

(註一八)政家論,三〇七節。

(註一九)政家論二九七節。

(註二〇)民主論三九八及四一二節。

(註二一)法學七三一及七三二節。

(註二二)民主論,四一二節。

(註二三)政家論,三〇三節。

(註二四)民主論,五二五節,又法學,八一八節。

(註二五)民主論,五三七、五三九及五四〇節。

(註二六)民主論,四一三節。

(註二七)民主論,四一六節。

(註二八)民主論,四一六及四一七節。

(註二九)民主論,四五七及四六四節。

(註三〇)民主論,四一四及四一五節。

(註三一)民主論,四一五節。

(註三二)民主論,四一五節。

(註三三)民主論,四六〇及四六一節。

(註三四)政家論，三一〇節。

(註三五)法學，七七三節。

(註三六)政家論，三一〇節。

(註三七)民主論，四二二節，又法學，七四四及七四五節。

(註三八)民主論，四二一節。

(註三九)民主論，五五〇節，又法學，七四二及七九一節。

(註四〇)民主論，五五〇節。

(註四一)民主論，五五〇節。

(註四二)民主論，五五六節。

(註四三)民主論，五五六節。

(註四四)民主論，五五二節。

(註四五)民主論，五五二節。

(註四六)法學，七四四及七四五節。

(註四七)法學，七二九節。

(註四八)法學，七二九節。

(註四九)民主論，三七七及四〇一節。

(註五〇)法學，七七二節。

(註五一)政家論，二九四節。

(註五二)政家論，三〇〇節。

(註五三)原書第九章至第十二章。

(註五四)法學，九三四節。

(註五五)法學，八六二節。

(註五六)法學，九三六節。

(註五七)法學，九五五節。

(註五八)民主論，四五五及四五六節，又法學，八〇五節。

(註五九)民主論，四五一節。

(註六〇)民主論，四七五節，又法學，八一四節。

(註六一)法學，七五九節。

(註六二)法學，九二九及九三〇節。

(註六三)民主論，四五七節，又法學，七九五節以下，八一三節以下，及八三〇節以下。

(註六四)民主論，四一〇節。

(註六五)民主論，四四一節。

(註六六)民主論，四九八節。

(註六七)民主論，五一八節。

(註六八)民主論，五三六節。

(註六九)民主論，四二五節，又法學，六四三節。

(註七〇)民主論，五三七節。

(註七一)法學，七二九節。

（註七二）民主論，四三五節以下。

（註七三）法學，九〇三節。

（註七四）民主論，五四五至五四九節。

（註七五）民主論，五五〇及五五一節。

（註七六）民主論，五五〇及五五一節。

（註七七）民主論，五五五節。

（註七八）民主論，五六四節。

（註七九）民主論，三三九節，又法學，七一四節。

（註八〇）特許轉錄自柏拉圖著民主論，約威德譯本，第三版，兩大本，牛津大學一九〇九年出版（由克萊倫堂印書局 Clarendon Press 承印）。

第六章　亞理斯多德派的希臘社會思想

亞理斯多德（西曆紀元前三八四年至三二二年）——柏拉圖的高足——不像他的老師一樣，對於社會思想，沒有系統的貢獻，他犧牲了系統而考核局部。他是一位機會主義者、實用主義者和條理與組合法的實際學者。他不像柏拉圖一樣，並不認爲觀念是與事物隔離的，而是涵蓄在事物之內的。

亞理斯多德用歸納和綜合的方法，研究了一百五十八種法規。他注重事物的現實，而不甚求其所以然。他的目光首先注視到局部方面，然後及於全體。在這種考察中，他發見了局部的各面是互相關連的，而且它們都有共同發展的關係。在柏拉圖的完善的學說以後，我們現在要考察亞理斯多德的適合時宜的論調。他的社會思想雖是沒有系統，但發明了過程和進步的概念。

中庸的美德

在亞理斯多德的倫理（Ethics）一書中，（註一）對於德行的討論，很有社會的價値。美德就是中庸之道。這種優美的情感，溫和地表現着，漸漸成爲習慣。過與不足，都是有害的。譬如懦怯者事事規避，處處畏縮；可是粗暴的人又是處處莽撞，不顧危險。寬和是放蕩與貪婪的折中。溫雅是諂媚與傲慢的折中。德行的本身也就是耽逸與遁世主義的中庸它是一種快樂是人類的至善。

亞理斯多德的政治論，是社會生活的各面之詳盡的分析家和國應該處於個人之前，因爲全體的生存，比較個人更爲首要。（註二）倘若個人隔離社會，他就不能自給自足。所以國家的根基是建築在個人種種需求的上面。從這種種需求的關係，人類就有合羣或社會性的本能。同時，人類也是天生的政治動物，（註三）就是他們因了天性和需要的關係，對於同類度着合羣的生活。個人要想達到最大的幸福，祇有成爲社會的一員。

亞理斯多德承認財產在社會上的重要地位。物質的需要，最好是靠個人的勞力所獲取。廣泛的社會共產制度總是失敗的。亞理斯多德對於柏拉圖的共產主義，作這樣的評語：『大多數人的東西，總是最少數人去留心維護。』（註四）而且當一個人覺得這樣東西是自己的，他對於它比較得要感到興趣。（註五）一個人有了私產，纔可感到送東西給旁人時的愉快。此外，共產主義可以引起特別多的紛爭；忠實工作的人，見了不認眞工作的人同樣享受一份利盡，一定會心懷不平。（註六）

亞理斯多德反對土地的均分，但是他也主張各人對於土地享有的慾望應該很平均。在均分土地和土地的共產主義以外，亞理斯多德提倡凡是上層階級的人們，應該得到相當的訓導，使他們自己不會增加享有土地的慾念。他也說，應阻止地產的投機者享有多量的土地。（註七）

柏拉圖所主張的妻子和子女的共產主義，被亞理斯多德排斥着，認爲不適實用而且是愚笨的。這種制度，足以妨害友誼和破壞愛情。最後，它也足以破壞國家的統一。（註八）

亞理斯多德對於勞工也是採取那種普徧的傲慢的態度，而且在學理方面也是承認奴隸的制度。他認為一個奴隸因為他的天性就是奴隸他的天性就在他的舉動上表示出來。他是不能用理智去指揮他自己的。（註九）

社會的統治

亞理斯多德對於社會的統治和政府的問題，有深長的探討。在考核了多種的政治制度之後，他避免了武斷地採擇某種政治制度。他的結論是科學化而合乎現代性的，就是說，沒有那一種政治制度足以完全崇拜而睥睨其他一切的制度。政府的成功和良好，要靠人民的態度。但是人類的性情，隨了時代而變遷。想建造一個完善的政府，先得使一般的民衆都成為良好社會化。

在學理上，亞理斯多德深信最好的政府是一人的獨裁政治，可是先決問題在要有一個卓越賢智之士纔行。但在實際上，亞理斯多德主張凡是選擇優良的政治制度之先，一定要考察社會的實況，人民進化的情形，和統治者的態度。倘是國家的樂利能夠得到最高的崇尙，那末不管是一個人或幾個人或多數人在執政，都沒有關係。能夠拿集團全體的幸福作為行政原則，君主政治也行，貴族政治也行，憲法政治也行。因為羣衆的幸福既然是左右一切的勢力，那末一個人或幾個人或多數人，都可以成為良善的統治者。在這上面的主張裏面，亞理斯多德忽視了民衆應該參加政府的重要性。他也沒有看到，如果最優良的統治者一人秉握全國的政治、經濟、社會等權力，也會受到種種誘惑。經過相當的時期，他不免要屈服於惡勢力之下，而妨害全體的幸福。（註一〇）

政府受私人的統治，結果這政治就不出專制、寡頭或民主的三種體裁。照亞理斯多德的主張，寡頭政治和民主政治的主要區別，就是前者爲富人的統治，後者爲窮人的統治。他認爲窮苦者是和富人一般地自大，而且窮人不能成爲良好的公民。

亞理斯多德的政治學雖是貴族式的，時常主張政治應該爲少數的優秀分子去負責，但他贊同一種憲法政體的國家。這種政體，一定要有多數賢良者的國家，纔有成功的希望。他承認多數的判斷比較穩健，而且他們富有常識。在憲法政治之下，極端派都互相調劑，實行中庸之道。多數的人們比較少數或一個最良好的個人不容易趨於腐化。(註一一)

良好的政府有兩項主要條件。第一、人民對於法律能切實遵奉。第二、法律適合社會性。亞理斯多德所認爲理想的社會是這樣的：優良的人民和完善的法律——都以大衆的幸福爲依歸。在實際上，政治組織的體裁——君主政治、貴族政治或憲法的共和政治——都得根據社會組織的各種分子趨向社會化的進境，而後取決。

倘然成立了憲法的共和政體，應該實行官職的輪替法。任期當以六個月爲限，(註一二)而且每人擔任某種職務，應該祇有一次，不可蟬聯。

在另一方面，法律應該變換得很遲緩。(註一三)法律是沒有權力可以使人民在意識上都遵守，除非經過習慣而成自然。國家對於法律上極小的變換，也應該避免。雖是在很小的地方有了疎忽或不守法律，也是有危險性的，因爲不知不覺之間，就會習於犯罪了。(註一四)在起首不過是小的罪惡而容易忽視，但漸漸地就擴大起來，以致於傾覆國家。所以，無論什麽時候，都應該使人民絕對遵守法律。

社會的中庸

亞理斯多德的理想社會之主要情調，是社會的中庸。只有極貧和極富的兩種階級之存在，結果一定使國家受害。豪富者認爲自己駕乎一切法律的或社會的權力之上。同時，窮苦者又是太墮落了，不能理解權力的需要和作用。(註一五)事實上，不但是豪富者，就像有絕美的姿色者，有大力者，和生長在貴族者，都自己認爲應該享有特殊利益。不但是窮苦者，就像很瘦弱者和微賤者，也都覺得趕不上法律和社會的指揮。在特殊階級方面，因爲有多數的優點，所以他們雖是在小孩的時候，已經養成驕橫的態度，他們在家庭的小集團裏面，也不學習服從。那末，怎樣可以指望他們在國家的大集團裏面會成爲服從的公民呢？富人們很容易成爲傲慢和貪婪，因此他們的統治是暴虐的。順逆的境遇，不是任何人皆能忍受得了的。社會那一部分的繁榮增進，就得加以注意，而且要從事監視。任何人不應藉朋友或金錢的援引而得到特別權力，就是優秀分子也免不了自大心。

社會處於中層階級的統治之下，纔是最穩妥。(註一六)國家裏面倘然中層階級占多數，那末一定治理得很好。人們彼此情况相同，就不致互相陰謀破壞。中層階級可以阻止驕橫的財富者，和激烈的無產階級，使他們都不致把持政柄。因爲「不平等是一切革命的根源。」

革命的原因

窮困是革命與罪惡的原因。(註一七)在戰爭的時候，應該優待貧苦者，不然他們會發生騷亂。但是亞理斯多德也應這樣補充一句：在和平的時候，貧苦者也應該能够好好地贍養自己，不然，一有機會，他們便會發生革命。然而貧窮也不是犯罪的唯一原因。富人也時常犯罪的。財富所引成的罪惡比較窮困還要厲害。最大的罪過，不是由於生活的需要而發生，乃是由於財富過多所產生。(註一八)因爲要滿足情感或慾念，就時常犯罪了。在情感方面，奢望和貪婪是犯罪的最大原因。(註一九)狂飲也足以犯罪。(註二〇)

社會革命的原因是很複雜的。企求平等和企求不平等的願望，是很普徧的兩種條件。低賤的人們因爲要和其他一切的人們平等，所以就反動了。平等的人因爲企求比較旁人有更高的尊榮和地位，所以也反動了。亞理斯多德還舉了很多發生社會革命的條件——例如驕慢、恐懼、政治上的欺騙、國家局部的財產之畸形增加、忽視法律的小節、種族上的不同點等等。但是，社會革命的主要原因，還是貪愛名利。

亞理斯多德不是軍國主義者，因爲他相信戰爭的本身就不利於社會的。所以，不應訓練任何人去征服或侵奪鄰邦。(註二一)窮兵黷武的國家，只有在戰時平安。一經宣告和平以後，軍事上所產生的重負，擔可以使國家衰落下去。(註二二)

近時萊思脫爾·華德(Lester F. Ward)所提倡的社會導進論之原則，早爲亞理斯多德所預料到。人羣的社會和個人一樣，有它應做的工作。(註二三)應該使自己適合於它的工作適合人民的衞生。這是比了都市的位置適合於行政和戰事的關係，更爲重要。(註二四)對於淸水的供給，幾乎與近代一樣注重。

亞理斯多德是公衆衞生的提倡者。他認爲理想都市的地點，應該加以審愼的選擇。選擇時第一要點，就是要

亞理斯多德對於優生學的問題也很注意。要使兒童儘量地獲到體格的健全，立法者應特別注意於婚姻的制度。他反對少年結婚，認爲這種結合所生的子女不會敬重他們的父母。(註二五)晚婚也是不滿意的，因爲子女的年齡一定和父母的年齡相差太多。男女的年齡太不相稱的結合，很容易引起誤會和爭吵。照亞理斯多德的嚴格而冷酷的教條，殘廢的兒童，不應讓其生存。(註二六)甚至近代節制生育的提倡者，也得引亞理斯多德來自壯。

婚姻的關係上，有一種不平等的意識。就是男子天生比了女子有指揮的能力。(註二七)賢妻良婦的主要特性在乎順從丈夫——這種主義是傳統式的。兩性對於婚姻不忠實，是認爲可恥的。(註二八)

亞理斯多德和柏拉圖一樣，認爲教育是主要的社會動力。這裏有一個根本的教育問題是否應該訓練靑年(一)去做有益的工作，(二)養成良好的德行，或(三)求高深的知識？(註二九)這問題是沒有最後的答案。亞理斯多德對於教育的槪念也是傳統式的。

功利主義的教育是危險的。時常去追求實利，足以阻礙個人自由活潑精神之發展。功利主義的教育，在它束縛個人的身體和精神，使兩者都不適於進德的時候，應該立卽停止。

健身的教育，永遠不應成爲職業化，也不能阻礙個人的高深教育。(註三〇)那種過度的鍛鍊，以企求在運動比賽獲取勝利，是反社會性的，因爲這樣一個人的體力完全消耗掉了。音樂的價値是陶養性情的。(註三一)從事於嚴重性的職業者，需要娛樂以休養身心。

將亞理斯多德的社會思想總括起來，可以這樣說：這位學者介紹了研究人類制度的比較法。他指示各種制度的相互價値，認爲在某一時代內最適宜的制度，在後來的時代內也許它會變成毫無價値。要適應變遷的社會需要和情形，各種制度也應該隨時更改。在社會的變遷中有一種基本的進化觀。

照亞理斯多德的主張，共產主義的社會組織，在心理社會方面是不能維繫的。中層階級在社會上的重要性是極大的。法律就是小的枝節都應遵守。社會的各種分子對於社會組織的態度，比諸社會組織的本身，更爲重要。人類的羣衆行爲，一部分可以預測的。

亞理斯多德以後的社會思想

在亞理斯多德以後，希臘漸趨於衰落了。政治的腐敗，軍事上的陰謀，和文化上的懷疑態度，把建設於風俗上的希臘道德，全部加以破壞了。柏拉圖和亞理斯多德所主張的理想——人是建設的社會制度中的重要分子——給純粹的個人主義替代了。

者，簡直不知社會意義的自我犧牲和高尙行爲是何物。他們的交友，不是爲了友誼，而是爲了尋求快樂。不以公道待人，旁人也會照樣地來還敬，因此待旁人也得公道。

芝諾(Zeno)在雅典所倡導的斯多噶斯主義，在羅馬人中間，很是發達，因此在下面一章內再討論。波里比阿(Polybius 西曆紀元前二〇三年至一二一年)被認爲希臘的最後一位社會哲學者。他發明了一種社會的進化論，其所根據的信念，就是人民的合羣皆爲了可以增加自我的利益，而其所引證的事實，就是集團的贊成或反對可以左右人類各種態度的發展。

希臘的社會思想之所以値得注意，因爲它有理智的基礎。但是，因了它忽視許多衝動性的原則，就成爲片面的和不平衡的。與其說它是衝動的和超自然的，毋寧說它是理性的。它是專爲適合生活的需要。離開權威而趨於機會主義。

在經濟方面，希臘的社會思想，贊成奴隸制度。它假定了一種民主政體，但這種民主政體是建築在盤千盤萬的奴隸的背上。事實上，在雅典民主運動全盛的時候，也只有二萬五千個自由的雅典人，而同時奴隸的數目，卻有三十萬人。婦女也沒有參政權。政府使奴隸去軍隊裏當兵，而最後還用商業的網侵略地中海其他的國家。結果，完全失去了民主政治的精神。民主政治的整個組織和概念，被工業獨裁的惡勢力所傾覆了。希臘的思想界實際上只限於少數的特殊階級，他們完全是貴族化而忽視多數貧苦的羣衆之需求。

希臘社會思想當雅典民主政治全盛的時候，在一般自由的公民之間，的確有代表時代的特殊表現。譬如運動和娛樂方面，雅典人大家很能合作以造成有組織的團體活動。他們的運動競賽，是屬於公共性，不受商業化的動機所梏桎。他們找求各種的娛樂，也是使彼此合作，彼此的行爲都是立於社會分子的場合。總之，在這種共同活動上，他們養成一種眞正的民主意識的精神。

希臘社會思想的基本原則，爲羅馬人所保存，但是沒有得到後者的發揚光大。希臘、希伯萊和早期的基督教的社會思想合起來，建築了相當的基礎，使現代的社會科學，甚至社會學，都藉此興起了。

亞理斯多德的社會思想(註三二)

(一)國家

「國家是社會集團的最高組織，以冀求達到最高的目的。它和其他集團不同的地方，可以在檢視它各部分的機構而發見的。它是村市所組成，而村市又是家庭所組成。家庭是成立在男女兩性的關係和主僕的關係上；它是因爲要滿足個人的日常需要。村市的集團比較的大些，因此是滿足多數的人們之需要。國家的目的，是企求滿足全部的人們之需要。人類組織國家以維持各人的生活，但是國家的最後目的，還是在改善生活。國家的自然性，在一般人的言論裏面已經證實了。國家的地位應立於家庭和個人之前，這也是天然的秩序。它是建築在一種趨向於政治合作的自然意識之上。」

「要想研究理想國家的性質，我們先得從檢視歷史上最好的國家和理論家所猜像的最好國家一方面着手。不然，我們只有空耗時間，不過去討論人家已經解決的問題。」

「理論家中間，要推柏拉圖，他在民主論裏面提出了許多最重要的問題。他想廢除私產和家庭的制度。但是他的目標完全錯誤了。他想使人民絕對的同樣，可是各種機能的異別乃自然的公例。國家裏面，可以有高度的統一，不過他所用提倡統一的方法又是錯誤了。廢除財產的制度不但不能免掉，而且會得產生分崩離析的情形。妻子和兒女的共產主義，更足以破壞天性之愛。其他可以批駁的地方還有，不過上面是最關重要的。再來分析地說，共產主義的利益，也許以私產隨意分給貧苦者，比較要好些。私產可以使人愉快，同時使他養成寬大的德行。民主論認爲統一就是人民的一律化，這是不對的。善良意識的人類都反對柏拉圖，而事實的試驗也可以證明他的觀念是行不通的。

「柏拉圖在法學裏面，又擬定了一種理想國家，要想比較以前的切實些。在法學這本書內，他放棄了共產主義的主張，但是除此以外，完全保持着以前的主要觀念，而且把新擬的國家擴充得太大了。他忘掉對於國際關係的討論，也沒有限制私產的範圍和人口的增加，更沒有把統治者和民人分清楚。他所建議的政體也是很不行。」

「任何國家都是一種集團，而任何集團都是爲了相當的利益，因爲人類的行爲總是想達到他們所認爲有益的目標。那末，倘然各種集團都想達到有益的目標，國家——或政治的集團——既是一切集團的最高者，而且也包括其他的集團，它的目標就應更大，以達至上的利益。」

「這是很顯明的，國家是自然界的產物，而人類也是天生的政治性的動物。那末，要是一個人天生——不是偶然——沒有國家，他不是超人，卽是趕不上人的資格，他是一個沒有種族、目無法紀和毫無心肝的人。他是被荷馬（Homer）所申斥的——是愛好戰爭的無賴，他好似圍棋遊戲中的一只孤子。

「爲什麼人比蜜蜂或其他羣居的動物更是政治化呢？理由很明顯的。我們時常說，造物從不白費心力的；造物對於人類獨賦以言語的異稟。聲音僅是快樂和痛苦的表示，動物裏面都能發聲（因爲牠們也能感到快樂和痛苦，而且對於其他的動物表示着，不過除此以外就不行了。）言語的力量是要說出不公道的意識。所以，祇是人類纔有好惡和公道與不公道的意識。這一類的動物聚居在一塊兒，就成爲家庭和國家了。

「國家當然處於家庭和個人之先，因爲全體總是在局部之前，譬如全身毀滅了，那裏還有手和足，除非是一種模棱的意義，好像我們說一隻石頭的手。要是全體破壞了，一隻手也免不掉的。但是，任何東西的定義，完全要依據它們的機能和趨勢而決定的。我們不能說不相同，或僅僅在表面上相同的東西，是一般無二的。國家是自然界的創作而且是比個人占優先的證據，可以從個人隔絕了人羣就不能自給自足一點上得到。同時知道個人卽是全體的一部。不能或用不到生存在社會裏面的，一定是野獸或是神仙，他就不是國家的一部了。人類的社會意識是天生的，但最初創造國家的人是偉大而有益於人羣的。人類能達完善的程度，就成爲一切動物的優秀分子。可是，一旦擯棄了法律和公道意識，就比任何東西都壞；譬如不公道的戰爭，最是危險性的，人類與生俱來的知覺和品性也許用在最卑劣的方面。總之，要是沒有德行，人類是低賤的，是動物中最野蠻的，最貪欲的東西。在國家裏面，

（二）社會的中庸

「在倫理裏所切實地說過的，快樂的生命，是充滿着德行的生命。德行是中庸之道。那末，中庸的生命——爲人人所能達到的中庸，一定是最優良的了。德行和罪惡的界說也可用到都市和法規上面，因爲，法規在另一意義上，就是都市的生命。

「各種國家裏面都有三種原素：一種是極富的階級，另一種是極貧的階級，還有一種是中產階級。一般所公認的，卽是緩和與中庸之道最好，所以適中的財產，顯然是最佳，而且處於這種生活中的人們最能講道理。反過來說，凡是有過人的姿色、强力、門閥和財產的人們，與極貧苦孱弱和卑賤的人們，就不容易講理。這兩類的人們，前者往往變爲橫暴而成奸梟，後者則流於無賴鼠竊之類。這兩方面的罪惡——一種是橫暴，另一種是無聊——都是相同。那許多無賴們是不配去充任民政或軍政的職務，但是他們的不能擔負這種職務，好比他們的犯罪行爲一樣於國家有害。同時，有了過多的貨利、强力、財富和朋友等等的人們，總是不願和不能服從命令。這種惡根性在家庭內已經養成，當他們是小孩子的時候，因爲生長在繁華奢靡的空氣中，就不去學習服從，甚至在學校裏面也是這樣。在另一方面，極端貧苦的人們又是太墮落了。結果是怎樣呢？極富的階級是不肯服從的，倘是當了統治者也一定專制的。極貧的階級簡直是不懂怎樣去指揮，只有被人家看像奴隸一樣。在這情形之下，都市不是自由的人們之都市，而是主人們和奴隸們的都市，一方是蔑視一切，而另一方又是中心懷着妬恨。國家裏面的友誼關係和伙伴關係，完全給這種情形所破壞。有了好的伙伴關係纔有友誼關係，倘然兩方都在嫉妬着，就是教他們走一條路都不願意。那末都市應該由平等的和同樣的人們所組成，而這種人們通常總是中產階級。凡是中級的公民所組合的社會，一定是治理得最好的。他們纔是像我所說的國家的當然分子。他們不像貧苦者貪羨富人的財物那樣，自己不貪旁人的東西，旁人也不去貪自己的東西。因爲他們不去陰謀對付旁人，旁人也不陰謀他們，所以生命過得很安全。福錫拉特（Phocylides）是很聰明地這樣祈禱着——

「許多的東西，都要中庸纔算最好，我希望我成爲社會的中流人物好了。」

「因此，現在可以知道，最優良的政治集團一定是中層階級的人民所組成的。國家要是治理得很好，一定中層階級的人民占多數，最好能够比其他兩種階級合起來的人數要多，至少也得比它們單獨的人數多，因爲有了多數中級的人民，就可調劑挹注，不使極端者左右一切。所以，國家裏面人民都有適中而足够的財產，就是幸福。倘然一部分人的財產過多，另一部分人簡直沒有財產，就會釀成一種極端的民主政治，或純粹的寡頭政治；或者從這兩種政治裏面產生了專制政治。在中層階級和彼此情形都很均勻的局勢之下，那種畸形的政治大概不致發生。在下面討論國家革命的問題中，我再詳述其理由。國家的中庸狀態顯然是最妥，因爲此外都足以引起分裂。倘然中層階級的人數占多數，國家分崩離析的可能就少。大的國家比小的國家不容易分裂，也是因了大的國家裏面中層階級比較多，而小的國家裏面人民容易分爲貧的和富的兩種階級，而沒有中層階級。還有一層，民主政治貧苦者的人數旣多，騷亂就隨之而起，那末國家也不久卽行毀滅了。」

討論要目

（一）亞理斯多德對於德行的概念。
（二）亞理斯多德最爲著稱的教條。
（三）亞理斯多德對於柏拉圖的共產主義的估價。
（四）亞理斯多德所主張的平均土地。
（五）亞理斯多德對於政治的學說。
（六）亞理斯多德所演述的社會的中庸。
（七）亞理斯多德的中層階級的概念。
（八）亞理斯多德對於犯罪的學說。
（九）社會革命的原因。
（一〇）基本的教育問題。
（一一）亞理斯多德對於研究社會科學的方法之貢獻。
（一二）亞理斯多德和柏拉圖的社會思想之比較。

(一三)希臘社會思想的主要貢獻。

附註

(註一)倫理(Ethics)，威爾登(Welldon)譯本，第二章，第二節。

(註二)政治論，約威德譯本，第一章，第二節。

(註三)政治論，約威德譯本，第一章，第二節。

(註四)政治論，約威德譯本，第二章，第三節。

(註五)政治論，約威德譯本，第二章，第五節。

(註六)政治論，約威德譯本，第二章，第五節。

(註七)政治論，約威德譯本，第二章，第七節。又第七章，第十節。

(註八)政治論，約威德譯本，第二章，第四節。

(註九)政治論，約威德譯本，第一章，第四節。

(註一〇)政治論，約威德譯本，第三章，第七節。

(註一一)政治論，約威德譯本，第三章，第十五節。

(註一二)政治論，約威德譯本，第五章，第八節。又第[illegible]章，第二節。

(註一三)政治論，約威德譯本，第二章，第八節。

(註一四)政治論，約威德譯本，第五章，第八節。

(註一五)政治論，約威德譯本，第四章，第十一節。

（註一七）政治論，約威德譯本，第二章，第六節。

（註一八）政治論，約威德譯本第二章，第六節。

（註一九）政治論，約威德譯本，第二章，第九節。

（註二〇）政治論，約威德譯本，第二章，第十二節。

（註二一）政治論，約威德譯本，第七章，第十四節。

（註二二）政治論，約威德譯本，第七章，第十四節。

（註二三）政治論，約威德譯本，第七章，第四節。

（註二四）政治論，約威德譯本，第七章。

（註二五）政治論，約威德譯本，第七章，第十五節。

（註二六）政治論，約威德譯本，第七章，第十六節。

（註二七）政治論，約威德譯本，第一章，第十二節。

（註二八）政治論，約威德譯本，第七章，第十六節。

（註二九）政治論，約威德譯本，第八章，第二節。

（註三〇）政治論，約威德譯本，第八章，第四節。

（註三一）政治論，約威德譯本，第八章，第五節。

（註三二）特許轉錄自亞理斯多德著政治論，約威德譯本，牛津大學一九〇九年出版（克萊倫堂印書局承印。）

第七章　羅馬的社會思想

羅馬的社會思想是希臘哲學運動的支流。它一部分表現於社會統制的規律之制定——這是羅馬法制天才的貢獻。大體說來，斯多噶斯主義(Stoicism)對於羅馬學者的社會思想有絕大的影響，而且是那少量的思想之範疇。

琉克理細阿(Lucretius 西曆紀元前九年至五五年)是羅馬快樂主義(Epicureanism)的闡揚者。在他的社會進化論中，他先從生物的生存競爭之各面說起，然後很卓越地描述社會的習慣和風俗之起源。(註一)他的材料之價值雖屬疑問，可是他對於社會源流的演述，往往與現代的發明相埒。

西塞羅(Cicero 西曆紀元前一〇六年至四三年)的理想國家是根據一種信念，就是羅馬有成為這種理想國家的可能。(註二)在這一方面，西塞羅從亞理斯多德，快樂主義和斯多噶斯主義的哲學中，找出各種很好的觀念。西塞羅顯然是忠實的政治家之理論者，而他終身為促進民治的效能而服務。他主張兒童不應因父母或師長的發怒而受罰，身體上的刑罰，只有當其他方法都不足以教訓時，纔可以施用。

朱理愷撒(Julius Caesar 西曆紀元前一〇〇年至四四年)的敍事式的著述，很是值得注意。他的紀事錄是當時社會情形的研究，也有現代的價值。在很多方面，愷撒對於社會的陳述，都經證實其確切了。

羅馬斯多噶斯派的學說，是根源於蘇格拉底的信條——德卽是知。德行是人類實際行為的知識所滋生的。斯多噶斯派和亞理斯多德的主張不同，認為同情心是一種病象，它既然是病象，就應該改革。聰明人在幫助旁人的時候，絕不流露着憐憫的情緒。

斯多噶斯派和快樂主義者正是相反，認為快樂是一種萎靡的止境。羅馬斯多噶斯派的領袖辛尼加(Seneca西曆紀元前四年至紀元後六五年）宣稱：『我在找尋什麼是有益於人，不是有益於人的口腹。』（註三）依照斯多噶斯派的哲學，德行是表現於一種自由自在而寧靜的生活中。有德行和未有德行的，與少數有德行的人和多數的愚人之間，分出很清楚的界限。這種主義很易容使少數有德行的人卑視多數人的『豬槽哲學』

可是這樣的傾向，也得到相當的挽救，就是斯多噶斯派的信念，認為一般人們原來的性質都是相同的，大家都是造物的子女。因此，社會上的類別是外在的和表面的。在人類的性情的表面之下，隱伏一種大同主義的意識，就是人類消極的友愛。斯多噶斯派主張友愛的精神應該普遍地實行，但是也得適中，不能擾亂個人的克己功夫。友愛不應該是情感的，應當含有理智的原素。

辛尼加在他的利益論中，認為慈善是一切德行上最合乎社會性的，而忘恩是一切的罪惡之尤。奧理略(Marcus Aurllius 西曆一二一年至一八〇年）的社會教條是『愛人類。』（註四）『生活應該是一切社會的行為

所構成的。』（註五）『這是社會化的世界，因此人類的生存，應該相互扶助。』（註六）

這位斯多噶斯派的皇帝宣稱上帝是社會化的，而人們也只是上帝的宇宙之一部分。各個人皆是社會機構的組合之一，因此每一件個人的行爲也是社會生活的一種表演。（註七）因爲宇宙的性質是社會化的，所以人類的社會也就是宇宙全體機能的合作之徵象。我們大家都是通力合作者。就像專事吹毛求疵和逢事阻撓的人們也是這合作的功能之一種。（註八）不適宜於羣衆的東西也同樣地不適宜於個人。人人是全世界的一個公民（註九）良好的公民的貢獻不會埋滅的。他所作的善行，足以表率人羣。（註一〇）

消極的大同主義

斯多噶斯派的大同主義總是不出對於世事的消極旨趣底範圍。它的意義是：一個人應該與旁人很和協，對於旁人的弱點也得忍耐，而且要時常感覺到旁人總在注意自己和仿效自己的舉止。（註一一）斯多噶斯主義主張克制忿怒和待人寬恕。斯多噶斯主義雖是及不到基督教的仁愛主義那樣廣博，但比較以前非基督教時期內所發明的任何規範，有更廣大的人生觀。

照辛尼加的主張，刑罰的作用是兩重的——一方面促犯罪者的改過自新，另一方面防止他的罪惡勢力之滋長和儆戒效尤。（註一二）社會懲治的方法，在量和質的雙方應依據犯罪者和其犯罪行爲的性質而後決定。但是最緊要的，凡操生殺之權者，不可意氣用事，司法是不能忿怒從事的。（註一三）私刑與斯多噶斯主義的教條，完全相反。

對於竊盜，應先指導其行爲的錯誤，問明了他們的情節以後，纔能處罰。也還應該憐憫他們。任何人能够明了犯罪者爲什麼要作奸犯科，就不致專去埋怨他們了。(註一四)奧理略像耶穌一樣說：(註一五)應該愛憫犯了過失的人。奧理略和保羅一樣，主張對於犯了過失的人，也得表示慈悲心。(註一六)

斯多噶斯派也排斥着奢侈的生活和競尚衣飾的時髦。眞正的富裕，不在增加個人的貲財，而是節制貪求物質的慾念。(註一七)奧理略大帝對於奢侈生活的評語，就是用以批評現代炫燿財富者，也沒有什麼不合。辛尼加說他不論有沒有財產，總是卑視財產。

斯多噶斯主義認爲亞理斯多德的中庸之道，應該引用到財產方面。多量的財產是一種累贅，而且是憂慮和恐懼的泉源，它足以引起旁人的嫉妬。最良好的社會，就是沒有貧富懸殊的徵象。窮苦者不應痛斥財富，富裕者也不應不尊重貧窮者的利益——因爲各方所說的，都是客觀的而在他自已範圍以外的情形。既是客觀的，他就不够資格去批評它。一個人擁有財富而不流於腐化，就是偉大。但是一個人雖遇繁華當前，依然是貧得淸白，更是偉大了。(註一八)財富的勢力可以使人作惡，因此，適中的財產和高尚的思想，纔算是代表着一種最良的地位。(註一九)

斯多噶斯主義貢獻了不少優越的社會理想準則，不過是偏於消極的意識。它們不是積極活動的。不論它們的涵義是怎樣，不免發生一種社會的惰性。斯多噶斯派的學說，與其說是增厚了社會責任的意識，毋寧說其移動了這種意識。他們的主義祇有少數人可以接受，不是全體民衆都適合的。挨披克提忒(Epictetus)是例外的，他雖是羅馬的一個奴隸，對於斯多噶斯主義也能完全理解。斯多噶斯派的社會理想和概念，缺乏相當的力量去復興業已沒落的社會。它們的勢力，在那時驕奢淫佚的社會，僅足以保持他們自己罷了。但是，他們的工作卻把羅馬帝國預備給新穎而積極的基督教的宣傳所侵入，是很有用的。斯多噶斯派的學說，使了基督教易容征服羅馬。它使了一個固執的民族變爲軟化了。

羅馬民族的全體是活躍的。他們中間有勇士和政治家。羅馬這個名稱，依然是表示着權力。可是，大體說來，羅馬人對於社會思想，卻是沒有多少貢獻。

法律和政治的思想

羅馬民族的建設工作，不外司法和行政兩端。他們創造了特種的社會科學——法制學。羅馬的法制天才注重契約權、私產和一切法益。雖然注重發展個別的制度，足以妨害新的社會態度之興起和社會責任的意識之增進，但是它也還造成了一種固定的骨幹，以便社會的方式之演進。

羅馬民族保留着希臘的文化之一部。像柏拉圖和亞理斯多德的學說，一直傳至現代的文明。羅馬對於希臘文明的精義、接受、保存、闡明和流傳到後世，這是很值得稱譽的。

羅馬的思想偏重軍國主義化的威權，甚至於形成專制。它是傾向於壓迫平民的。同時，把國家各種市惠的設施，使民衆感覺滿足。對於個性，完全剝奪自我的和社會性的表現。在建設個人主義的骨幹，以便獲得秩序井然的組織，發展着私產制度的時候，它忽視了一般無知無識和窮苦的民衆所需求的自由。

羅馬發揮着一種有組織的權力之概念。羅馬人的組織能力是優越的。這種組織能力，至今還保存在天主教裏面。

羅馬的最大貢獻就是斯多噶斯派的教義。雖然它們是起源於希臘，但在羅馬已達到成熟。它們是開闢了一條道路，去接受基督教的仁愛、服務和友誼等社會概念。

奧理略的思想(註二〇)

「我們大家是天生要互相合作，好像全身的各部——足、手、眼皮、上下排的牙齒。因此，彼此反對攻擊是違背天性的，而且是忿怒和憎恨的主要原因。」

「除非旁人是想達到全體利益的目標，切不要耗費你所剩餘的生命，去爲他們着想。因爲，爲什麼你要放棄正當的責任，而去管人家的舉止、言語、思想和計畫呢？爲什麼要胡思亂想，反將自己的主義都攪亂了呢？你的思想上，應該避免無益的和空洞的東西，這纔是你的責任；而且，更要留意好奇和邪惡這種念頭。你應該訓練着自己，使任何時候旁人突然問你「在想什麼？」你可以毫無遲疑和絕不隱瞞地回答他這樣那樣。還要很明白地表示你的一切，都是爽直而含着仁愛的，適合於人類的社會之一分子的地位——一個人不專想娛樂或快樂的生活，也沒有乖戾、羨妬、猜疑和其他一切對人愧怍的意識，藏在靈魂之中。」

「我們通力合作想達到一種目的；有一部分人們是明瞭而有意的，另外一部分人們是盲從的——好像希萊克列多（Heraclitus）所說：「就是做夢的人也是在通力合作以盡宇宙間的一切。」這個人的工作是這樣，旁一個人的工作又是那樣。專事怨謗的人，時常阻礙或破壞任何事情的，也是偶然地盡他一分子的責任。」

「你的責任既然是社會制度的一部而想去完成全體，那末你就得使你的一切行爲都適合於完成社會的生活。任何行爲，不論間接或直接與這目標違反，足以使你自己的生活墮落，使社會的統一變爲不可能，就成爲叛逆，好像國家的公民不能遵守整個的協調而自行離叛一樣。」

「倘若你的鄰居走錯了路，你得很仁愛地教導他，指出他錯誤的地方。要是你的工作失敗了，祇能怪自己——或者連了怪自己也用不到。」

「倘若你的鄰居對於你有了觸犯的地方，你就得馬上自己反省在什麼地方得罪了人家——好像在財富、快樂、名譽和貨利等方面的區別。要是能够這樣反省，你的怒氣也可以消了，而且推想到旁人的觸犯你也是不得已的。那末對於他怎樣呢？——只有忍受，或者要是你能够，連他的束縛也給解放了。」

挨披克提忒的哲學論（註二一）

「你也許說：「他們是竊賊和強盜。」你知道竊賊和強盜是怎樣的意義？他們是辨錯了善惡。那末，我們還是

認爲沒有比自己的意見更好的東西。

「那末，這一個強盜，或這個奸徒，是不是應該給殺掉了呢？切不可那樣說法，應該這樣說：「這一個人是錯誤了，他是盲目，分辨不出善和惡，那末我們應該把他毀滅了麽？」倘然你是這樣說法，一定會覺到你所說的話是不合人道，好像說「應該把一個瞎子或聾子毀滅了麽？」一般的情形。假定最有害的事情就是缺乏善惡的辨別力，而任何人最重要的東西就是意志或辨別應該怎樣的能力；那末，要是一個人失去了這種意志，你爲什麽去恨他呢？人們不能因了旁人的過失，卽有反乎天性的地方。應該悲憐這種人，切不可躁怒憎恨，也不可像一般人們所常時斥詈着：「這種可惡的壞東西。」你是不是一下子就成爲聰明人的？怎麽你要這樣使性呢？爲了什麽要忿怒呢？是不是我們認爲被竊盜的東西價値很大？你不用寶貴你的衣服，就不致去怨恨竊賊了。你不用贊賞自己妻子的美貌，就不致去怨恨奸徒了。你得知道竊賊和奸徒兩者對於你自己並沒有侵犯，他們不過犯了旁的而是你力所不及的地方。倘若你認爲和那許多都沒有關係的，你再會去怨恨什麽人呢？因了你自己認爲那許多東西都很有價値，那末你只有去怨恨自己，不是竊賊和奸徒。你應該這樣着想：「你自己有了美麗的衣服，而你的鄰居沒有，你有一扇窗子想把這衣服曬一曬。那個竊賊不知道什麽東西對於人類是好的，他認爲就是美麗的衣服——也卽是你所想的。那末他是不是要跑來將衣服偸去呢？」倘然你給許多貪欲的人們看了你手裏的餅，而同時你自己一人在吃着，你想他們會不來搶麽？所以，先不要去逗引人家，不要有一扇窗子，更不要去曬你的衣服。」

「人類本性的原則，不是彼此互囓，彼此交惡，佔據空的屋子或公共的地方——好像他們是荒山一樣，或在法庭上暴露強盜的行爲；更不是使人們縱慾、奸盜和貪汚，也不是因爲追求自己力所不及的東西，以致彼此任意破壞。」

討論要目

（一）斯多噶斯派對於友愛的概念之態度。
（二）斯多噶斯派所主張的刑罰之作用。
（三）斯多噶斯派對於財富的觀念。
（四）斯多噶斯派對於德行的各種概念。
（五）斯多噶斯派的社會思想之價值。
（六）羅馬社會思想的貢獻。

附註

（註一）琉克理細阿著：自然界的物質（De rerum natura），莫納（Muno）譯本，第五章，三三五節，又七七八節。
（註二）政治論（De offi. iis）愛德門（Edmonds）譯本，第一章，第十四章，第十七章，又民主論（De republica），楊格（Younge）譯本，第一章，第二十四章，第二十五章，第二十六章。
（註三）問答記（Dialogues），第七章，第九節。

（註五）思想論，郎氏譯本，第六章，第七節。

（註六）思想論，郎氏譯本，第七章，第五十九節。

（註七）思想論，郎氏譯本，第九章，第二十三節。

（註八）思想論，郎氏譯本，第六章，第四十二節。

（註九）思想論，郎氏譯本，第十二章，第三十六節。

（註一〇）辛尼加：問答記，第九章，第四節。

（註一一）辛尼加：問答記，第七章，第二十節。

（註一二）論怒（On Anger）。

（註一三）論怒。

（註一四）挨拔克提武：哲學論，第一冊，第十八章。

（註一五）馬太福音，第五章，第四十四節。

（註一六）思想論，第七章，第二十二節。

（註一七）思想論，第七章，第二十六章，又第三章，第七節。

（註一八）辛尼加：論快樂的生命（On Happy Life）。

（註一九）辛尼加：論快樂的生命。

（註二〇）格許轉錄自奧略理的思想（Thoughts of Marcus Aurelius Antonius），約翰生（John Johnson），弗勞特（Henry Frowde）合譯本，牛津大學出版，係世界經文集（World's Classical Series）之一，出版年份不明。

（註二一）格許轉錄自挨拔克提武的哲學論（The Discourses of Epictetus），郎氏譯本，第一冊，紐約司各德·蘇華公司（Scott-Thaw Company），一九〇三年出版。

第八章　早期基督教的社會思想

基督教的社會思想是直接從希伯萊的社會概念所產生的。阿穆斯、罕西、伊薩阿等先知們，已經為基督的社會教義開闢了一條道路了。舊約裏面的社會誡條，就是新約中已經變更的社會誡條的藍本。約伯這位社會公民，未嘗不是愛護人道的基督耶穌之前驅者。從希伯萊家庭內很普遍的親愛和慈惠，就發生人類的友愛和上帝的父道這種概念——基督教的兩種主要原則。

基督對於社會思想的統系，並沒有怎樣的闡明，但是他所說的社會原則和概念，要是合攏起來，就成為一種新的社會制度的基礎。他所討論的是個性而非制度，他注意於個人而非羣衆，重功能而不重機構。他宣稱需要一種社會宗教式的個性。如果能夠達到這許多目的，他認為可以收最後的功效了。他預先推測了一個完善的社會——上帝的天國。

基督不像柏拉圖和亞理斯多德一樣，他天天從事於實際的生活。他和蘇格拉底相同，很喜歡民衆。他是個人和社會情形的研究者。他和各色人物相雜居。基督和蘇格拉底一樣，沒有什麼著作。但是他們所不同的地方，即是基督有堅強活躍的個性，不滿於人類的現實（好像蘇格拉底派的樣子）而驅使他去幫助和救治旁人。他往來師和使人脫離罪過的救主。

理想的社會

在基督教條後面隱伏着一種完善的人類組織之概念。他的天國是將個人的內心爲出發點。(註一)它是一種精神，或是心理的趨向引導個人去度着合作的生活。這天國也許可以實現於地上，和天上一樣。當基督對於耶路撒冷很悲傷地說：『我時常想將你們這許多子女們都團攏起來，好像母雞的翼護牠的稚雞一樣，可是你們都不肯，』(註二)我們可以推想他所擬定的協調的社會生活了。

基督拿友愛推而廣之。認爲任何人能够體天行道，都是弟兄。(註三)上帝的世界只是一個家庭。所以，天國就包括一切在精神上和事實上敬崇上帝的人類，他們也是很公道地愛同胞而度着合作的生活。

理想的社會也是有機能的。它是由良善的行爲而滋長。你的生活能够美滿，也就給旁人一個榜樣，使他跟了你學。天國的滋長，好像一粒芥子，漸漸地成爲枝葉扶疏的大樹，鳥兒也來樹枝上築巢了。(註四)仁愛像發酵地膨脹起來，深入人心而改良全體的羣衆——結果就成爲一個完善的天國。

上帝是新社會靈魂上的領袖，而爲基督祈禱時所稱的天父——含有社會性的名詞。上帝就是仁愛的化身。他很愛憐這罪惡的世界，所以將他親愛的兒子來救濟全世界——不僅是猶太人或現代的歐洲人——的一切罪惡。指示東方聖人 (Magi) 的星宿，即是上帝的侍者，他宣示着上帝已經遣使他的愛子去和罪惡奮鬬了。

博愛的社會原則

博愛是改造世界的新論調。（註五）它是一種科學化的原則，爲一切其他眞實的社會概念之出發點。在基督的人格和一生中，表演着最完全的人類之愛，基督自己並不想得到個人的光榮，而是希望拯救人民免掉嫉恨和罪惡。他不想用壓迫和殘殺的方法加在羣衆身上以圖自己的滿足，而要指示他們的迷途使返歸安全的生活。他不想以租稅和惡劣的社會環境加重平民的負擔，只求援助他們和解除他們的重負。他對於上層階級的四百人，反不及下層階級的四百萬人那樣注意。

博愛的原則，是要使社會的各分子表現着慈悲的心理。上帝是充滿着慈悲的，因此他的子民都要表現着慈悲。博愛卽是寬恕。凡是基督教的信徒在禱告上帝的神壇祝禱以前，先得和同道的弟兄們和諧。（註六）倘然要想旁人寬恕自己的罪過，自己應該養成寬恕旁人的習慣。設若恐怕旁人對於自己有苛刻的評判，自己先得對人不作苛刻的評判。一個人應該儘量地寬恕旁人。

醫生聖路加（St. Luke）追述了一個慈愛的父親的故事。性好揮霍的兒子，很躁急地要求了一份產業，並且遠適異域，度着放浪的生活，就將所有的財物耗盡了。當他回來以後，對於自己所做的重大過失，表示眞忱的懺悔時，他的父親還是慈愛而寬恕地將他收留了，給他飽餐一頓，換上最好的衣服，再給他音樂和舞蹈。有一個和耶穌同被釘在十字架上的罪犯，在最後的片刻，表示着懺悔心，也得到仁愛的耶穌在臨死前的寬赦。因爲沒有誰可以免掉罪過，所以任何人不能不存寬恕的心，甚至不貞潔的婦人，也在應赦之列。

博愛的社會原則，是基督教的主要論調。它是基督教對於社會學上不合於科學而最偉大的貢獻。它也成爲社會學的基本概念。基督再三主張對於舊約上所說的愛隣居和愛異邦人與不相識者之外，還應該愛讐敵，這纔是更偉大的愛。他說：「應該愛你的仇敵呀！」（註七）基督自己表現着這種愛。他並不是空口講述一種不可能的愛，但是他自己表演着實踐對於仇敵之愛，甚至於那許多譏笑他的，不知恥辱的將他釘在十字架上的人，他也還予以寬恕。基督在行爲上所表現的超人之愛，含有偉大的吸力，他自己預言過，如果他得到超升，他一定要將一切的人民同時超升。

博愛足以使人充滿着情感。福音一書中，滿載着基督對於貧病和罪過的人們表示動心的憫憐。關於這一類的記載，從路旁的盲者以至飢饉的大衆，從加利利（Galilee）地方的瘋癲病者以至兇殘的耶路撒冷人，形形色色，不勝枚舉。

博愛也就是大同主義。一切的人類都應該領會基督教的愛。（註八）猶太人和異教人（Gentiles）都應該感覺它的熱情。撒瑪利亞人（Samaritans）更是終身服膺這種博愛。敦睦鄰居之愛，不僅包括僧侶式的和利未人的行爲，它也含蓄着撒瑪利亞人的仁慈。基督心中的愛，最初不過及於少數親密的朋友，次及於罪過者和落魄者，再及於撒瑪利亞人或異教人，最後普及於全世界。它終究成爲一切人類的事業中最能犧牲的表現——就是傳教運動。

博愛足以引起謙遜和自我的犧牲。施捨一件事，應該在暗地裏實行，不是想博得社會的讚譽。一個人的禱告，不是故意使人家看見了，說一句好。（註九）凡是只顧自己生命的人，一定會喪失生命；凡是爲羣衆奮鬪以致失掉生命的人，一定會得到超度。只想聚斂世界的財物以爲己有的人，也是會得傷身。在大庭廣衆間的稱譽和會堂上的大交椅等，根本毫無意思的。貧窮的人在精神上反而得到愉快。

博愛是要撇開世俗的權勢，因恐損及個人的靈魂。人生最好的地位，不是可以攫取的，只有運用博愛而後獲到，因爲它是功業和善行的報酬。自己誇大的人，必致受辱，而謙遜的人反會得到旁人讚譽。

博愛產生眞正的偉大。充滿着完善的愛的社會中，任何人都是表現着誠懇、清高和謙遜的態度。（註一〇）最能爲人服務者，就是最偉大。上帝的天國，不是強權的貴族政治，乃是服務的貴族政治。上帝的兒子，是來服務的，並非來受人侍候的。爲了天國以外的人們，基督很神聖地犧牲了自己的生命。

在希伯萊和基督教的文藝中，博愛使了金箴（Golden Rule）成爲最合於社會學的意義。這金箴就是『以己所欲，施諸於人。』基督在答覆法利賽（Pharisees）的律師時，申述了一個兩重意義的教條。第一部分是對於上帝的完善的愛，第二部分是對於人類的完全的愛。一個人對於同類在態度和行爲上所表示的愛，也就是他對於上帝之愛的試驗。愛即是服務的意義。它並非是口頭的服務，也不是分心的服務，因爲一個人同時不能爲上帝和財神兩者服務。

社會的服務

基督教的愛，是包含人們切實而繼續的服務。社會的服務，是人們要入天國的試驗，也是人們對於宗教的誠信之試驗。（註一一）在最後的裁判日，那些站在右邊的人們，將得到福佑而將永生不滅，並且裁判主對他們這樣說：

我飢餓了，你們給我喫；

我口渴了，你們給我喝；

我作旅客，你們留我住；

我亦身露體，你們給我穿；

我在監獄裏，你們來探視。

當時那許多正義的人們，很驚奇地回問裁判主：我們什麼時候見你餓了給你喫，渴了給你喝？甚麼時候見你作旅客留你住？於是裁判主就這樣答覆你們照料世界上的貧者弱者和壓迫者，即等於照料我，而且由此可以證明你們對於上帝的忠誠，以致獲到永生的報酬。那些趕不上為社會服務的試驗的人們，不論是否基督教的信徒，都將被擯棄了。

宗教社會的服務的重要和性質，基督這樣指示着：凡是以基督的名義給人家一杯冷水，就足表示能否獲到永生的一種試驗。（註一二）誰有兩件大衣的，應該送一件給沒有的人。對於沒有吃的人們，也應該將食物分給他們。

大家應該樂於施予，而且儘量把自己的東西送給旁人。在任何情形之下都能施予的人，一定會得到福佑的。物質上的幸福，比諸精神上的幸福，其價值是遠遜的。將這個世界上的東西送給旁人，可以獲到精神上更大的報酬。最能施予的人，纔是最富裕的人——在物質上和精神上都是一樣。基督終身爲社會爲人類服務，也就是表示他對於上帝的愛。

基督無論什麼時候，總是提到十誡——對於這一點，他三位大弟子都是一樣地說，——但是他省略了四條關於個人方面的誡條，只重述那合乎社會性的幾條，而且修改了其中的一條（即下述的第六條：）

（一）不可殺人；

（二）不可姦淫；

（三）不可偷盜；

（四）不可作假見證；

（五）當孝敬父母；

（六）當愛人如己。（註一三）

基督和大多數的先知們一樣，大聲疾呼地反對社會的不公道。他斥責那些侵占寡婦的房屋的人們，或任意增加同類的經濟負擔的人們。

反社會的宗教，是最使基督憎怒的。凡是從事於社會的或政治的不公道行爲者，他都不收爲信徒。凡是貌似正直，假意禱告的，或衣冠齊楚而實際上是僞君子，或內部裝滿了死人的骨頭和一切的汚穢，或專事勒索暴歛的人們，都應該詛咒的。(註一四)殘殺無辜也是被譴斥的。想用金錢去贖罪，是毫無裨益的；而且這種金錢是卑汚的，是血肉錢。(註一五)

反社會的和商業化的宗教，也使基督憎怒；所以有一次他反乎平時對待犯過者的態度，用暴力對付那種人們。在一個廟宇裏面，他推翻了許多銀錢兌換者的桌子，並用小繩編成一條鞭子，將銀錢兌換的商人們一起驅逐出去。他對於自己這種舉動，表示崇拜上帝，不能商業化。(註一六)他不願意將神聖的廟宇變爲文明的賊巢。

當時的文士們和僧侶們，對於基督攻擊反社會的宗教行爲，十二分地暴吼，因此他們想法要將基督處死。(註一七)照一般的觀察，基督敵視反社會的宗教行爲——卽廟宇中僧侶的行爲——和其他宗教領袖的舉動，結果他們都聯合起來陰謀對付，以致最後被他們害死了。基督奔走努力於鼓動平民，激起民治主義的運動，以反抗猶太人中專制的、僞善的和反社會的宗教領袖們。他正在擁護被用宗教名義來剝削的民衆利益，不幸遇難了。

基督是第一等的社會民治主義者。他所預見的完善社會制度，也就是民主政治，於上帝的名義之下，以博愛和服務的原則來統治一切。可是，任何人並不是強迫加入天國的；雖則大家都可以獲到福佑，不過他們是否參與天國，完全以自願爲標準，並不強迫的。而且在天國中只充滿了愛，並不知道什麼是叫強迫。

基督憎恨罪惡。他認爲罪惡卽是失掉愛的精神，足以毀壞個人或社會。它也是阻礙博愛的天國之來臨。罪惡可以使社會的制度分崩離析或退化。罪惡和博愛同是有機性，所以罪惡也能滋長起來。罪惡的樹，就產生罪惡的果子，好像荆棘叢中採不到葡萄和無花果一般。

但是基督很能寬恕犯罪者，甚至犯社會的罪過者。他用理想的方法，認自己也是犯罪者，設身處地，以求了解犯罪的原因。他很能了解罪過，所以對於犯罪者，他的內心流溢着悲憐和寬恕的情緒。首先想使人們改過自新，其次纔是懲罰他們。甚至對於淫亂的婦女，他也想去拯救其殘缺的精神，而不卽去處罰她。他主要的刑罰原則，就是改過爲善。

家庭

基督主張超乎一切之上，甚至超乎教會和國家之上的社會制度，就是家庭，這一點是很値得注意的。基督時常提論到家庭。他督責着兒童們應該絕對地服從父母，他不但引用了出國記作者的堅定辭句，而且對於忤逆父母者還加以嚴厲的咒詛。(註一八)

對於婚姻關係的忠實，基督有更嚴重的督責。他認爲一個人對於父母的純摯的孝敬，應該次於對妻子的忠實。(註一九)這種社會理論，與孔子的倫理態度性質上完全相反。可是基督所主張的槪念，足以促社會的進步，而孔子的教義，是趨向於社會的穩定。

男女兩性在精神上因婚姻的結合就成爲一體，不是政治的權勢所可分散。基督申述過這樣一句堅定而嚴厲的誡諭：上帝所使結合的東西人類不能再給分散了。家庭的制度在社會程序中居神聖的重要地位。

基督承認女子在精神上是和男子平等的。他對於自己的母親和當時其他一切婦女的態度，是尊敬、仁義和溫柔。他建築了一種基礎，使社會上男女地位都是平等。

光榮父母和妻子之外，應該加上光榮兒女。基督很尊重小孩子們。在兒童裏面，他可以看到上帝的渾厚和純潔。當他想形容天國的情況時，基督就選擇一個兒童，將其擎起，以代表完善生活的眞樸和自然的精神。雖然他自己沒有子女，但是基督很愛小孩子們，給以特種的光榮，並稱他們就是代表上帝的天國。兒童的殤折，並不是上帝的意志；而兒童死亡率的增高，都是人類的愚拙和缺乏社會心理所造成的。任何人傷害了誠實可愛的兒童，應該受到詛咒。對於這種惡徒，倒不如把大磨石拴在他的頸項上，扔在海裏。(註二〇)

財產和窮困

關於私有財產的影響，基督認爲可怕的。他對於精神上的財寶之熱忱和忠誠，使他懷疑物質的利益。他屢次用堅強的語調，警告着金錢的引誘和財物的惡勢力不應使之影響於個人的態度和行爲。他自己就表示不願擁有財產。他的一生，既沒有家宅，又無私產。如果他有了這許多東西，也許他畢生的工作，要歸於失敗的一途。他教誡着門徒們應擯除金錢的慾念甚至命令他們將物質的生活，依託於共合勞作的人們。基督相信私產足以妨礙人類大同主義的實現。他對於上帝和財神二者的旨趣分出很明顯的區別。認爲這兩種旨趣是絕對相反的。一個人依賴財產，就和上帝及精神界的東西分離了。他教訓門徒們，不但要譏笑財富的營求，並且教他們如果自己有了財物，也應將所有變賣，散給窮人們。（註二一）凡是精神生活的信徒，必使自己戒絕追求錢財的嗜好。

對於窮苦者，基督很表同情的。福音大都應該講述給窮人們聽的，這不是因爲窮人在本質上比較富人更需要它，也不是因爲窮人應享特殊的恩惠，不過是因爲窮人能够認識自己對它的需要罷了。窮人對於福音，是表示接受的態度，可是富人因爲自己迷於財富，態度就不同了。重視財富的人們，大都不肯全神貫注地去領略福音的。

基督提倡一種精神的社會主義。他主張以精神的愛對待一般的人們，不是以物質的享受去給平民。但是他自己好像是喜歡與窮人爲伍。他的態度總是爲窮人們祝福，因爲他們的心理，適宜於成爲天國的國民。有了財產，容易使一個人自傲；而窮困則產生謙遜——卽是天國中主要的美德。

基督並沒有用預防的方法，消除貧窮。它將繼續存在着。（註二二）或者，還是讓它繼續存在的好，因爲一個國家的人民在經濟上都得到滿足，也許會想不到宗教了。富人要充分參與無拘束的社會制度，恐怕比了駱駝穿過針眼差不多難。災禍一定會加在富人們的頭上，因爲他們是自私自利，專想傾向物質的享受，而且喜歡恣樂。基督很嚴厲地痛斥那種人，自己把倉房拆了另蓋更大的，然後自言自語着：『只管安安逸逸的喫喝快樂罷。』（註二三）這痛苦懇求給他一杯水喝，而且反要和拉撒路做伴了。他想亞伯剌罕將拉撒路送給他，渴望着過去不值一盼的拉撒路來給他做伴。基督時常注意於財富的危險，但是他並不注意去防止貧窮。

富人查歧阿斯(Zacchaeus)也算是基督的信徒。但是在沒有師事基督以前，不僅從桑樹上走下來，宣誓順從上帝，並且要自己證明是社會化的，就是說會將所有財產的一半送給窮苦者，而把以前侵佔人家的東西四倍歸還原主。

後來，又有一個少年富人來到基督的面前，請教怎樣纔可以踏進天國，同時自己表明已經遵從了誡條。然而還有一件事情他應該做的，就是去賣掉自己所有的財物，將所得分給窮人。只有這樣施予的方法，纔可以在社會性的天國裏面，得到寶藏。

基督對於安息日的教義，很足以闡明他思想上所有的人道的要素。安息日是特別做善舉的日子。(註二四)安息日不應專從宗教儀式的立場來看，而要從人類幸福的立場來看。必需的工作，慈善和惠及人與獸類的事情，都適宜於安息日做的。(註二五)人類不是一定要有安息日的，但這種休息和行善的日子，目的是要謀人類的福利。

和平與戰爭

基督對於和平與戰爭這問題的態度，曾經引起很多爭論。他有些言論，好像是自相矛盾的。但是把他全部的教義分析起來，就可以表明他是偏重和平的。現在先說與這原則相反的例外言論。(註二六)有一次他說：『我來，並不是叫地上太平，乃是叫地上動刀兵。」照聖經上下文的語氣看來，基督的言論是用個人的立場不是國家的立場。他的意思中，認爲接受天國的理想條件的人們和不接受的人們之間，就會發生衝突的。基督解釋着凡是想愛戴他的人們，就是違背着父母的意志也沒有關係。(註二七)對於天國的忠順有的地方也許使兒子反對父親在營業上的方法，或使女兒反對母親把時間浪費在非基督教的事情上面；同時，父母也要反對兒女的越軌行爲。

有一次在廟宇裏，基督發怒而至於用暴力。但是他當時的對方是一羣罪犯，而且是知識分子的罪犯，除了用暴力去對付他們以外，恐怕沒有效果。如果不用強迫的手段，他們不會停止其萬惡的行爲。

在另一方面，有很多的實例，表明基督用仁愛的方法去矯正人民的舉止。他從不因了自己的緣故而用強力，甚至對他生命有關的時候也不用強力對付他。他申斥西門彼得 (Simmon Peter) 不應將大祭司的僕人——就是和其他許多人們在一起想把基督捆起來而且處死他的人——的右耳用劍給削掉了。(註二八)另有一次，基督特地吩咐：『不要抵抗惡人，』而且教他的門徒們，倘有人打你的右臉，連左臉也轉過來由他打。(註二九)凡是逞強的人們一定死於強暴；用武力造成的國家，一定爲武力破壞。

基督的誕生，地上滿佈着祥瑞和喜氣，表示世間將得到和平，而人類也要有幸福了。(註三〇)和事老是應該得到福佑的。在完善的社會中，大家都互相表示着善意相待，完善的愛也是瀰漫着，而永久的和平也將實現了。

基督對於當時各種重要的問題，也許有，也許沒有表示他自己的主張。因爲載籍遺缺，無從探悉他對於許多語之下層，隱伏了許多基本的社會原則，這種原則倘然見諸實行，就能解決社會的問題。基督想用改造和革新人民的方法，建設一個理想的社會。他大膽地宣佈改造個性的激烈計畫。他倡導着一切自私自利的慾念和傾向，應該處於眞誠和社會化的意識之下。

基督畢生的工作，堅持着物質應該次於精神的原則。爲求這個原理明顯起見，他常常特別注意着卑視物質，認爲無足輕重。他覺得人們崇拜財富，就成爲自己或特殊階級或社會的奴隸了。他提創一種精神化的計畫，要使全世界的人們從經濟力量所產生的奴隸制度中解放出來。

雖然基督是一位宗教導師，但他也主張除了一個救世的信念以外，還得需要別的東西。他以爲意識上應有社會化的態度，內心應有社會化的愛，而且還要有服務的精神。應該樂於施捨，盡力爲人服務。如果對待旁人能夠犧牲自我，他就是替完美的愛的天國行道，引導衆人都到天國裏去。

基督主張要以愛來替代恨。不仁厚的行爲應該代以仁厚的行爲。依照這種原則，雇員與雇主的中間，要習於互相親愛，而一切事情都應置於愛和服務的基礎上。政府也就是一種互相服務的集團。宗教不應當狹窄的。基督對於一切的人類關係，反覆申述着愛的原則。它就是基督想用以改造社會制度的一種精神化和社會化的原則。

保羅的社會思想

保羅(Paul)曾被遣派到異教的人民那裏去傳道。因爲他的特殊經驗和多次的旅行，意識上就養成一種大同主義的態度。他對於基督關於人類大同的教義，實際上給應用了。他主張不論猶太人或異教徒，也不論他們是自由人或是奴隸，都應該一律待遇。(註三一)他所倡導的，就是人類平等的要義。上帝對於人們沒有尊卑的區別，他的天國是一個精神上的平民政體。不論猶太人或異教徒，大家都是同一個天父的子女，天父派遣了他的兒子來爲全體的人類服務的。(註三二)保羅對於往馬其頓(Macedonia)那兒去幫助人家的使命，很迅速地答應了。這種情形，就是他相信他是去完成上帝之愛的眞諦。

保羅對於愛，即是社會的勢力一端，有絕大的貢獻。(註三三)任何人有了高深的教育和流利的口才，如果缺乏愛的衝動，他的生命還是等於無用。就是能夠將自己的所有送給窮人，或爲了旁人犧牲自己的身體，除非是出於愛的精神，也是沒有怎樣意義的。愛足以使一個人不去妬忌鄰居，使他不致傲慢誇張。所以，愛是最偉大的生命的原則。

上帝的天國裏面的各分子，應該在任何情形之下，都保持着彼此的互愛。(註三四)他們還應該分任旁人的負擔。(註三五)對於一切的人們，甚至那些殘害旁人的人們，都應該好好地對待。總之，他們不應將以惡報惡的方法去報復任何人，甚至敵人們飢餓了，也要給他們食物。愛是上帝的法則。完善的愛，比諸領土、權勢或死亡，更有力量。(註三六)愛可以征服一切罪惡。愛的力量勝於強權。一個實際的人類大同社會，是保羅的教義中的基本概念。

保羅演述着人類機能的統一。在完善的基督教制度中，每一個人都有固定的工作，以完成整個程序的一部。保羅把這種情形比諸人體的各部器官，就是每一部的器官行使個別的而又互相關連的作用。(註三七)沒有一個人的存亡只關乎他自己的。每人——就是在將死的——都足以影響社會的均衡和集團的進步。在完善的天國裏面，一切的人們都是互相合作的。有害於個人的東西，也就有害於社會，有利於個人的東西，也就有利於社會，不過這種有利的東西是要推及社會的。

保羅的社會思想中另一種基本原素，就是他對於罪惡的概念。他認爲罪惡無論對於個人或社會，都是含有破壞性的。罪惡的報酬就是死。保羅製了一張很長的表，列舉各種社會的罪惡，例如：貪婪、陰險、狂醉、放佚、虛僞、欺詐、偷竊、奸淫、兇殺等等。差不多在他所有的信札中，保羅都警告信徒們要杜防一切危害人類的罪惡。他督促人們要嚴防犯罪行爲的發生。保羅的行爲要則，就和亞理斯多德所主張的中庸一樣：凡事應該有節制。

在另一方面，保羅又列舉了種種美德。他是不斷地主張着愛的。還有節慾、謙遜、溫雅、誠實、純潔、公道等，也是反覆申述的。保羅對於好人和好牧師的描寫，就是敍述一個社會化的公民的本質，這種公民是能够節慾，在家庭中是一個良好丈夫，不鬪利、不貪婪，善於處理家庭，並且有良好的名譽和個性。

在保羅的思想中，正直的行爲是至高無上的。他也提倡樂意的施捨。強者必須容忍弱者的缺點，這不僅是爲了弱者本身的緣故，因爲這樣可以使強者不致自大。

保羅教導着和平的福音。他卑視人們相互間的爭鬪。他信任愛的原則底效用。愛可以使紊亂的情形變爲有秩序，使爭執變成和平。社會化的上帝之天國，因爲有愛的原動力，所以它的進行是有秩序的、協調的和建設的。

保羅很堅定地主張家庭是社會的主要制度。他教訓兒童應該服從父母，並且要光榮父母。妻子應該服從丈夫而丈夫也應該愛護妻子，好像基督愛教堂和人們愛自己一樣。(註三八)他也督促人們對於婚姻關係應該忠實，而且要遵守單純的道德標準，絕不干犯。

財富的危險，保羅也是屢加指明的。人們的財產既不是與生俱來，也不能於死時帶走。財富時常給人們誘惑、陷害和淫亂。愛錢就是一切罪惡的根源。(註三九)任何人所能得到的最大財富，就是對於旁人行善的行爲。

保羅對於法律的思想，很合於現代性。法律不是爲了正直的人而設，它是裁制橫暴悖逆的人們的。誠實、正直和公道的人們是超乎法律之上的，也像和好的夫婦用不到離婚法一樣的意識。如果天下的夫婦都是和好無間，就用不到離婚法。同時，如果完善的愛瀰漫於一切人們中，法律也可以拋棄了。保羅的教義是全部充滿着友愛。保羅的思想，總是依據這幾種概念：對於愛要有眞實的認識，要充滿着愛，要使友愛繼長增高，耶穌的愛是要包羅一切的。保羅傳佈了愛的福音在一切人們之中，凡是接受耶穌的愛的福音的人們都將教堂認作家裏一樣。

其他使徒的社會思想

使徒詹姆士(James)用了明確的論調，伸述着上帝的平民主義，幫助弱者的需要，財富的危險，爭鬬的罪惡，和社會化的誡條等。詹姆士認爲服務社會，是宗教的重要試驗。

彼得(Peter)與基督和保羅一般地攻擊那些社會的罪惡，主張上帝的公道，和堅決地闡揚愛的原則。

所主張的。

（四）婚姻是神聖的儀節。夫婦們應琴瑟和諧以撫育子女。家庭是主要的社會制度。這是新約作者們

（三）人類的大同是從上帝即天父的原則引伸來的自然狀態。當大家都認識大同主義的潛勢力時，像現在那種不幸的人類種族偏見，可以完全消除了。

（二）視上帝為天父，這是基督教的主要原則。當大家都承認上帝是天父時，他們即有一種堅固的團結力，使他們從事於振作的生活。

（一）早期基督教的社會思想是代表一種改革人類態度的有系統的辦法，它用矯正人心的方法，以改良世界；人類應變為良善，他們必須重新受教育。良善的人民就可產生良善的社會結構以及適宜的社會制度。基督教伸述了許多人類行為社會化的原則，這種原則是基督教信徒所應該接受的。（註四一）

現在來總括一下早期的基督教社會思想的基本原則。新約聖經的作者們並沒有貢獻一種新的社會學，他們對於世界的社會組織，也沒有提出一個科學化的計畫。但是，他們卻有了不少實質的貢獻。

就是愛的天國，在啓示錄（Book of Revelations）中，他敍述了兩個城市：一個是惡的，另一個是完善的。前一個城市的人民是穿着細緻華美的衣服，飾以各種寶石，而他們的內心是腐敗極了。淫樂罪惡，逐漸毀滅了這個城市。他們的主要罪過即是淫亂和奢侈。至於完善的城市，就是新的耶路撒冷，人民都是愉快，而一切皆由愛主宰着。汚辱的事物是不容於新的耶路撒冷城中，也不許人們做可厭惡的事情或說謊。（註四〇）

（五）兒童是天眞和誠信的好模範，他們代表自我的犧牲，並足以促成父母的正義精神。

（六）早期基督教的思想是傳道式的。它不以自我爲中心的。它主張向前趕去。它是催促信徒們採行各種犧牲的生活。要信徒們去幫助病人，去宣布福音，去旅行異地。它是一種活動的宗教，用有生氣的論調解釋着活潑有力的愛之原則。

節錄聖經

（一）服務的意義（註四二）

「於是王要向那右邊的說，你們這蒙我父賜福的，可來承受那創世以來爲你們所預備的國。因爲我餓了，你們給我喫；渴了，你們給我喝；我作旅客，你們留我住；我赤身露體，你們給我穿；我病了，你們看顧我；我在監裏，你們來看我。

「義人就回答說，主啊，我們甚麼時候見你餓了給你喫，渴了給你喝？甚麼時候見你作旅客留你住，或是赤身露體給你穿？又甚麼時候見你病了，或是在監裏，來看你呢？王要回答說，我實在告訴你們，這些事你們既作在我這弟兄中一個最小的身上，就是作在我身上了。」

（二）愛的法則

「你們聽見有句話說，當愛你的鄰舍，恨你的仇敵。可是我告訴你們，要愛你們的仇敵，爲那咒詛你們的祝福，恨你們的要待他好；爲那逼迫你們的禱告，這樣，就可以作你們天父的兒子。因爲他叫日頭照好人，也照歹人，降雨給義人，也給不義的人。你們若單愛那愛你們的人，有甚麼賞賜呢？就是稅吏不也是這樣行麼？你們若單請你弟兄的安，比人有甚麼長處呢？就是外邦人不也是這樣行麼？

『你們若善待那善待你們的人，有甚麼可酬謝的呢？就是罪人也是這樣行。你們若借給人，指望從他收回，有甚麼可酬謝的呢？就是罪人也借給罪人，要如數收回。你們倒要愛仇敵，也要善待他們，並要借給人不指望償還，你們的賞賜就必大了。你們也必作至高者的兒子。因爲他恩待那忘恩的和作惡的。

『你們要慈悲，像你們的父慈悲一樣。你們要給人，就必有給你們的，並且用十足的分量，連搖帶按，上尖下流的，倒在你們的懷裏的。因爲你們用甚麼量器量給人，也必用甚麼量器量給你們。你們要完善，像你們的天父一樣完善。

『待遇任何人，要像你希望他對待你一樣，這是法律和先知們的結論。』

（三）愛的高貴

『我若能說萬人的方言，並天使的說話，卻沒有愛，我就成了鳴的鑼，響的鈸一般。我若有先知講道之能，也明白各樣的奧祕，各樣的知識，而且有全備的信，叫我能够移山，卻沒有愛，我就算不得甚麼。我若將所有的賙濟窮人，又捨己身叫人焚燒，卻沒有愛，仍然與我無益。

『愛是恆久忍耐，又有恩慈。愛是不嫉妒，愛是不自誇，不張狂，不作害羞的事，不求自己的益處，不輕易發怒，不計算人的惡，不喜歡不義，只喜歡眞理，凡事包容，凡事相信，凡事盼望，凡事忍耐。

『愛是永不止息，先知講道之能，終必歸於無有，說方言之能，終必停止，知識也終必歸於無有。我們現在所知道的有限，先知所講的也有限，等那完全的來到，這有限的必歸於無有了。

『我作孩子的時候，話語像孩子，心思像孩子，意念像孩子；既成了人，就把孩子的事丢棄了。我們如今彷彿對着鏡子觀看，模糊不清，到那時，就要面對面了。我如今所知道的有限，到那時就全知道，如同主知道我一樣。

『如今尚存的有信、有望、有愛，這三樣，其中最大的是愛。』

（四）上帝和人類互愛的生活

『主爲我們捨命，我們從此就知道何爲愛。我們也當爲兄弟捨命。凡有世上財物的，看見弟兄窮乏，卻塞住憐恤的心，愛上帝的心怎能存在他裏面呢。小子們哪，我們相愛，不要只在言語和舌頭上，總要在行爲和誠實上。

『親愛的弟兄啊，我們應當彼此相愛，因爲愛是從上帝來的。凡有愛心的，都是由上帝而生，並且認識上帝。沒有愛心的，就不認識上帝，因爲上帝就是愛。上帝差他獨生子到世間來，使我們藉着他得生，上帝愛我們的心，在此就顯明了。不是我們愛上帝，乃是上帝愛我們，差他的兒子，爲我們的罪作了挽回祭，這就是愛了。

『親愛的弟兄啊，上帝既是這樣愛我們，我們也當彼此相愛。從來沒有人見過上帝，我們若彼此相愛，上帝就住在我們裏面，愛他的心在我們裏面得以完全了。上帝將他的靈賜給我們，從此就知道我們是住在他裏面。父差子作世人的救主，這是我們所看見且作見證的。凡認耶穌爲上帝兒子的，上帝就住在他裏面，他也住在上帝裏面。

「上帝愛我們的心，我們也知道也信。上帝就是愛，住在愛裏面的，就是住在上帝裏面，上帝也住在他裏面。這樣，愛在我們裏面得以完全，我們就可以在審判的日子，坦然無懼。因爲他如何，我們在這世上也如何。愛裏沒有懼怕，愛既完全就把懼怕除去因爲懼怕裏含着刑罰，懼怕的人在愛裏未得完全。我們愛，因爲上帝先愛我們。人若說，我愛上帝，卻恨他的弟兄，就是說謊話的。不愛他所看見的弟兄，就不能愛沒有看見的上帝。愛上帝的，也當愛弟兄，這是我們從上帝所受的命令。」

討論要目

（一）早期基督教社會思想的基礎。
（二）基督的教義對於社會思想的重要貢獻。
（三）基督所伸述的活躍有力的原則。
（四）基督所主張的行爲準則。
（五）基督認爲世上最富有的人是怎樣的？
（六）基督生命被害的社會原因。
（七）社會罪惡的性質。
（八）早期基督教對於財富的態度。

（九）爲什麼窮人將永遠繼續存在？

（一〇）精神的社會主義之意義。

（一一）基督教對於和平與戰爭的態度？

（一二）使徒保羅對於人類大同主義的貢獻。

（一三）保羅所認爲最大的財富是怎樣？

（一四）基督教對於人類有機性的聯合集團底概念。

（一五）基督教的教義中，最有意義的社會思想？

附註

（註一）路加福音，第十七章，第二十——二十一節。

（註二）路加福音，第十三章，第三十四節。

（註三）馬太福音，第十二章，第四十八節；又馬可福音，第三章，第三十四節。

（註四）馬太福音，第十三章，第三十一——三十二節；又馬可福音，第四章，第三十節；又路加福音，第十三章，第十八——十九節。

（註五）約翰福音，第三章，第十六節。

（註六）馬太福音，第五章，第二十三節；又路加福音，第六章，第四十一——四十二節。

（註七）馬太福音，第五章，第四十四——四十六節；又路加福音，第六章，第二十——三十五節。

（註八）馬太福音，第二十八章，第二十節；又第二十四章，第十四節。

(註九)約翰福音，第十二章，第四十三節；又馬加福音，第六章，第五節。

(註一〇)路加福音，第九章，第四十八節；又馬可福音，第十章，第十四節；馬太福音，第十八章，第一節。

(註一一)馬太福音，第二十五章，第三十一——四十六節。

(註一二)馬可福音，第九章，第四十節；又馬太福音，第十章，第四十二節。

(註一三)馬太福音，第十六章，第十八——十九節。

(註一四)馬太福音，第二十三章，第二十三——三十三節。

(註一五)馬太福音，第二十三章，第二十三——三十三節。

(註一六)約翰福音，第二章，第十三——十七節；又馬太福音，第二十一章，第十二——十三節；又馬可福音，第十一章，第十五——十七節；路加福音，第十九章，第四十五——四十六節。

(註一七)馬可福音，第十一章，第十八節；又路加福音，第十九章，第四十七節。

(註一八)馬太福音，第十五章，第四節；又第十九章，第九節。

(註一九)馬可福音，第十章，第七——八節；又馬太福音，第十九章，第五節。

(註二〇)馬可福音，第九章，第四十二節。

(註二一)馬太福音，第十九章，第二十一節。

(註二二)約翰福音，第十二章，第八節；又馬可福音，第四章，第七節；馬太福音，第二十六章，第十一節。

(註二三)路加福音，第十二章，第十六——二十一節。

(註二四)路加福音，第十三章，第十四節；又馬太福音，第十二章，第二節，第十章，第十三節。

(註二五)馬可福音，第二章，第二十七節，第三章，第四節。

(註二六)馬太福音，第十章，第三十四——三十九節。

（註二七）路加福音，第十二章，第四十九——五十三節。

（註二八）約翰福音，第十八章，第十節；馬太福音，第二十六章，第五十——五十六節。

（註二九）馬太福音第五章，第三十九節。

（註三〇）路加福音，第二章，第十三節，又第十四節。

（註三一）使徒行傳，第十五章，第九節，又第十章，第二十八節；又以弗所書，第三章，第二十八節。

（註三二）羅馬書，第八章，第十六節，又第三十二節。

（註三三）哥林多前書，第十三章。

（註三四）哥林多後書，第五章，第十三節；又羅馬書，第十二章，第十節。

（註三五）哥林多後書，第六章，第二節；又使徒行傳，第二十章，第三十五節。

（註三六）羅馬書，第八章，第三十五——三十九節，第十二章，第十七節；又以弗所書，第一章，第二十一節，第二章，第四節；又第三章，第十七——十八節。

（註三七）羅馬書，第十二章，第四——八節；又哥林多前書，第十二章，第十二節。

（註三八）以弗所書，第五章，第二十二——二十三節；又歌羅西書，第三章，第十八——十九節；又哥林多前書，第十一章，第九節。

（註三九）提摩太前書，第六章，第七——十節，又第十七——十八節。

（註四〇）啟示錄，第二十一章。

（註四一）納特森（A. C. Knudson）著人物論（Personalist），第一〇三——一一四集中，即社會的福音與神學（Social Gospel and Theology），對於社會的福音，有卓越的敍述。他引了社會福音的四項觀點：（一）它於世紀的進程上占有主要的地位，（二）它是平民主義化的，（三）它是注重道德觀念的，（四）它是注重社會的一致團結。

（註四二）特許體錄自凱德著新約聖經縮本（The Shorter Bible），一九二三年，史各列納公司出版。

第九章　中世紀的社會思想

中世紀的社會思想，一部分是社會不寧狀態的反射，另一部分是從耶穌紀元至羅馬衰落的五世紀中思想和生活方面的結晶品。在這幾百年的時期內，教堂的神父們將基督教原始的教義，稍些加以更動。他們雖是承認人類固有的社會性，而且相信政府和一切社會組織足以消滅各種惡勢力；不過他們所教導着的，認爲良善的政府之威權，是上帝給予的。政府是一種謀社會幸福的天然組織，因此人民對於良善的政府應該服從和忠順。他們所擁護的，是政治上權威的，不是革命化的原素，而且主張人類中主要的統一性。

羅馬人善於組織和行政的強烈傾向，也發現在教會裏面了——結果就形成強大的羅馬教會，具有傳統式的機構。自從羅馬衰落以後，羅馬人政治集權的傾向依然遺留在教會裏面，而且造成一種權力的中心，爲教會歷史上光榮的一頁。

教會的神父們指示着人民的目光轉向另一世界，並準預天國的來臨。因此就有禮拜和供奉等種種宗教的儀式。社會改革的重要性，被他們忽視了。在事實上，當時社會一切不公道行爲，反而被認爲磨練靈魂，以備到另一世界裏面去。

在第三世紀中，忠於教條一端，已成爲基督教的主要論調。貧窮者在宗教方面，漸漸失去勢力；同時，富人們的非基督教勢力一天一天滋長了。教會組織內的貴族分子開始將貧民變爲教會的特種階級貧困的情形，完全聽其自然。等到羅馬衰落的時候，窮人們成爲富者從事施捨以贖自己罪孽的對象了。

奧古斯丁的貢獻

拉丁神父中最偉大的，要推聖奧古斯丁（St. Augustine——西曆三五四年至四五〇年）了。在他的那些著作中，有一部很重要的作品，就是上帝的城（The City of God）。在這一部偉大的著作裏，社會思想漸漸地從神學的討論內浮露出來。它有一部分的議論，是專爲解釋羅馬衰落的述明衰落的最大原因是經濟上的關係，像奢侈的習尚等；和宗教的邪念，像信奉異教神等。奧古斯丁敍述了兩個城市，一個是唯物的和墮落的城市，即當時的社會；另一個是世外的城市——就是上帝的城市——它一定會獲得最後勝利的。

在中世紀的前半段，羅馬教和基督教成爲社會上主要的動向。羅馬人的組織能力，漸次地張伸而形成有力的教會。基督教的勢力，是表現於一切高尚的理想，新的責任觀念和修道主義上面。在當時幾百年的不安狀態中，教會成爲唯一的安慰和寧靜的力量。不但建築了很多富麗的教堂，而且收容大批的信徒——大部分都是窮苦者。在教會監護之下，這許多宗教的信徒們的生活，很有合羣和互助的精神。但是在這種情形的進展裏，同時教會方面也發生了各種重大的弊病。

在中世紀的初段，社會充滿紊亂狀態的時期，教育運動也有相當的發展，就像查理曼（Charlemagne）所提倡的。同時封建制度也是滋長起來，而且成爲中世紀最顯著的特色。封建主義使土地成爲社會的中心制度。土地的享有權就產生權力，因此土地成爲社會的和政治的勢力了。臣民宣誓忠順後，就可領受土地。在這種土地制度之下，人民分爲三個階級：貴族、教士和農民。貴族階級是統治者，握有軍政大權。教士階級或是貴族下的特殊臣民，因了他們自己所代表着的組織，也獲到土地的權力。農民們雖是時常輕蔑貴族階級，可是仍得爲他們工作，而且擁護他們。

封建工業的結果，各種形式的公會，就從十世紀到十五世紀的時期內，發達起來。有時候雇主和工人們同屬於一個公會，譬如商人公會等。有的時候，公會形成了當地的專利機關。但是通常這種公會的目的，是想改善它會員的狀況。

十一世紀至十三世紀的宗教戰爭——十字軍戰爭，使社會發生了很多的變遷。這種戰爭給予貴族特種的影響，同時因爲戰場死亡的關係，使許多貴族都離開歐洲方面。結果就產生文化上的不安定，擴大了許多人們的眼界，而且發生了一種懷疑主義。最後，就引起宗教的改革運動。

個人的自由

中世紀的社會思想，得到條頓(Teutonic)民族很多的刺激。野蠻的條頓人貢獻了自由的觀念。他們特別注重個人。他們粗野而勇敢地表現着『個人的自由』，而且推翻了無聊的教會儀式，社會成例，以及有些生活上和品性上優良的理想。在另一方面，武俠和勇士的風氣，也許是起源於條頓民族。

教會也就利用了武俠主義。保護教會及其一切所有，成爲勇士們的責任。武俠遂變爲中世紀後半期的社會訓練的一種方式。它改換了人民的氣質，而且促進美德。不過，仍然保留着一部分具有軍事臭味的組織。

經院哲學的興起，發現許多和僧寺主義相反的方法。在第九世紀中，主要的思想家，仍舊不脫自然社會狀態的概念，這種狀態是充滿着紛亂的情形，而受制於政治的機構的。到了十二世紀，民主權的學說也只有一些微弱的閃光。當時的思想大都是屬於神學的。

教會由於寺院制度的關係造成許多中心地帶，藉以保存宗教上和理智上的遺澤。這許多中心地帶是無疑地成爲極重要的因素，使頗有時代文化價值的東西經過無情的摧殘，尚能保存不少。

因爲寺院方面有了流弊，所以跟着發生積極反抗寺院的運動。聖佛蘭西斯（St. Francis of Assisi——西曆一一八一年至一二二六年）從寺院中轉而投向實際的生活。他創始了一種復新社會的方法。他和門徒都生長在眞正窮人的中間，爲其服務，並身嘗窮人經濟困苦的滋味。他們幫助窮人們，不是像用施捨以超度罪惡而求自己得到救濟那種行爲；他們是直接犧牲自己的生命。聖佛蘭西斯忽視普通教會式的慈善觀念，而全部注重實現一種新的和眞實的社會力量。他自願放棄財產所有權，去度着窮人的生活，因此他的收穫是沒有其他方法可以得到的——就是窮人的觀點。同時，他也得到深入窮人心靈的門徑，不是旁的方法可以做得到的。因爲他放棄使用財物而是犧牲自己的生命。

經院哲學

依照經院哲學，一個人應當從理性方面去求到自然界的眞詮，同時在教會的指導和堅定的統馭之下，從信心方面以求獲得超自然界的眞諦。凡是關於信心和道德的一切事情教會的教義是至高無上：『哲學是神學的家奴，理性是信心的基礎。』

經院哲學經過四百年的進展，在阿奎那斯（Thomas Aquinas——西曆一二二六年至一二七四年）的教義中，可算是登峯造極了。他就亞理斯多德的學說，加以發揮。認爲人是社會性的動物，在社會組織之下，彼此互相結合，以達到各個的利益。個人應該採從賢能的統治者在政治上優良的指導，而且對於這統治者尤應賦予相當權力。阿奎那斯主張人是天然的社會化動物，因爲在天性上人是賦有一種共同生活的本能。但人與人的中間，既有不同的思想、慾望和情感的衝動，所以具有統一作用的政治組織是必需的。人只有在社會中，纔能得到快樂的生活；而社會若無政治的組織是不能存在的。所以人類必需建立相當形式的政府。

『快樂的生活或專求發財的思想，只有貪欲的人們纔認爲是很好的。』（註一）人類旣是生活於社會中，必須幫助旁人，纔算是有道德上的優點。社會的公道是建立在休戚相關和互助合作的意識上。（註二）如果人民都能愼重地保護公共的福利，那末他們就可以有選擇官吏之權；然而他們如果流於腐化而致出賣其選舉權時，就

剝奪自己的權利了。（註三）

阿奎那斯的思想是集中於他的法律學說上的。第一、在控制宇宙的方面，有一種永久的法則，含有神聖的意義。第二、是自然的法則，即人類將永久法則變為理性化。第三、是人類的法則，表現於社會制度中的。第四、是神道的法則，在聖經中可以發現它是補充人類的法則之不足。（註四）『在這方面陳述了一個合乎邏輯的和進化程序的社會分析論。永久法則下的神聖意識逐漸開展着，可以發見社會的歷史的演進，在這種演進的過程中看到社會制度的自然起源，社會組織經過相當的作用而成為政治形式，最後，社會和政治都合乎上帝的意志。』（註五）

在宗教方面，經院哲學將宗教的神祕主義變為理性化的形式。它將宗教建立於學術上而不建立於權威上，它是採取理解的方法，而非虛構的方法。

經院哲學增進了學術的進步，幫助和發展大學的活動。它鼓勵自由思想的滋長，可是它在十四世紀就漸趨於衰落，因此沒有給它良好的機會，以提創一種運動，製作歸納的或實證的哲學或社會學。

中世紀的末期，還出現了其他各種思想。遠在第九世紀的時候，航海法典、陸軍法典和農村法典等，已經完成於拜占庭帝國(Byzantine Empire)以迎合社會的新需要。在君士坦丁堡 (Constantinople) 尚未衰落以前，拜占庭的勢力，足以抗拒東方國家的勢力。拜占庭對於希臘的文學、藝術、建築術和法律，加以保存，而且給以新的推動力。

興趣。他想像了一個『至尊君王所統治的』世界社會，這位統治者不過問各個城市的瑣屑事務只管全體人們有關的事情。在特殊情形上各個城市應由特殊法律來治理；但是在共同的情形上，全世界應由一個人統治，而以全體都適用的法律來治理，以達到和平的目的。（註六）『人類整個的適當工作，是要推進那種能夠達到效能的整個理解力……而完成這種使命的主要條件就是全世界的和平。』（註七）

阿剌伯有一位著名的歷史家和政治家卡爾敦（Ibn Khaldun——西曆一三三二年至一四〇六年）很詳細地和正確地描寫了阿剌伯人的社會生活。他將社會生活發展的各個階段，比諸個人生活的進化情形。這位卓越的歷史家主張：歷史不只是注意統治者、朝代和戰爭，它也得注意到種族的關係，氣候的影響，人類合羣的法則，和社會生活的各階段。他想使歷史成爲科學化，甚至成爲一種社會科學。他擬定了社會過程的進化論，又發明了一個社會進化的螺旋學說，從最簡陋的粗野生活起，一直到最文明的都市生活止。

郎蘭的農夫詩

十四世紀的後半期，英國的一位民衆大詩人威廉·郎蘭（William Langland）寫了一部寓言詩，題名爲農夫披耳斯（Piers the Plowman）。在這一部著作中，被壓迫的勞工和農民階級大聲疾呼地渴望着改善他們的境遇。他們都是由農夫披耳斯代表，這個農夫是一位神聖的勞工，最先從事於嚴正的思想生活。他是渴望改善社會制度的勞働民衆的領袖。除了農民以外，還有紡織工人、成衣匠、托鉢僧、賣唱人、商人和騎士等各種各色的勞工都是神聖的。凡是勞心勞力的工人，如果眞正賺錢過活，互相親愛和遵守社會秩序的和進步的法律，那末他們都成爲淸高和完善的眞理領袖。

郎蘭很動人地描寫英國勞働階級的生活情形和工作狀況。他主張生產的勞力應該得到無上的光榮。但是他並未指出實際上的解決方法。不過，郎蘭確認勞工對於社會的服務是神聖的。他也認爲安於貧困是最高貴的美德。他將基督也當作是一位勞工。郎蘭在十四世紀的社會信條，就是個人應該拋棄財產，加入誠眞而窮苦的勞工隊伍裏，並須學耶穌的樣子，度着勤勞而博愛的生活。（註八）

在某一種意識上，中世紀的社會思想是片斷的，但在另一方面說，卻也有經院哲學派的廣博的社會學說，討論着家庭、國家、慈善事業、社會組織、制度和社會的義務等問題。經院哲學派對於社會抱着目的論的觀點，因此他們主張由改善個人以謀改良社會。這一派的學者預先見到華德所主張的『社會導進論』，雖則他們不見得同意於這位近代社會學家所認的社會進步。中世紀的時期雖是包括好幾百年，可是新的社會觀念很少發現。這幾百年充滿着不安定的狀態，事實上是一個新陳代謝的時期，而民衆又缺乏知識，所以就沒有新穎的社會思想了。不過當時也有好幾位特出的思想家，除了查理曼和卡爾敦以外，還有阿伯拉德（Augustus Abelard）、孟格納（Albertus Magnus）、阿奎那斯・斯考脫（Duns Scotus）等。中世紀也有許多造福人羣的不朽的功績，好像哥德式的教堂、醫院、慈善機關和擔保權利的憲法（Magna Charta）。中世紀初期的社會思想，有一部分還保存着，構成中世紀以後文藝復興時的社會思想的基礎。『國王和諸侯的紛爭，郡區的組織，公民地位的確定，農奴的解放」（註九）等，這許多社會的變遷，都足以表示中世紀的社會思想含有劇烈活動的原素。

反對罪惡（註一〇）

「這是勸羅馬人排斥邪教。勇敢的羅馬國呀，你們是里古列（Reguli）、斯卡伏拉（Scaevolae）、西畢奧（Scipios）和法畢利西（Fabricii）的後裔，應該希望着毀滅鬼魔們奢侈的、卑污的和無恥的惡行。如果天賦給你優越的地位，一定要拿眞誠去洗滌和使它完美無缺。虛僞是足以污染和消滅它的。那末，請你選定那一條路走。你所得到的贊美，不是從你自己本身，而要從眞正的上帝所發出的；因爲你自己也許會錯誤，而上帝從沒有過失。在好久以前，你們是得到絕大的光榮，但是（如果要使至高無上的上帝滿意）你們缺少眞正的宗教，使你們不知道取捨適從。現在你們自己都應該清醒起來，因爲現在已經是白天了。你們也許對於自己的子女們，已經有了相當的覺悟，這許多小孩子們完善的德行和要求獲到眞理的渴望，是大家所十分重視的。甚至有許多人們盡力和邪惡的勢力掙扎，拼命去克服它，拿血的代價，替我們去換取眞理。現在希望和請求你要領受這種眞理，和其他一切人們都得去做這認免除罪惡是光榮的城市中的公民。切不要去聽信敗類狂吹地攻訐基督和基督教，一面詛咒着世道的不振，一面又弄得世道更壞，因爲不使道德滋長，反讓一切罪惡根深蒂固。現在的情形是你所不同意的，也不願將你暫時的宅舍寄託給它。所以，大家應該信仰着上帝，只要費掉一些力氣，就可以獲到神佑，永遠享受。天國裏沒有香火，也沒有石築的宮城；那裏只有一位眞誠的上帝，給你無限的福佑，給你一個偉大完善和永久的王國。你們不能再盲從那許多欺詐的和僞妄的妖魔們，你們得撵走他們，除去梏桎，恢復你們眞正的自由。他們只是一些惡毒的魔鬼，他們的國境內老是充滿着痛苦。猶諾神（Juno）從來不悲懼托洛仁（Trojans）的一族（卽是你們的上代）起來重興羅馬國，不像那許多魔鬼們（就是你們認爲神道的）嫉妒和憎恨人類享受永生的光榮。你自己對於這一層也有了明顯的檢視，因在戲劇裏面，總是將扮演魔鬼的優伶做出種種醜態。我們現在希望你獲到自由，脫離一切惡濁的魔鬼，這許多魔鬼是拿着自己的恥辱和污穢加在你的頭上和沾染了你的名譽，你必須驅除這種不潔的東西，以重現光輝。你一定要向眞正的上帝前面祈禱着，懇求上帝使你脫離那許多邪惡的妖魔。這許多妖魔是喜歡作弄，不論他們是認眞的（那就是恥辱），或是假裝的（那就是陰險）。你要好好地潔淨你們的城市，清除這許多污濁的渣屑。你還得想一想，至高的上帝從不喜歡沾染人們尊嚴的東西。那末，你爲什麼認爲那許多愛惡濁的妖魔也會在天國裏面停留呢？而同時你又認爲表演這種妖魔的人類，在你的城市裏，配上不站在最低賤的階級上呢？那至高無上的天國的城市裏面，眞理就是勝利，聖潔就是尊嚴，快樂就是和平，永生就是延續。」

最偉大的善行（註一一）

「在希臘文字中有道德一個名詞，是說人類行爲的至善，而這至善，只是至善的至善；並無其他作用的；在我的善行，有的人是從身體上獲得的，有的人是從心靈上獲得的，也有人是從身體和心靈兩方面獲得的。人有的是身體和心靈，因此大家相信這至善一定是從那二者之一得來的，而且也存在那二者之一的中間。所謂最後的終點，是一切行爲的鵠的，一旦達到了這鵠的，那末大功就完全告成。另外還有人再加上一個第三者，就是榮譽、財富和一切利祿，總稱爲身外物。但這不能算是最後的東西，因爲它雖也爲本質而需求，但是可以授受的，而且它給了善人，卽能爲善，給了惡人，卽能爲惡。所以我們說的至善——就是有的人是從身體上獲得的，有的人是從心靈上獲得的，也有人是從身體和心靈兩方面獲得的——完全是從一個人本身獲得的。有許多人們是注重身體的，比較得遜色些；有許多人們是注重心靈的，比較得優越；而注重兩方面的人們是能將身體和心靈融會貫通，以希冀全部達成至善。所以，不論其爲一部或全部，總是屬於人的。上面所申述的三種不同點，就分出三種哲學家，各人對於身體、心靈或兩者合在一塊兒，都有不同的見解。可是大家應該一起說，專重身體的不覺到愈快，專重心靈的也不覺得愈快，而只有崇拜上帝，纔能得到愈快。這種愈快，並不像靈魂和肉體的享受，或朋友間的交懽，而是像眼睛見到光明一樣。如果旁人反對這最後一項確切的譬喻，而贊成其他幾種，大家經過相當的時期，仍會發現上帝是和善可親的。」

「柏拉圖確認一切善行的終點，是達到德行完美的生活，而且只有認識和跟從上帝的人纔能達到，除了這方法以外，沒有人可以找到快樂。所以他說：要想做一位哲學家，先得愛上帝，因爲上帝是神祕的，所以一位哲學家或智慧的追求者，能夠崇奉上帝，就可以獲到福佑。雖然一個人能夠享受了他所愛的一切東西，不一定使他愉快

（因爲許多人們是愛着可惡的東西，以致遭到墮落，如果再樂此不倦地享受着，就更加墮落了，）可是一個人享受不到他所愛的東西也一定不會快樂的。甚至那許多人們喜歡不應該喜歡的東西，他們還是想能够享受，纔是快樂，只去喜歡仍是不算快樂。但是，一個人能够享受他所心愛的東西，而這東西卽是眞理和至善，還有什麼人（除非是墮落者）能够說他不快樂呢？柏拉圖說：這眞理和至善卽是上帝，所以，他認爲一個哲學家要能信奉上帝。因爲哲學的目的是在求至福，而只有上帝的信徒纔能覺到信奉上帝所得的福佑。」

服務（註一二）

「如果你遇到一個人，他是遭了物質的損失，或是給惡人糟塌了，你應該設法問明，加以安慰賙濟，因爲這是天國基督的愛。你應該照上帝的規律所指示的，愛人和幫助人家。上帝的教誡是說：「每人應該分任旁人的負擔」。凡是你看到窮苦的人們，應該將你自己的東西去幫助他們，愛他們，不可責怨他們，因爲上帝自會報應的。那許多作惡的人們，讓上帝對他們去，「我來報復，我來補償。」如果你想使上帝喜歡，應該依照福音所指示的，在低微的人們中間使大家都愛你，那末你就可以得到上帝的恩惠了。「對於不義的惡人也得使他成爲朋友。」

「披耳斯說：「我不會因了地上一切的財物而去使上帝悲傷，我總希望能够聽從你所說的話，以避免罪惡。」

「彼得呀！那牧師說，我從不寬赦人，除非你能够行善樂善，使上帝保護你的靈魂。如果你作惡怙惡，希望在你

『所以我勸你們，你們這許多世上的富者，你們擁有豐厚的庫藏，可是不要膽大妄爲地破壞十誡，格外你們這許多主人們、官長們和法官們，你們都是被認爲先知者，你們有的是財富，可以贖罪甚至去買教王的勅令。一旦到了世界的末日，死掉的人們都得走到基督的面前去受審，報告你生前的行爲是怎樣，是否遵守他的誡條，和你是怎樣遵守的，這是在世界的末日的時候都得說淸楚的。不論你有多少推託的話，或長官的證書，或你是貴顯的裔族，可以加倍的寬赦——但是除非你是行善的話，你所有這一切的保障和各種推託的話，其價值與花生的殼一樣。』

討論要目

（一）奧古斯丁對於社會思想的貢獻。
（二）『個人的自由』的社會意義。
（三）『武俠主義』的社會意識。
（四）聖佛蘭西斯對於改進社會的提案。
（五）阿奎那斯的主要社會概念。
（六）卡爾敦的著作中所有的社會思想。
（七）『農夫披耳斯』詩中所含蓄的社會思想。

(八)中世紀社會思想的概要。

附註

(註一)華爾夫(M. De Wulf)著中古時期的哲學(Mediaeval Philosophy)一九二四年，哈佛大學出版第一〇五頁。

(註二)華爾夫著中古時期的哲學，哈佛大學出版第一二五頁。

(註三)華爾夫著中世紀的哲學與文化(Philosophy and Civilization in the Middle Ages)一九二二年，普林斯登大學出版(Princeton University Press)第二五六頁。

(註四)列登勃及(J. P. Lichtenberger)著社會思想的發展(Development of Social Thought)一九二三年，紀元書局出版，第一一〇頁。

(註五)列登勃及著社會思想的發展一九二三年，紀元書局出版，第一一〇頁。

(註六)丹提著帝制(De Monarchia)，券區(F. C. Church)譯本梅林書局(Macmillan)一八七八年出版，第一集，第十二章。

(註七)丹提著帝制，券區譯本，梅林書局一八七八年出版，第一集，第四章。

(註八)農夫披耳斯詩稿有四十以上分爲甲、乙、丙三類，此係錄自乙類，第八段。

(註九)華爾夫著中世紀的哲學與進化，第六〇頁。

(註一〇)特許轉錄自聖奧古斯丁著上帝的城，海萊(John Healey)譯本第一卷，倫敦，鄧脫公司(J. M. Dent and Company)出版。

(註一一)特許轉錄自聖奧古斯丁著上帝的城，海萊譯本第二卷，倫敦，鄧脫公司出版。

(註一二)特許轉錄自鄖蘭著農夫披耳斯詩華倫(Kate M. Warren)重訂本，一九二三年，安諾德(Edward Arnold)出版。

第十章　謨耳派和烏托邦的社會思想

在學者們所擬述的兩百多種烏托邦或理想的社會中，沒有那一個比得上謨耳(Thomas More)所述的，除非柏拉圖的民主論也歸入這一類。中世紀的末期以後，新的社會思想很少發現，而柏拉圖的理想主義，重新出現於許多擬述的烏托邦。謨耳的烏托邦是應該特別注意的。他是英國社會狀態的學者之一，有清醒的頭腦，精明練達。不過在他那時候，主張改革社會是一樁很危險的事情。

謨耳是拿柏拉圖介紹給現代的社會哲學，而他自己的學說也是根據柏拉圖派的意見和理想的。同時，波盧塔克(Plutarch)的斯巴達生活記(Spartan Life)對於謨耳也有很多幫助。在文藝復興(Renaissance)的開頭，他就貢獻了一種完全社會的概念。

如果你要想明瞭這位與哥倫布同時的謨耳的社會思想，先得悉心研究一下英國在十五世紀至十六世紀時期內的情形。而且連想到亨利第七和亨利第八兩位專制的統治者，凡有個性意識的人，很難博他們的歡心。當時農民的生活狀況也是不堪忍受，失業是普徧的，刑罰是嚴酷殘暴的，甚至竊賊也要處死刑。如果一個人偷了一塊麵包，最好將看見他在偷竊的人殺掉。在事實上，他如果能夠這樣做，比較得妥當些，因爲可以沒有人去做見證，證明他的偷竊行爲了。

謨耳要是公然批評當時社會的不公情形，也許逃不了死罪。所以他必須將許多激烈的主張，假託給一個虛構的旅行家——萊佛爾·海賽洛旦(Raphael Hythloday)——的口裏說出來，藉此避免自己的干係。就是這樣的方法，結果謨耳仍舊因了宗教的信心和提倡社會的自由，以致犧牲自己的生命。

謨耳的烏托邦

謨耳所著的烏托邦，分爲兩部。第一部是解釋第二部的前奏。在第一部上，他敍述了三個人的談話。一個安特衛普(Antwerp)地方的守舊的荷蘭人，和老於旅行的海賽洛旦談話，同時謨耳自己也加入。但是海賽洛旦談的話最多。他熟諳拉丁文，而且深解希臘的文化。他的遊蹤極廣，甚至和佛洛林(Florentine)的航海家阿美立古·凡斯普西(Amerigo Vespucci)一塊兒遊歷過。這樣可以使了讀者的腦海裏，對他生出敬崇的意識。我們可以認爲烏托邦的第一部是很和柏拉圖的問答方法相像的。

烏托邦第一部討論到當時英國政局上的幾種因果。當時人民貧困痛苦的情形，和刑罰的暴酷，都用灰色的筆給描寫着，使讀者對於這種黯淡的社會繪形，生出厭惡的心理，而看到烏托邦第二部所敍述的人民安居樂業的情形，可以覺得耳目一新了。

照烏托邦一書所述，理想的國家是在神祕的阿茅路島(Amaurote)，海賽洛旦在那兒居住五年。在這島上，化。（註一）人人都享有同樣的財物。烏托邦的共產主義國家，就是說人類的性質上發生一種劇烈的變化。讓耳認爲共產主義能够剷除嚴重的社會罪惡——貪得。（註二）並且竊盜的動機也可以同樣地消失掉。如果在烏托邦的任何一部分地方缺乏了那幾種貨物，就轉取另一部分地方多餘的這種貨物來接濟拮注。因了這種辦法，全國好像一個家庭。（註三）他們認爲財貨的原則，就是人類的需要。

合作

在烏托邦裏面各人都認爲能够幫助旁人是無上的愉快。人民和人民或國和國間的聯盟，不是專靠約章或條文來維繫的，而是藉愛和慈善的態度將它團結起來的。（註四）世界上最堅強的聯盟，也就是根基於同類的友好——一種眞正的基督教的國際大同。

在烏托邦裏面農業是最受崇尙的職業。烏托邦的男人們和女人們，大家對於農業的知識都是很豐富。當田裏的耕作已經到收穫的時候了，城市的男女都走到鄉間去幫助工作。（註五）在收穫時期城市和農村間的合作，足以解決農民的雇工問題，便各方都感到愉快、友好和有益。食糧問題是被視爲全國最重要的問題。所以農民有精良的用具，而且有種種周密的方法。（註六）

除了農業的知識以外，每一個烏托邦的人民至少要學習一種職業或手藝。甚至每一個婦女也學習一種技巧的職業。每一個公民都學習一種職業的利益，很是明顯的——而尤以增加人民的工業生產力爲著。在這裏我們可以提出一個問題，就是在現代的人民應否認爲每人有一職業是有利的。如果能辦到這田地的話，可以使了個人的經濟獨立，使人人能了解技巧的工藝，以增進偉大的生產力。

在烏托邦中，每三十家有一個領袖，就是里長（Syphogrants）雖然同時還有其他官員，例如每個城市有一個王子，全島上有一國王，但在實際上，里長是主要的官吏。值得我們注意的，烏托邦的公務至少須經他們三天的考慮和辯論方纔決定。用了這種很科學化的方法以後，推翻急促決定的法案一類的情形，可以減至最小限度。

工作問題

里長的重要責任就是管理工作。在烏托邦不但每個人要有一種職業，而且大家都得眞實去工作。因此，就沒有懶惰的窮人或懶惰的富人。一切的富人——普通稱做縉紳人物的——和一切婦女、牧師、僧侶、天主教的托鉢僧（除了少數分子以外）等等，都應當從事於生產的勞作。甚至里長等官吏，也得同時作工。一切無用的職業，都被禁止的。在金錢勢力支配一切的國家中，有很多無益的職業，徒然增加社會上奢侈淫佚的情形。（註七）因此，在烏托邦中，一切人民既然都得工作，而且只許有益的職業存在，所以每天的工作時間減至六小時。

如果遇着失業發生的時期，最簡便的救濟方法就是暫行縮短工作時間。在失業發生期內，倘將每日的工作時間減至四小時，那末大家就可以都有工作了。再者，一個人去訪視朋友的時候，他還是要工作，好像在家裏的情形一樣。他的工作方法就是去幫助他們朋友所操的職業。所以在烏托邦中，沒有人會感覺客人來了終是閒坐或妨礙主人的生產工作。

里長預防着人們的懶惰，同時禁止人們的過度勞作。禁止任何人劬勞辛勤，像牛馬一般使人不為工作的奴隸。

烏托邦的法律數量很少。大家既然都受良好的教育，富有社會的觀念，許多法律成為無用了。（註八）每一個人都超乎法律之上，好像誠直的人超乎裁制竊盜的法律之上一樣。如果遇有不可避免的爭執發生了，原告和被告兩造直接到法庭上去，自己為自己申辯。烏托邦中不但法律少而律師簡直一個也沒有。法律的條文，不許曲解或牽強附會。一旦遇有執爭各人自己是自己的辯護律師，直接將事實的情形說明；法官是深明法律的，立刻將案件判決。（註九）

城市的組織是很有趣的。各城每一區的中心設一市場，以交易各種各色的貨物。並有公共的屠宰場。在城市之外，擇環境清幽的地方，設立完美的醫院，內部並設有傳染病室。這種公共醫院的看護病人非常周到，因此任何人有了疾病，總是喜歡到醫院裏去調養，不願在家內由親屬照料。還有一層，每個城市裏，都有一座紀念堂，以表揚功績卓著的人們。

每一個都市的社會都是一座花園的城，每一家房屋也有一個小花園。一般的人們常以自己的花園互相誇示，彼此競勝，想使自己的花園比人家的要更為茂盛和美觀。

市區設計在烏托邦很是普徧。（註一〇）人烟不能過於稠密，如果每一個城市的人口超過一定標準，就得另外建設一個新的城市。新的都市社會是由公衆的議決而實行。

在阿茅路島上，社會的中心集合地隨處都有。一到冬季人們在晚上不能再到花園裏去工作了，就集合到他們的公共會堂裏從事音樂，有趣味的談話，或各種遊戲。賭博和其他類似的玩意兒是沒有人懂得的。（註一一）酒館、妓院、祕窟和一切傷風敗俗的場所，都在禁止之列。（註一二）

在阿茅路島上，健康是一種美德，大家認爲有良好的公衆衞生，是一樁很大的幸福。健康的身體，視爲無上的快樂。（註一三）疾病是用預防的方法來替代醫藥的救治的。

服裝和飾品

服裝是有嚴格的限制，不許模仿。男子的衣服完全是同一式樣；女子的服裝又完全是另一種式樣。（註一四）已婚者和未婚者也在服飾上分別出來。因此在阿茅路島上一共有四種式樣的服裝。衣服的顏色也很一律——就是毛織物的本色。他們認爲花色繁多的衣服並不比較格外溫暖，也不比較實用，而且價格反爲昂貴，只是一種浪費。

在烏托邦中，金銀都被卑視。他們被認爲不及鐵的用途廣。因此，烏托邦的人民將金銀珠飾一類東西裝飾在奴隸的身上。（註一五）關於這一點，有一段很饒興趣的敍述，就是一羣外國的使節到阿茅路的情形。許多鄰國使外國的使節時他們衝過了許多貴客的面前，而去向衣飾簡僕的使節僕從致敬禮。他們錯認使節本身是僕役了。甚至阿茅路的小孩們看見了許多外國使節的珠寶金飾，都對他們的母親說：『看呵，這樣大的笨伯，還裝戴着珠寶，彷彿他們仍是小孩子呢』！（註一六）在阿茅路島住了一些時候，這外國的使節都覺得自己把無足重輕的珠玉，認為至寶，是非常蠢愚的。他們也承認，如果以爲自己的衣服比人家精緻就算自己比人家高尙，這是很愚笨的。因爲不論衣料的羊毛是粗的或細的，它是從同樣的羊身上取來的。

一個人不是佩着寶石就可以成爲神仙。他愈是佩着多量的寶玉和穿着漂亮的衣服，愈沒有價值。

在烏托邦中雖沒有一個人是富的，但是在另一種意義之下，也可以說人人都是富人。大家都很愉快地過活，沒有憂愁，也不用顧慮到他們自己或他們的子女將來或許要變爲貧窮。阿茅路是一個偉大的家庭，這裏面凡是能力比較強些的人們，對於能力弱的或不幸的人們，總是十分關切的。沒有一個人偷閒度日，也沒有一個人靠着無益的經濟企業過活。富人們不能取巧作弊或違犯公法，而去剝削窮人每日辛勞所獲的任何部分。那裏也沒有優閒的富人只想怎樣去保持不勞而獲財產，和怎樣壓迫貧窮，榨取脂膏。在阿茅路大家既不愛錢，其他的慾念也就沒有了。人民不愛金錢，那末也不會發生謀奪金錢的罪惡，像欺詐、偷竊、兇殺、陰謀等都不致出現了。同時，人類不拿自己的勞績而拿財富驕人的情形也消滅了。烏托邦的人民已克制了物慾主義，他們不致以貪錢而斷送生命。奢侈的習尙也是取締了，有閒階級都歸於淘汰了。社會上因此沒有極端的現狀。

人們受到崇敬，並非因爲他們的財富，而是因爲他們對社會的服務。（註一七）在上面所說的紀念堂裏面，凡是造福於國家社會的人們，都鑄像陳列，以垂永久的紀念，使大家追思他們的功績。

家庭是社會的基本單位，但也是父權制的。一夫一妻制的愛情，很是理想化。婚姻結合的雙方都很愼重，不隱藏任何缺德。姦淫是解除婚約的主要理由。夫婦雙方面，都應遵守同一樣的道德標準。愛情也許可以藉姿色而獲到，但是一定要靠美德和服從纔能保持長久。

教育

因爲沒有長時間的單調工作，所以在烏托邦中差不多每一個人都能維持他對於文化的興趣，並且終身嘗試着文化進展的滋味。他們有一種莊重的風俗，就是每天早晨有各種的講演，而各色人等均有出席聽講的習慣。（註一八）在正當職業完畢後所剩餘的時間，每人都從事於發展和潤色自己的知識。（註一九）差不多所有的公民都把業餘的時間，用以研究藝術和科學。他們認爲生活上最大的快樂，可以在學問上求到。烏托邦的人民總是好學不倦的。當然，每一個人都受到相當的學校教育。成人班和成人教育是阿茅路的公共學校制度中的特點。一個人不但要去求學以謀生，還得終身繼續去求學。因此，對於成年人和青年應該都有充分的公衆教育設備。

宗教的教育和實習，也認爲很重要的。在那殘酷無情排斥異教的時代，謨耳採取寬容的態度，在他敍述烏托邦的人民可以自由信仰任何宗教這一點上看出來。迷信是被禁止的。謨耳看見了僧侶的神聖不可侵犯而人數又少，因此很機巧地加以攻擊。（註二〇）他不贊成苦行的宗教或修道院的宗教。他認爲未來的幸福，最好由自己勤敏工作和服務社會而獲得。（註二一）對於公衆的服務，像幫助病人等，是宗教上所着重的。

戰爭

戰爭是野蠻的。阿茅路的人民與其他各國人民的態度相反，認爲戰爭和殘殺是最不光榮的一樁事。（註二二）謨耳在十六世紀的時候，極力攻擊戰爭，他所表現的勇氣，是顯而易見的。

但是，在相當條件之下，戰爭也是正當的。謨耳認爲照下面這三種理由，是很應該宣戰的：（一）捍衛自己的國家，（二）保衛友鄰，（三）救濟被壓迫的民族，使脫離專制的束縛。（註二三）

這幾個理由都偏於自衞一方面的——在當時侵略的戰爭很是普徧，所以他能這樣提倡，很是特出的了。關於侵略的戰爭，他認爲只有一種理由是對的，就是一旦有一部分人民把持了土地又不去耕種以養人類，那末，爲了社會起見，應該將這土地奪過來。（註二四）謨耳用這種方法，很嚴厲地指斥那些大地主擁有許多土地只求個人的滿足。

在戰爭時，可以僱用傭兵或臨時募集的兵士。阿茅路的人民總是僱用森林中間的野蠻人種，替自己去打仗。這種野蠻人殺掉愈多，對於世界的幸福愈好。

謨耳反對徵兵制，平常總不強迫任何人去打仗，因爲在這情形之下，他一定不盡力作戰的。但是，如果要捍衛阿茅路的時候，膽怯的人們都分配在勇敢的人們裏面。在作戰時，阿茅路的人民不許兵士去蹂躪敵人的地方。也不能搶掠或焚燒糧食。非武裝的人民也不應加以殺害。

刑罰

謨耳的刑罰觀念很合乎近代化。他指明對於偷竊和殺害同樣治以死刑是錯誤的。因爲這種處置，使人以爲偷竊、劫盜和殺害都是一樣；而比較合理的法律之下，許多案件都不過是偷竊。以死刑懲治偷竊的法律，比較摩西的一眼抵一眼，一命抵一命的法律，更加殘酷，因爲前者是以使政府將偷錢的竊賊也拿生命來抵償。在烏托邦中，竊賊捉到了就迫他將偷的東西返還原主，不像當時很多的國家，將東西沒收。同時應該罰這竊賊服役，並不將他關禁在監獄裏面閒着。强迫的工役是一種很普徧的刑罰方法。（註二五）

謨耳所主張的刑罰基本原理，認爲應該除去犯罪的動機，以防止犯罪行爲的發生。（註二六）他申斥當時英國的情形，平日縱容怙惡，等到在這惡劣的環境中犯了過失的人，就加以懲罰。他更反對强迫有職業的人們去充任軍役，後來又不負責地把他們遣散，讓他們流落失業，被誘而有偷竊的行爲。謨耳的格言是教導人民以生活的方法，不要讓他們偷竊而處以死刑。在烏托邦中，生活大都平均分配於這五方面：工作、學問、音樂、旅行、家務。

在烏托邦這一部著作中，謨耳間接地批評英國當時的情形。他自己表演着一個精幹的社會學者。他的觀念是很新穎的。總之，烏托邦這一部書，不僅對於社會理想家，就是對於實踐的思想家，都予以深刻的印像。這一部書銳敏地批評罪惡性的而且根深蒂固的社會積弊，可算是一種創作；在它以後雖有很多的模仿作品，但是總比不上它的實質。

其他理想社會

培根(Francis Bacon——西曆一五六一年至一六二八年)在他的新西方樂土(The New Atlantis)這一部書中描寫了一個理想的島國但是這描寫的文字沒有完全在這理想的島國上有高度的社會幸福，而且以科學教育謀拯救社會。並有一所益智會(或學術研究社——Order of Society of "Solomon's House")每十二年派遣一批有知識的商人，赴各地旅行，爲期十二年，從事搜集科學和藝術的材料。(註二七)等到第二批的旅行學者出發時，他們纔回來，貢獻所得到的知識，同時由許多有訓練的實驗家和研究家加以整理充實。飛機、不用馬的大車和潛水艇等，在這部新西方樂土書中，都已經述及。迷信也是被擯棄的。社會的知識足以達成社會化的國家——這是培根所含示的。

康貝納拉(Tommeso Campanella——西曆一五六八年至一六三九年)是意大利的僧人和哲學家，與培根同時。他主張研究人性應該比較書本更重要。人家認他是邪說異端，因此康貝納拉就被監禁在牢獄中二十七年。他出獄後不久就逃到巴黎，後來也死在那裏。他在獄中的時候，著了太陽的城(City of Sun)這一部書，對於社會作一種粗簡而重要的心理分析。他的社會組織是根據於三種原則的平衡關係上，這三種原則是權力、知識、愛情。這三種勢力是平均表現於社會過程中，而產生一個完善的社會。

哈林頓（James Harrington——西曆一六一一年至一六七七年）所著的一部羅曼司，名稱是奧新那(Oceania)或夏夜政治夢(Midsummer Night's Dream of Politics)他所描寫的社會制度是根據於經濟的原則，至要的是土地。但是他也主張統治官吏，應以投票選舉，每三年一次，其被選人當自優秀的知識分子中揀擇。

在本章內，不能把所有的一切『烏托邦』都敍述到，社會主義者——像傅立葉(Fourier)、聖西門(Saint Simon)和奧文(Awen)等——的烏托邦制度和共產制度，在下面第十四章內再行敍述。此外還有其他很重要的烏托邦作品，好像莫理斯(William Morris——西曆一八三四年至一八九六年）和柏郎梅(Edward Bellamy——西曆一八五〇年至一八九八年）的著述等。在莫理斯的烏有鄉的消息(News from Nowhere)裏面，這位英國的藝術家和社會學者描寫他祖國英吉利，在社會主義統治之下，成爲一個完善的社會。柏郎梅的回顧(Looking Backward)這一部著作，因爲是用美國的背景，所以在下面稍爲詳細地敍述一下。

『回顧』

近數十年來，柏郎梅的回顧和平等(Equality)這兩部描寫理想的烏托邦的著作，已成爲普遍的讀物。著者是第一個美國人去注意到烏托邦的思想方面。柏郎梅貢獻了一種全國的工業組織計畫，使人人都平均分到勞力的收穫，即公共的收入；這種方法很像人類共同享受大自然的贈與物一樣。柏郎梅反對一種經濟組織，它的最大弊害可以拿這一句問話來概括的：一個人如果要向旁人去請求工作或生活的權利，或向旁人手裏去要麵包吃，他怎樣能够自由呢？

社會是像一座絕大的車輛，裝載着民衆走着崎嶇的和沙土的道路前進。最好的座位是在車輛的頂上，但是坐在這優美的位子上的人們時常會怕從他們的舒適、雄偉和權勢的坐墊上跌下來——所以他們要關心着辛苦的車夫們。

在回顧這一部書中，整個的社會過程可以拿服務二字來代表。服務是一種當然的事情，不是強迫的。大家所最注重的業務，就是爲維持公衆生活的工商業，其他任何業務都比不上這一項基本重要。（註二八）因此，倘拿工商業委託給個人管理而爲個人牟利，是一樁愚笨的事情，『好像拿政府的機能完全斷送給國王或貴族，以博他們個人的滿足一樣』。

賣和買都被認爲反社會性的，因爲是教人自私自利不顧旁人的損失。（註二九）人民受到了這種教育，一定不會養成高尙的人格的。（註三〇）他們大都受貧困的恐懼和奢侈的嗜好這些動機所刺激。要替代賣買行爲，就得用登帳法，這種帳簿在任何公共貨棧都可適用。並且要拿名譽、旁人的感謝、責任心、愛國心和自己對於工作優美的滿意等作爲行爲的動機，以替代高率的工資——換言之，這上面所說的動機，差不多和現在教育界裏面的人所感覺的一樣。

各種職業的苦樂應該平均，使得任何職業都能吸引人們。工作時間的長短當與職業的難易互相調劑。（註三一）每一個人先得做了三年普通的工作，然後自己擇定一種職業——譬如農業、工業、自由職業、藝術等。每人工作的年限以二十四年爲度，就是從二十一歲到四十五歲。過了四十五歲以後，各人可以專心修養或優遊自得，但一旦遇到特別事故，得臨時招集爲工業或社會服務。

柏郎梅反對個人主義，因爲它使了人民不合作。他所主張的社會是建築在種族和人類的團結上。他認爲如果社會上沒有貧富，沒富人去給賄賂，也沒有窮人來收受賄賂，那末就不用愁社會上有腐化的情形了。（註三二）一切遺傳性的罪犯，都送到醫院中去治療。在那兒是沒有監獄的。資本主義的情形之下，二十分之十九的罪犯，皆由於經濟的不平等。其餘是爲祖先特質的遺傳。在柏郎梅所假定的社會中，沒有私產的爭執，也沒有律師。

回顧這一部書中所主張的教育制度，不使一部分人受高度的教育而使其他一部分人一些也受不到教育。它是使每一個人都享受最完善的教育，以求大家都自己享樂，彼此互相享樂，並保證未來的子女得到聰敏和優美的家教。

柏郎梅認爲人類的本性，在大體上看來，是善的，不是惡的。在天性上人類也是寬宏大度的，不是自私自利的；是悲憫的，不是兇暴殘酷的；具有聖潔的意向，受至善的和神聖的意識所衝動，是上帝的縮形，並非假意摹仿。（註三三）不過現在的經濟制度，造成人類無恥的妄自尊大，互相攻訐，詭譎雜亂，及助長了厚顏求乞的惡習。

在三個烏托邦中，威爾斯（H. G. Wells）所描寫的社會狀態，是動的而非靜止的，是世界性的而非限於地域範圍的。（註三四）作者貢獻了一種社會主義化的經濟新制度，同時主張大家對於社會的態度也應更變。像柏郎梅的回顧、威爾斯的現代烏托邦（A Modern Utopia）和其他類似的近代作品，不完全是理想的。比較早先的各種烏托邦，是切實得多。這許多近代作品，一部分利用了進化和發展的原理，敍述現實的人類習性。

烏托邦可以視爲『世外桃源』(World of Escape)我們生活在兩個世界裏面——一個是現實的世界，裏面有種種缺點；另外一個是理想的世界，裏面將所有的缺點完全糾正。烏托邦是爲補救世道而努力的產物。它使我們在這現實的世界中容忍着。(註三五)這些烏托邦的性質，是指示我們現實世界的缺點。它是時代的鏡子，反映作者當時的社會，但是時常有些過甚其詞。照這樣看來，烏托邦也是很眞實的。

各種烏托邦都表現着改造社會的重要原素。更值得注意的，就是它們差不多完全採用都市的形式，而且主張着近代的都市設計。當然有許多烏托邦裏面都發現着新的經濟制度，而且有各種新穎的重要發明品。

烏托邦的基本精神是『社會是可以改良的，並可使之實現合乎理性的理想』。(註三六)烏托邦是一座實驗室，以研究如何藉社會的理想而改良社會。烏托邦總是『向前瞻望』的。黑茲爾(Hertzel)認爲：(註三七)烏托邦的作者們是對於現實一切事物充滿着純潔的不滿意；他們是時代的批評家，用尖銳的譏諷，宣傳理想的未來社會；他們是富於建設的思想和創作力，抱有高尙的信仰；他們也是社會理想主義的最重要的傳達者。

烏托邦社會思想的優點是：(一)對於當時社會的罪惡作嚴厲的批評，(二)對於當時的時代比較沒有破壞性，(三)具有間接的暗示力量，(四)易於普遍地宣傳，(五)合乎社會的理想主義。烏托邦往往走在時代的前面，因此它是足以引起對於社會的預測。它們不僅是完善的政治生活、經濟生活和社會生活的國家，而且也是精神生活的國家——這種國家並不立即可以成功，但足以鼓勵大家努力進取。無論我們是想到宗教的烏托邦——如希伯萊人所擬議的或『上帝的天國』或社會的烏托邦——如柏拉圖的理想社會或謨耳的重要著述或社會主義的烏托邦——如勃郎(Blanc)或傅立葉的著述或新的烏托邦——如柏郎梅的回顧或威爾斯的現代烏托邦；——總是存着強烈的社會徵象和希望的。

在本章所述的烏托邦社會思想中及本章未曾說到的許多烏托邦中，普通都有下列幾點：（一）一種普遍性的弱點，就是它在當時情形之下，不能切實實行，（二）偏重經濟制度的改革，（三）它的原則是固定的而非活動的。

照黑茲爾的批評，（註三八）烏托邦的作品大都忽視了下列各重要點——社會的進步，需要廣義的健全的『物理的基礎』；應從實際的情形着手；認淸生活是永遠在掙扎的；應該明瞭他們的理想國家不一定是改進社會的最後目標；也應該知道完善的社會狀態是很難達到的。

社會的理想

『他們的議會裏遵守着一條規則，就是當日提出的事情不能在當天辯論，大都到下一次開會時再討論；這樣可使人們不致躁急，或因了時間急促，驟然取決，而有畸輕畸重的弊病；不然也許他們既不諮詢公衆的意見，反去設法迴護自己的偏見，枉曲求直，荒謬乖誕，不僅損失個人的名譽，且危及國家；或是他們最先所提出的權宜辦暮疲於勞役，像牛馬一樣，簡直成爲奴隸——這情形在別處的工人們中間都有，惟烏托邦人不是這樣。烏托邦人將日夜分成二十四小時，指定工作六小時，在午膳前後都休息三小時，吃過了晚飯在午後八點鐘卽入睡，睡眠的時間佔八小時。在工作、飲食和睡眠以外的時間，各人可以隨意做什麼，不過他們並非將餘暇的時間浪費在奢侈和懶惰的生活上，大家都得依照自己性之所近，做正當的事情——大概總是讀書。每晨在天色未明的時候，通常總有各種公共的演講。這種講演，除掉專門學習文學的人們以外，並不勉強大家都去聽；但是有許多男男女女，不分職業，都自己揀性之所近的演講，每天去旁聽。如果有一部分的人們不喜歡思想的生活，他們情願利用工餘的時間，去爲國家服務，這非特不受阻止，還得到鼓勵。在吃過了晚飯以後，大家都休息一小時，夏天大都到自己的花園裏去，冬天就在會食堂裏面，彼此娛樂，有人喜歡音樂，有人喜歡閒談」。

「我從沒有看見過不同的人民對於不同的風俗，抱着絕然相對的印象，有比我在阿茅路島所看到阿納木立（Anemolians）的大使來時的情形更厲害了。這許多大使既然是爲了重要的事務而來，阿茅路幾個市鎮上的代表都集在一塊兒去迎接佳賓。烏托邦鄰近各國的大使知道這地的風俗，這地的人民都看不起精緻的衣服，卑視絲的東西，而認爲金飾是表示不名譽的，所以他們來的時候，穿得很樸素。可見阿納木立的人民離這地很遠，平常也很少商務的往來，因此認爲阿茅路人穿的是粗布，而且大家都一律如此，就當作他們不穿着好的服飾，是沒有這種東西的緣故。阿納木立的人民是富於虛榮而愚笨的，就決定於來的時候，大擺仗儀，裝飾得像神仙一樣，以便拿這種盛容誇示於窮苦的阿茅路人之前。所以三個大使帶來了一百個侍從，都穿了五光十色的絲錦；大使自己是本國的貴族中人，更是滿身金飾，掛了粗大的項練，戴着耳環和金戒，帽子上盤着金圈，鑲滿了眞珠寶石，總之，他們所有的服飾，在烏托邦人都是給奴隸的標識，是代表不名譽的，或是小孩子們的玩物。

「這是很好看的，在一方面自以爲富有的習氣比諸衣服樸素而來歡迎他們的烏托邦人，模樣兒格外氣概；但是在另一方面，他們這種仗儀，給人誤會而失去它的作用。這情形是看來很滑稽，烏托邦的代表認爲他們國內從沒有這種紛擾，而且不知道別的國家的習慣，誤認衣服比較得簡單的是外國的大使們，對之表示相當敬意，但是看到大使本身穿戴了金飾項練，以爲都是奴僕，一些也看不起他們。那裏許多小孩子們，有的已經長大了，知道厭棄自己的玩具，擯除珠寶等物。這許多小孩子們叫着他們的母親，推着她們去看，而且喊着：「看呵，這樣大的笨伯，還裝戴着珠寶，彷彿他們仍是小孩子呢」！他們的母親也不在意地回答着：「你們不要鬧，這許多我想是大使的奴僕」。還有其他的人們也去批評那種項練的式樣，認爲它是沒有用的，因爲太細弱了，不够去束縛奴隸，奴隸們很容易掙扎脫斷，而且縛得鬆鬆的，容易將它拿開，所以就動手將這項練替他們除下。

「後來大使們在這兒住了一天，看見人家屋子裏堆着多量的金子，這種金子之被輕視，和被重視一樣，而一個奴隸身上戴的金銀項練和腳鐐，比大使們所有的一切飾品還要多。這樣以後，那大使們的驕矜之氣就消失了，而且覺得自己所認爲可寶貴的光耀，是多麽可恥的，因此也將自己身上的金銀飾品除下來。這是在他們和烏托什麼希罕眞珠寶石的光澤，這光澤是屬於可疑的價值，比諸人人可以看到的明星或太陽是差得遠呢他們也覺得爲什麼人們寶貴精緻的衣服，因爲無論衣料是怎樣細，它在早先一樣是羊身上的毛，完全沒有高低區別。他們聽到人家都珍貴這本身毫無用處的金子，總覺得奇怪；爲什麼使用金子的人類，反不及它貴重呢」。

「他們的法律很簡單，因爲他們的組織上用不到很多的法律。他們指斥別的國家，有各種法律和許多解釋，積成巨帙。他們覺得強迫人們去服從多量的和每人不易披覽通曉的法律，是很不合理的。

「他們也沒有律師，因爲他們認律師的職務是去改換事實和曲解法律的；所以每人最好自己爲自己伸訴，而待法官的裁判。在別處的人民總是信託律師的」。

「他們反對戰爭，認它是殘忍的行爲。人類的好戰甚至過於禽獸，這是人類的罪。他們和其他各國人民的意見反對，以爲從戰爭獲到的光榮是最不光榮的。那末，他們雖是天天受軍事訓練和遵守戰時紀律——不僅是男子，連女子也是這樣訓練，以便需要的時候，女子不致毫無用處——但他們從不冒昧和人家啓釁，只是去抵禦無道的侵略者以捍衞自己或友人，或者是爲了悲憫起見，迫於正義而去拯救被壓迫的國家，使脫離專制的樊籠。他們幫助友人的時候，不專是保守的戰爭，而也作進攻的戰爭的；但是他們事前一定先考慮過，並認爲自己的理由是充分滿意，而自己所提的要求又都被人拒絕，因此不得不訴諸戰爭，然後纔決裂的。如果一個鄰國公然侵略了另一個國家，飽掠而去，這是被認爲很正當的宣戰理由。如果某一國的商人受到別國的壓迫，不論其藉口不合理的法律或惡意地曲解良善的法律，這是被認爲更正當的宣戰理由，因爲商人所遭受的損害，多少是在法律色彩之下所施的」。

討論要目

（一）創作烏托邦的主要原因。

（二）謨耳時代的英國社會情形。

（三）謨耳的烏托邦之技巧、形式和背景。

（四）使每一個公民都有一種職業的價值。

（五）謨耳主張防止急促的立法之保障。

（六）謨耳對於失業的救濟方法。

（七）烏托邦對於法律與律師的態度。

（八）謨耳的住宅觀念。

（九）烏托邦人對於服裝的習尙。

（一〇）對於飾品的態度。

（一一）追求財富的反響。

（一二）烏托邦人對於文化的態度。

（一三）烏托邦人在什麼情形之下纔行戰爭。

（一四）烏托邦人僱用傭兵的理由。

（一五）謨耳對於刑罰的基本觀念。

（一六）謨耳的烏托邦之主要成就。

（一七）培根的新西方樂土之社會思想格言。

（一八）康貝納拉的太陽的城市之組織。

（一九）柏郎梅的回顧中有怎樣的基本問題。

（二〇）社會怎樣和龐大的車輛相似。

（二一）柏郎梅的分工方案。

（二二）回顧的教育制度。

（二三）烏托邦的弱點。

（二四）烏托邦社會思想的優點。

附註

（註一）辛潑生（George Simpson）編：謨耳的烏托邦（The Utopia of Sir Thomas More），一九一〇年倫敦佩爾公司出版，第七五頁。

（註二）辛潑生編：謨耳的烏托邦，一九一〇年倫敦佩爾公司出版，第一〇四頁。

（註三）辛潑生編：謨耳的烏托邦，一九一〇年倫敦佩爾公司出版，第一一一頁。

（註四）辛潑生編：謨耳的烏托邦，一九一〇年倫敦佩爾公司出版，第一五三頁。

（註五）辛潑生編：謨耳的烏托邦，一九一〇年倫敦佩爾公司出版，第八四頁，又第九三頁。

（註六）辛潑生編：謨耳的烏托邦，一九一〇年倫敦佩爾公司出版，第一三五頁，又第八四頁。

（註七）辛潑生編：謨耳的烏托邦，一九一〇年倫敦佩爾公司出版，第九七頁。

（註八）辛潑生編：謨耳的烏托邦，一九一〇年倫敦佩爾公司出版，第九二頁。

（註九）辛潑生編：謨耳的烏托邦，一九一〇年倫敦佩爾公司出版，第八八頁。

（註一〇）辛潑生編：謨耳的烏托邦，一九一〇年倫敦佩爾公司出版，第九〇頁。

（註一一）辛潑生編：謨耳的烏托邦，一九一〇年倫敦佩爾公司出版，第九六頁。

（註一二）辛潑生編：謨耳的烏托邦，一九一〇年倫敦佩爾公司出版第一一〇頁；又培根著：新西方樂土（理想的國家專集）一九〇一年，柯理爾公司(Collier)出版，第一二五頁。

（註一三）烏托邦，第一三一頁。

（註一四）烏托邦，第九三頁。

（註一五）烏托邦，第一一五頁。

（註一六）烏托邦，第一一七頁；又康貝納拉著：太陽的城市（理想的國家專集），一九〇一年，柯理爾公司出版，一五七頁。

（註一七）辛潑生編：謨耳的烏托邦，第一七四頁。

（註一八）辛潑生編：謨耳的烏托邦，第九五頁。

（註一九）辛潑生編：謨耳的烏托邦，第一〇一頁。

（註二〇）辛潑生編：鐵耳的烏托邦，第一七五頁。

（註二一）辛潑生編：鐵耳的烏托邦，第一七四頁。

（註二二）辛潑生編：鐵耳的烏托邦，第一五三頁。

（註二三）辛潑生編：鐵耳的烏托邦，第一五四頁。

（註二四）辛潑生編：鐵耳的烏托邦，第一〇三頁。

（註二五）辛潑生編：鐵耳的烏托邦，第一四〇頁，又第一四一頁。

（註二六）辛潑生編：鐵耳的烏托邦，第六七頁。

（註二七）培根著：新阿方樂土（理想的國家專集），一九〇一年，柯理爾公司出版，第一三五頁。

（註二八）柏郎梅著：回顧，一八九八年，葛啟塞·鄧拉潑公司 (Gross & Dunlap) 出版，第五七頁。

（註二九）柏郎梅著：回顧，第八八頁。

（註三〇）柏郎梅著：回顧，第八九頁。

（註三一）柏郎梅著：回顧，第六七頁。

（註三二）柏郎梅著：回顧，第一九二頁。

（註三三）柏郎梅著：回顧，第二八七頁。

（註三四）威爾斯著：展望 (Anticipation)，人類的演進 (Mankind in the Making) 及現代的烏托邦。參考現代的烏托邦，一九〇五年，史各列勃納公司出版，第五頁，又第一一頁

（註三五）孟福特 (Lewis Mumford) 著：烏托邦小說 (The Story of Utopias)，一九二二年，白尼·拉夫拉脫公司 (Boni and Liveright) 出版，第一一頁。

（註三六）黑兹爾著：烏托邦思想史，一九二三年，麥林書局出版，第三頁。

（註三七）黑茲爾著：烏托邦思想史，一九二三年，梅林書局出版，第二五九頁。

（註三八）黑茲爾著：烏托邦思想史，一九二三年，梅林書局出版，第一〇章。

第十一章　個人主義派的社會思想

文藝復興運動開始的時候，傳統觀念和武斷主義，支配着人類。但是間或也有些人看出是種束縛的性質，偶然地發出要求個人自由的呼聲。佩脫拉克(Petrarch)大膽地說：『世界是為人類享樂的』。早期的條頓民族粗淺地發現了個人自由的觀念。在法國掀起了一種運動，積漸而成天賦人權和『回到大自然』等學說。英國所着重的個人主義(Individualism)，益見根深蒂固，迄今還是存在於勢力偉大的傳統主義裏面。美國也是相當地建立於天賦人權的學說上的。

馬基雅弗利

意大利有一位與談耳同時代的人物——馬基雅弗利(Niccolo Machiavelli——西曆一四六九年至一五二七年)，在許多方面彼此是絕對不同的。他打破了傳統的觀念，而得着一個渾名：『現代科學的加利略』(Galileo of Modern Science)。很不幸的，許多人提起這位意大利的學者，總是連想到他的名字——馬基雅弗利——所牽涉的另一意識，即政治上的陰謀。馬基雅弗利享受這種名譽當然也有相當理由，但是大家應該也拿另一種目光看他。他是解放了當時牢不可破的因襲思想，而主張一切事物不一定要依據神的意旨的。這種學說雖是危險的，但是在當時的人民受政教兩重專制勢力支配之下，它也發生一種有用的和建設的作用。馬基雅弗利並不是一位眞正的理想家，但是他和普通人民混在一起，到各處旅行，研究實際的情況。他宣稱大家應該考察人民的實在情形，不能專依據關於他們的謬誤學說。

馬基雅弗利比所謂歸納法或科學研究法的創始人培根早生百年，已經在觀察人類的實況，而根據這種觀察，以求他的結論。他相信不能以抽象的倫理或不切實的理想來指導一個人的行為；而他說這句話的時候，有反對專制勢力者即以拘禁、放逐或死刑論罪。馬基雅弗利從抽象的倫理轉向極端具體的便宜主義。他自己生活和縈念於當時的一切變亂中，因此他的榜樣就是表示一個人在危迫時的激烈反抗，缺乏對於根本問題的穩健思想上所應有的廣博見識。

馬基雅弗利有關於領袖地位及政府的著作。他主張無論專制政治或民主政治，應依照時代和當地的情形而定。他在君主篇（Prince）這本書裏面，很眞切地描寫一個擁有絕對權威的領袖之特色和方法。在談言篇（Discourses）裏面，他又述及民主——共和式的領袖地位和統治法。

從自己主義的意識上說，成功的君主或領袖，一方面為人民所愛戴，一方面為人民所恐懼。（註一）偶然他也用強力，或甚至運用欺騙手段。有時候他不去消滅人家，就會給人家消滅。他必須廢除舊的法律，而制定新的法律以適應社會情形。在他自己時常希望被人民認為是仁慈的而非殘酷的。他運用着博大的惻隱心，以防止社會的紊亂，而免發生劫盜和兇殺等情形。（註二）然而他對於忘恩負義和虛偽狡詐的人們，絕不寬恕。他是有堅強的意志他或者是一位誠摯的朋友，或是一個寬大的敵人。他也是父權主義化的，主張他的臣民足衣足食而有良美的生活，（註三）藉此以博得和維繫人民對他的愛戴心。在國際交涉方面，他是運用猛烈的手段，充分地防衞自己的城市和國家，維持國內的安全，以達繁榮的境地。（註四）但是馬基雅弗利在他的基本哲學上，認爲凡是謀國家福利的任何計畫或行動，代表着最高的威權，總是適宜於社會的，這種見解是完全錯誤的。總之，馬基雅弗利在許多方面，是墨索里尼（Mussolini）的前驅者。

列祈登勃吉(J. P. Lichtenberger)專意研究了馬基雅弗利主義以後，作一個很有價值的結論：『馬基雅弗利對於社會和政治的見解，脫離假設玄想的園地，而轉向歸納法的觀察方面求答案。因此馬基雅弗利對於社會哲學的主要貢獻是在乎他的方法而非他的材料。他的嚴酷的經驗主義指示了社會思想的趨勢，這種趨勢演進而成社會分析和社會制裁方面的歸納研究法。』（註五）馬基雅弗利的便宜主義的哲學，遮蔽了他的比較有價值的理想主義哲學。他的哲學受到指摘，是『咎有應得的。』『它是人類從野蠻到文明，從自然衝動力的社會到眞正倫理基礎的社會，這種掙扎過程中的殘跡……他的倫理的機會主義是一種公安委員會式的。』（註六）

培根

培根對於烏托邦社會思想的貢獻，已在前面一章裏面敍述過。他注重歸納法的推論，這是使許多社會思想家都感他的厚賜的。他幫助人們脫離教條和迷信的束縛，而使大家有一種獲得個人自由的新意義之技巧。一個人要想使自己得到解放，必須擯除他的非理性的成見，無論這是屬於社會遺傳的或個人所有的。他應該避免種族的偏見，就是用人類的目光觀察人生和宇宙而發的偏見。這種成見是人類所常有的——這就是『種族的偏見』（由人性所生的偏見。）在另一方面，一個人應該避免純粹個人的私見，他所抱的私見大都因爲他自己個人的特殊經驗所致，而使他與公共的經驗相隔閡——這就是『穴洞內的偏見』（由個性所生的偏見。）

此外還有『從言語所生的偏見』，使一個人對於言語和文字有不適當的依賴。『從哲學理論所生的偏見』是因襲的思想方式。培根的格言是：『你要明瞭事物的眞相，那末對於你自己和旁人的偏見，當儘量地避免。』一個人摒除了偏見，就可以搜集事實，將它們分門別類地整理，以求結論，然後依照這樣所得到的公例而進行。學問可以產生力量。社會的學問所產生的力量，是以改善人類的生活情形，使許多良善的社會統制法都有實現的可能。所以培根就這樣地啓發個人進步的途徑。

但是過度的個人自由足以破壞政府和社會的制度。如果每一個人都是獨斷獨行，就成爲無政府狀態，妨礙社會的進步。因此，這裏發生了一個問題，就是：怎樣可以使許多自由的個人結成社會而又不犧牲大家的自由？對於這問題的答案，已引起社會契約上的紛爭——就以個人爲單位而訂立的契約或協定，以組織和維持社會。這項紛爭先是發生於十七世紀，而紛爭的情形到了十八世紀愈加劇烈。

霍布斯（Thomas Hobbes，西曆一五八八年至一六七八年）是英國一位傑出的社會哲學家他對於社會的分析，認爲人類是自私自利的，妄自尊大的，和耽於安樂的。個人是一種獨立的中心對於旁人的關係是根據他們的能力怎樣適合自己的利益而定他和他們在生活都需要；所以彼此互相競爭而發生衝突。這種繼續的爭鬬，是對於兩方都帶着破壞性和造成難堪的情形。（註七）結果，每個人就願意將自己所寶貴的和不肯放棄的權利之一部，給予一種中央的權威者或主權者，這方面的命令，就成爲法律，以爲一切行爲的準繩。這樣的辦法，使彼此的爭鬬和因它發生的恐懼，都可以一種相互的契約來替代，這種的契約，是由公衆同意將主權交給一個統治者。但是霍布斯這主張就遇到一個兩難的情形，就是一方面他要擁護一個專制的政府，另一方面他又要反對他所憎厭的君主神聖。霍布斯在思想上打破君主神聖的觀念，這是一種很有用的貢獻，但是最後他又主張一種非平民主義的政治獨裁。霍布斯是將人類性的和堅定的威權給予君主。不過它認爲這君主的主權是從人民方面得來的，並不是從神權出發的。

在自然狀態中，『各個人對於任何東西都有相當的權利，』就發生『彼此爭鬬』的情形；霍布斯放棄這種研究，而轉向非平民主義的極端制度。他受了清淨教的薰陶，所以他的社會思想，發生不適當的嚴酷性。清淨教主張完全消滅人類的野蠻性，而最後還得廢除君主的制度。霍布斯並沒有深刻地分析人性的本能基礎。他所著的鯨說是依據人類的天性造成社會，以堅強的中心勢力將各分子團結起來——這就是他所理想的完善社會。

斯賓諾莎

斯賓諾莎(Baruch Spinoza——西曆一六三一年至一六七七年)是住在荷蘭的一位葡萄籍的猶太哲學家。他改進了社會契約的觀念。他相信人類的性情本來是反社會的和喜歡戕殺的，僅賦有幼稚的社會衝動。所以人類並非天性就是惡的，不過是反社會的。社會組織的造成是爲了『個人』的利益和光榮，它是由許多『個人』起來維繫，以免除漫無限制的衝突所造的災禍。大家用契約訂明將主權交給統治者；但是如果統治者濫用這主權，應立卽將它交還人民。這種民主政治的概念，遠勝於霍布斯的觀念——認爲人民將主權交給國王，而國王儘可成爲一個不負責的專制君主。

洛克

洛克(John Locke——西曆一六三二年至一七〇四年)更是加強了社會契約的學說，盡力闡明這種觀念：就是無論何時國王變爲暴君，主權卽歸還人民。他主張『個人』在自然狀態中行動完全自由，不用向任何人請示。(註八)這種自由狀態並不是允許『個人』妨礙旁人的自由。(註九)自由狀態應受自然規律的統制。人類既然是一律平等的，所以沒有那一個人可以侵犯他人的自由和所有權。

的正當表現，而且也是『個性』所必需的。

一切是非不能由統治者或國家來決定，因爲在社會發展以前，是非早已存在了。這裏就表示洛克的清淨教主義。他注重道德的價值。他也認爲『個人』的天賦權利是高於一切的；『個人』甚至可以推翻政府，而仍不超越他們自己的權利。

洛克的贊成革命，可算是他最驚人的學說了。他提倡着政府應該以人民的福利爲目的，人民不可屈服於專制政治之下，任何人不依公理和法律而施用強暴，即是受他影響的全體人民之公敵，而在這種狀態之下，人民就應起來抵抗以保衛自己的權利（註一二）——這種論調給平民聽了，試想他們的情緒一定會怎樣緊張呢。還有一層，人民也有權利可以行使最高的社會力量，以革新法律而授給新的執政者。洛克用這種勇敢的言論，造成了新的輿論，引起平民心理上新的精神力量。

重農學派

十八世紀的中葉，『個人自由』的概念，已凝結而成『個人的天賦權利，』獨立的『個人』們中間的社會契約關係，和政治學上的放任主義等學說。重農學派（Physiocrates）採取天賦自由和經濟自由的觀念，於西曆一七五〇年以後的三十年間，在法國佔着絕大的勢力。這一派的領袖是揆內（Quesnay）、谷納（de Gournay）、康多塞(Condorcet)和塔哥(Tugot)。他們相信有一種自然律支配着人類的生命，好像自然律支配着物質界一樣。他們抨擊社會的種種束縛。在自然律之下，每一個『個人』享有天賦的人權，其中最重要的就是在不侵犯他人的權利範圍內，可以自由發展自己所有的本能。重農學派不像洛克和其他英國的思想家那樣承認『個人自由』的觀念，而主張這種天賦的自由不能爲社會契約所剝奪。

依照重農學派的主張，政府統治的主要作用是要保持『個人』的天賦自由。工商業不應由政府統制，因爲這種統制足以妨礙一部分人——大都是雇主——的權利。在另一方面，被雇者一旦遭受暴厲的僱主的不平待遇，可以自由辭退而另向寬大的僱主那裏去找工作。因此，不公道的僱主就雇不到工人，而勢必停止不平的待遇——用不到政府統制的。同樣，一個不誠實的商人自會失掉顧主，而不得不變爲誠實，否則就得關店——也是用不到政府統制的。重農派所以爲人稱道，是由於他們有名的新名詞：放任(laissez faire)和放棄(laissez passer)。

盧梭

盧梭（Jean Jacque Rousseau——西曆一七一二年至一七七八年）是富於才能而具有質疑的個性，成爲最著名的社會契約觀念的提倡者。雖然他主張家庭是一種社會制度，並贊美父道，但是他自己反將子女送到慈幼教養院裏去。他輕視文明上的分化質素，而主張應該返歸大自然的渾樸生活。在他的主要著作——社會契約論和愛米爾（Emile）裏面，他極力抨擊文明。他認爲文明差不多毀壞了天賦的人權。他的格言是『信任自然。」

照盧梭的意見，人類早期的生活，是純樸愉快，近乎理想的。戰爭和衝突都比較的不會發生。但是在他晚年的著作中，盧梭也稍些變更了自己的主張，而認為由原始人類的紊亂狀態，纔發生相當的社會組織之需要。在另一方面，他又相信文明足以產生罪惡，結果使社會遲早會墮落下去。社會上腐化的情形已經是很彰著的。社會的不平，也到處都是，而令人難以忍受。「人類生而自由，但入世以後便處處受到束縛。」人類為社會生活的虛偽性所包圍，為社會生活的錯雜紛亂所迷惑，就失掉幸福。

讓「個人」自由地實行他自己的計劃，不受複雜的社會規律、限制和責任等所束縛。沒有社會的制裁，也沒有威權存在，只聽諸大自然的主宰——就是需要。在愛米爾這一部書裏面，盧梭描寫兩個代表的人物，孤獨地住居在一個島上，度着快樂的生活。在那裏只有自由，並無威權的統治。愛米爾宣稱自由是與威權相反的，但討論家庭的關係時，又主張「婦女生來就是取悅於男子的。」愛米爾和蘇菲(Sophie)的生活是毫不自私而非社會性的，但超過了純粹的個人主義——成為無政府的和肉慾的生活。愛米爾並沒有表現盧梭自己的學說之優點，例如：「人是性善的，但因為制度的關係而變為惡劣了，」和「從大自然造物主手中來的東西都是好的，在人類手中的任何東西都變為腐敗了，」這一些言論。(註一二)

盧梭認為奴隸制度是錯誤的。(註一三)這種制度也是一種契約，不過犧牲奴隸，而為主人謀利益。在這種契約中，奴隸的主人說：我是遵守這契約，而你也得遵守這契約——以使我滿意為度。

強權並不產生公理。強權和公理不一定是相同的。雖然強權時常在表面上受到輕視，而在原則上它仍是成立的。因爲社會契約的關係，個人就失掉天賦的自由而獲得公共的和道義上的自由。（註一四）在這方面，盧梭只是陳述了十七世紀和十八世紀中流行的觀點。例如一六三五年麻薩諸塞殖民地（Massachusetts colony）的第一任總督溫塞洛潑（John Winthrop）很清楚地分出天賦自由與公共的和道義上的自由之區別。天賦自由是個人爲所欲爲的自由，可以爲善，也可以爲惡。公共的或道義上的自由，是神和人的契約下的自由，人和人的政治契約下的自由，也是道德律下的自由。這種自由只是限於做善良和正直的行爲。（註一五）

盧梭主張生命、自由和幸福的追求，是人類必不可少的權利。這種學說很深刻地影響於哲弗森（Thomas Jefferson）的思想，在他的美國獨立宣言（Declaration of Independence）裏面可以看出來。主權不是屬於一個統治者或君主，而是應該屬於一般的人民——這也許是盧梭對於社會思想的主要貢獻。

孟德斯鳩

在盧梭著述社會契約論以前，這社會契約的學說已經遭人被推翻過。孟德斯鳩（Montesquieu——西曆一六八九年至一七五五年）的著作，對於社會的和政治的過程，作很精密的分析。這種分析在好些地方很像亞理斯多德對於一百五十八種法規的分析。孟德斯鳩也討論天賦人權的學說，但是他並不相信人類在自然狀態下是彼此衝突的，因此不得不有社會的組織，以應付保障個人的需要。他認爲人類的結合是一種自然的先天趨向。

爲確證他這種信念起見，孟德斯鳩從當時尙還存在的野蠻民族的個人生活上，搜集各種事實。孟德斯鳩的學說顯然是與社會契約論相反的。

在法律的精神（Esprit des lois）這部著作裏面，孟德斯鳩分析許多國家的法律，以闡明這種法律與社會的和政治的情形之關係。他的大意說：法律是生活情形中的自然產物，並非形式的契約之產物。所以社會是自然的進化，不是契約的結合。

休謨

十八世紀中反對社會契約論的主要人物，也許要推休謨（David Hume——西曆一七一一年至一七七六年。）他是社會心理學的鼻祖。照休謨的主張，社會的起源不是由於理智過程所達成的契約關係；它是本能的。人類是社會性的動物。由這種社會性的基礎上，就發生性的本能，結果就造成家庭。性的本能以外，同時還有強烈的同情心，這同情心也是先天的，發展起來就成爲意識上的合作。人類並不完全是自私的，也會樂人之樂而憂人之憂，看見人家疾病死亡都會生惻隱之心。

同情心也像兩性的本能一樣，是人性和社會的基本原素。但是，同情心和兩性本能併在一起，並不足以維持家庭而不爲人類遺傳的自私心所破壞。所以一定要有社會組織和政治組織以限制人類自私自利的衝動。這樣，理智的制裁就成爲必需的，而且爲大家自覺地承認了。只是環境並不能使人民在某種社會內行動一致。惟有模

做力纔能造成集團的一致行動。(註一六)

人類大都爲『利益』所支配。想教人類計畫自己的利益和遵守一種普遍的和不變的法律一樣，是不可能的，所以只有遵守法律纔能維持社會，可以使他們不致墮入悲慘和野蠻的境地，這種境地普通是代表着自然的狀態。(註一七)

依照社會契約的原理，人民是希望得到保護和安全。如果遇到專暴和壓迫，他們可以解除允約而回復到未有政府制度以前的自由狀態。但休謨主張人民就是沒有成立契約，而在文明社會中，仍然需要政府的服從政府的義務，並不是從人民的任何允約而發生的。(註一八)

福開森(Adam Ferguson——西曆一七二三年至一八一六年)著的社會文明史論(Essay on the History of Civil Society)及羅馬共和國的興替史(The History of the Progress and Termination of the Roman Republic)認爲社會的制度和社會的習尙足以策動遺傳的社會性，而且他指明競爭和衝突是與社會的發展有重要的關係。貝因(Thomas Paine——西曆一七三七年至一八〇九年)主張人類在遺傳上就是有社會性的，而社會的組織是一種自然的發展。

重商主義

天賦人權的學說和因它而發明的個人主義，不但排斥着從它們本身演繹而成的社會契約論，並且還相當成功地創造重商主義(Mercantilism)這一種社會經濟的概念。重商主義是由政府管理工商企業的制度，以建設一個強盛的國家。重商主義在法國考柏脫（Colbert——西曆一六一七年至一六八三年）的著作裏面達到最嚴密的形式。在十六世紀、十七世紀和十八世紀的最初四十年間，重商主義風行於歐洲。它是從封建制度和城市式的社會中產生的一種制度。它使鄉鎮和都市聯絡而成統一的國家。在封建制度之下，每一個鄉鎮只顧到本地的工商業，以謀自己的進步而不問附近其他鄉鎮的利益。重商主義是使彼此聯絡而造成各處人民對於國家的忠順心。

在重商主義之下，國家支配着工業和金融，以造成富強的國家。貿易上求其出超，以增加國內的現金。有時公佈高的稅率，反不能達到所企圖的目的。稠密的人口是被認爲適宜於獲得低值的勞工，而有利於製造業，藉此發展對外貿易，增加現金——這是被認爲國家的實力。

十八世紀的時候，英、法兩國的重商主義受到放任主義的抨擊而致於衰微，這種放任主義與重農學派和亞當斯密的名字是不相離地連繫在一起。重商主義時常促成過於嚴酷的規則。它的設施往往迴護私人的權利而不顧及國家的要求。但是重商主義對於造成國家統一和忠心愛國的概念，也有極大的功績。

德國和奧國的財賦論（Cameralism）所代表的觀念，與英國、法國及歐洲西部南部方面的重商主義相同。財賦論的主要學者爲塞肯道夫(Seckendorf)、霍林（Horing）、賈斯第（Justi）和森納芾爾(Sennenfels)等。財賦論對於日耳曼國家的深刻勢力，比較重商主義之於英國是強得多呢。放任主義的哲學並沒有侵害財賦論。

在事實上，一八八〇年以前，日耳曼國家對於放任主義的哲學並未加以多大的注意，因此放任主義對它們也沒有發生深刻的印像。國家的自給自足，世襲的統治縝密規畫的內政，造成大家庭，以及國家幸福至上觀念——這許多概念支配了整個的德意志。

亞當斯密

亞當斯密（Adam Smith——西曆一七二三年至一七九〇年）原是一位經濟學家，而普通被稱為政治經濟學的鼻祖。他對於社會思想，有絕大的影響。他將修改了的天賦人權論，與同情論併在一起。他提倡個人的天賦權利，社會下層階級的天賦權利，和弱小國家的天賦權利。他極力攻擊重商主義的管理制度，同時他也反對不適當地促進國家中某一階級的利益，因為怎樣辦法，足以損害國內其他各階級和別的國家一切人民的利益。(註一九)他指出建設商人國家的謬妄，因為這樣足使一國的政府受商人利益的不適當的操縱，以致其他階級的利益，都被忽視。亞當斯密抗議當時英國管理美洲殖民地的方法。英國禁止美洲殖民地的人民充分利用他們自己生產的東西，不許他們對於所有的貨物和工業依照他們認為最有益的方法處置——這是『顯然他侵犯了人類最神聖的權利。』(註二〇)

照亞當斯密的主張，重商主義運用專利的方法，故須加以反對。重商主義就是管理和支配，這往往為有錢有勢者謀利益，而忽視和壓迫貧民。(註二一)但是亞當斯密沒有注意到放任政策也是同樣厚於有錢有勢者而薄於貧民的亞當斯密以爲重商主義認生產是工商業的目的，而不認消費是工商業的目的，所以結果就利於某一階級，犧牲其他各階級了。

亞當斯密宣稱：『任何地方發生了大財富，同時一定有地方發生大貧困。』有一個富人，同時至少有五百個窮人；並且少數人的富裕，卽形成了多數人的貧困。(註二二)但是一個社會中如果大部分的人都是貧困和痛苦的，這個社會未必能繁榮而快樂的。(註二三)勞働者應該享受『他們自己勞力的生產之一部分，以求衣食住都相當地良好。』貧困並不足以阻止生育兒童，不過在另一方面，它是絕對的不宜於養育兒童的。(註二四)亞當斯密指出社會的不平等有四種原因(註二五)：(一)個人資質的優越，例如體力強壯、美麗、活潑、聰明、善良、嚴謹、公正、果敢、謙遜等；(二)年齡和經驗的優越；(三)財產的優越，因爲財富產生社會威權，並具有偉大的購買力；(四)世第出身的優越。

亞當斯密稱贊工業上分工的功效，可以增加工作的生產量。這是有三種原因：(一)工作技巧的增加，(二)時間的節省，(三)許多機器的發明。但是他也很同情於分工以後個人天天反覆做一種簡單的工作，自數百次至數千次，一定覺得苦悶無味。總之，亞當斯密將(一)天賦人權的概念，引用到工業的情形上，(二)將休謨的同情概念發揚而爲個人與個人間、各階級間及各國間，互相扶助的學說，(三)主張分工的需要。

天賦人權和社會契約的學說，不但對於本章上面所討論的幾位學者發生多少的影響，此外還有很多的個人也都受到影響。白拉克斯東（Blackstone——西曆一七二三年至一七八〇年）主張人類因爲孤獨弱點，而趨向於合羣。最主要的集團就是族長制的家庭。白拉克斯東並不是社會管理的提倡者。他在紀事錄(Commentaries)一書裏面對於英國法典的陳述完全是擁護法律本身的，而形成英國和美洲殖民地方面個人權與財產權兩種學說的基幹。在美國成立共和政體以後，這學說的勢力繼續佔着重要地位，達一世紀以上。

貝克(Edmund Burke——西曆一七二九年至一七九七年)雖是相信社會的合作和團結，但在當時他是一位爲人道而提倡人道的主要人物。他爲美洲殖民地請求公道和調解，他對於被英國地主所剝削而處於黑暗中的印度人，也是仗義執言，以恢復奴隸的權利爲自己的責任。在另一方面，他卻沒有注意法國人民的奮鬬，這種奮鬬最後釀成法國的革命。

康德

康德(Immanuel Kant——西曆一七二四年至一八一七年)宣稱人類在自然狀態中是社會性的，而也是非社會性的；並說到人類的『非社會的社會性』(unsocial sociableness)。『人類是不能和同伴們安然相處，而同時又不能缺少同伴們。』人類一方面是傾向於合羣，而另一方面又是傾向於離羣獨立。個人因爲要照自己的意見去指揮一切，就遇到反抗和衝突了。但是這種衝突足以使『個人』向前邁進。

康德十分着重人類的『好感』(good-will)。(註二六)個人儘管有聰明才智和權力財富，但他也許仍是社會上的有害分子。除非他有好感，也許他還算不上是快樂的。一個人所以有好的情感，並不由於他所追求的目的是怎樣，也不由於他活動的結果是怎樣，而是因爲他有遺傳的好感。康德這種「好感」的論調，與邊沁和密爾的功利主義相衝突，而且也與現代行爲主義的心理學（behavioristic psychology）及客觀的社會學（objective sociology）相反。在康德看來，道德是主觀的。社會的法律可以支配和節制人類的行爲，但是不能節制他的動機。

斐希特（Johann Fichte——西曆一七六二年至一八一四年）對於「好感」的解釋，是與康德相同的。他認爲財產是發展自由的要素。可是他將社會契約觀念推究至極點，而發明了一種理想的國家社會主義，並認爲德意志是世界各國中最優秀的國家。

黑格爾（Hegel——西曆一七七〇年至一八三一年）發明了國家觀念以補充財富論，而含示德意志將變爲世界上最優秀的國家。他甚至主張個人只有成爲國家的一分子時，纔有他的生存和倫理的地位。（註二七）道德並不是個人單獨地努力企求確認內在的自我，而是依從國家傳統的習尚度着協調的生活。

個人權利的學說，再也沒有像尼采（Friedrich Nietzsche——西曆一八四四年至一九〇〇年）的意識上所表現的那樣錯亂的了。他認爲權力是至上的。具有最大權力的個人或國家，纔有最大的生存權。弱者反對這種觀念或其表現，就自己結合起來而稱賞懦弱是一種美德，甚至從這種懦弱的美德上建立一種宗教，例如基督教就是怎樣。尼采的超人和超等國的學說，在下面第二十一章中再討論。

功利主義

與天賦人權和社會契約論密切連繫的有功利主義(utilitarianism)的學說，這種學說是變相的個人主義，具有好些客觀的標準。邊沁 (Jeremy Bentham——西曆一七二八年至一八三二年)是使功利主義著稱於世，尤其是這種標準爲大多數人們謀最大的幸福。依照社會變遷的標準觀念，邊沁提倡着社會應由立法來求其改進。他主張客觀的標準，與康德所主張的內在動機，完全相反。康德着重『怎樣』的行爲，而邊沁着重『什麼』行爲。邊沁指示政府改善的需要，而顯然忽視或至少輕視了眞正的進步大半是在修改機構的方法。但是邊沁也可算是一位強有力的社會改革家，因爲他堅決地主張私密的投票選舉法，婦女的參政，和訓練政治人才等設施。他認爲社會幸福，是一個主要的目標。

詹姆士·密爾 (James Mill——西曆一七七三年至一八三六年)對於功利主義加以發揚，而他的兒子約翰·密爾 (John Stuart Mill——西曆一八〇六年至一八七三年)益將功利主義闡明至於登峯造極之境。詹姆士·密爾認爲功利就是道德，而且和邊沁一樣，主張了許多社會的改革。

約翰·密爾採用一種變相的天賦人權學說。他認爲個人應有他所能運用的一切權利，惟以不侵犯其他個人的同等權利爲度。密爾認爲滿足人類的樂趣是有等級的。他宣稱『寧作不滿意的人，不作滿意的豬。』他反對普通以貧富爲標準而區別人民，而主張社會分類應以個人的價值、名譽和眞正的領袖才能等標準代之。

梅茵 (Henry Maine——西曆一八三二年至一八八八年)創造了一句話：『從地位到契約』(From status to contract)，他將這句話引用到社會幸福的程序上面。他指出在商工業的生活上，甚至政治的和團體的活動上，人們成立社會約契的時候，都有種種成例，就是婚姻的契約也有許多眞正社會契約的特徵，梅因把社會契約的觀念推演至最實際的地位，但是忽視民衆也有執政的可能。他的個人主義使他喪失了對於未受教育者也可有社會發展的信仰。

斯賓塞（Herbert Spencer）是政治上的放任學說的主要闡明者，他的觀念在下面再行詳細討論。他有種種的著作和精闢的議論，以擁護個人主義的學說。雖然在某一時期內他被認爲個人主義和放任主義的領袖人物，但是他對於這種學說並沒有多少新的貢獻。他對於社會思想的最大貢獻是間接的和無意的，就是說，他的著作攻擊美國古生物學家萊思脫爾·華德（Lester F. Ward）而使其指出人類文明的心理性和智力的可能性。但是這攻擊的結果，斯賓塞還是失敗了，而華德則升到美國社會學權威的地位。本書關於華德的社會學，另有專章討論。

提要

森納爾（William G. Sumner——西曆一八四〇年至一九一〇年）是政治上的放任主義最後一位著名的學者。（註二八）他認爲國家除了需要和平、秩序和權利的保證以外，對於任何人都沒有請求。人類並不是貧窮者彼此互相扶助，或由教堂去捐募金錢以賑濟窮人；更不是你有了財富就應去供給旁人而你沒有財富就指望人家來供給你。在根據契約而成立的社會裏面，對於一切公衆的事務，大家都沒有表示情感的餘地。（註二九）每一個人如果不知道他自己不能贍養自己時會有旁人來幫助他的，那末他一定發展着自由人的自恃力。森納爾盡力而嚴厲地擁護自由、契約和私有財產制。雖然他抱着極端的態度，不足取法，但他的觀念頗足供人細心地和不偏不欹地加以研究，因爲這種觀念包含着很多常識。(註三〇)他對於人種學的研究，將於另一章中加以敍述。

關於個人主義的社會思想，美國法學思想家方面有一種值得注意的陳述，就是哈佛大學法學院教授旁特(Roscol Pound)的著作。在社會利益論（A Theory of Social Interest）一書中，他將新的觀點加以綜合討論。(註三一)十九世紀中，一切的利益都以個人利益來解釋，都是推究到純粹個人的原則，而被認爲個人的權利。

在二十世紀中，旁特認爲不同，譬如法律的目的是保持相當的社會利益。它是保持公共安全的社會利益，就是公衆衛生及和平。它也保持許多制度中的社會利益，例如內政、宗教及政治等制度。它也保持天然資源方面的社會利益，如防止浪費煤油、煤氣等和維護飲料應用的權利。它也保持公衆進步和經濟、政治、文化等進步的社會利益。可是在另外各方面，如提倡審美學等，尚還沒有主要的貢獻。最後它還保持個人生活中的社會利益，使人民都過着人類應有的生活，而個人的意志不遭蹂躪。因此法律的程式已成爲各種社會行爲的策動了。

天賦人權的學說在英、法、美三國受到最高度的認識。它不但是反映於狩弗森的思想中，而且還表現於美國開國的基本原則上。這種學說演進而爲社會契約論後，就發生矛盾，但是社會契約論發展到極度後，就遭擯斥。它的最大弱點就是在被人過分誇大格外在英國和美國。它在美國因爲與各種新發現，機械發明，和創造精神相接觸，益爲發揚。結果，它在十九世紀中完全支配了美國的思想界。它使工業的領袖們儘量去剝削可憐的民衆，而且鼓勵政客從事於自私的行動，一直到政府變爲貪污的蜂房，因此使國家的民主政體趨於滅亡。

天賦人權的學說後來代之以個人和社會的自然需要之研究。人類的需要現在被認爲絕對的了，但也是進繫的和變遷的。白拉克麻(Frank Wilson Blackmar)是社會學的一位著名創作家。在他的正當的個人主義(Justifiable Individualism)一書中，他對於這整個問題作下列的概論：『唯一正當的個人主義是建立於爲人服務的基礎上的。』如果個人主義對於人類進步是主要的，那末人類態度的社會化對於個人主義也是主要的。

共和國(註三二)

『人類(他們自然會愛自由和對於旁人的治權)的最後「因」、「果」和「計畫」，爲約束自我起見(就是我們看見他們住在「共和國」裏面的情形)不外是自存的先見，及因此而得到更滿足的生活；這是說，使他們脫離「戰爭」的慘狀，這種狀態(上面已經說明)是一切天然「情慾」，在沒有可以見到的「力量」使生忌憚，使畏懼「規法」運用時的刑罰，及遵守第十五章和第十六章中所定的「自然的法則」以前，所必定有的結果。

「因爲「自然的法則」(如「公道」、「正義」、「謙遜」、「慈悲」，以及我們「對待旁人應該和自己希望旁人怎樣對待我們相同」)本身並無某種恐嚇的「力量」，使人家來遵守，而又是與我們天然的「情慾」

相反——這種情慾就是「偏私」「驕傲」「報仇」等。「規法」沒有利劍只是空話，並沒有力量吸引一個人。所以不管「自然的法則」（這是每一個人現在所遵守，就是他有意於遵守，而且可以安全地遵守）是怎樣，如果不確立一種「力量」，或這「力量」不够強大而不能謀我們的安全，那末某一個人就會合法地依靠他自己的能力以防備一切人們。在各種地方，人類聚合很小的「族類」居住着，彼此搶掠是一種「職業」；他們是背着「自然的法則」，認爲搶到東西愈多愈是光榮；這許多人們除了「光榮的法則」以外，從不遵守任何其他法則。所謂的「光榮的法則」就是要免殘殺，留給人們生命和耕作的工具。當時小的「族類」是這樣，到了現在的都市和國家——這不過是大的「族類」——就要（爲了自己安全起見）擴大領土；而且藉口危險，「侵佔」的恐懼，或給「侵略者」以機會等，盡力之所能，用公開的武力和私密的策略，將她們的鄰國征服或變弱，因爲除此以外，沒有其他正當的防備；但這種舉動在幾世以後，還是被認爲一種光榮。」

「的確，生物中像蜜蜂和螞蟻等，彼此也度着社會化的生活（因此亞理斯多德將牠們列在「政治性」的動物裏面）；而同時除了特殊的判決力和食慾以外，並無其他的趨向，也沒有言語可以彼此之間將認爲適合於公衆利益的意思互相傳述。所以有一部分的人也許想知道爲什麼人類不能同牠們一樣。對於這點我就答復：

「第一，人類是繼續地競取「光榮」和「尊嚴」，而那些動物則不然；因此人類中間就漸生「妬」和「恨」，最後還訴諸戰爭，而那些動物中間是不致發生這種情形的。

「第二，在那些動物中間，共的利益和私有的利益沒有什麼分別。因爲牠們的天性是傾向於私有的利益，所以那些動物就從這方面得到公衆的利益但，「快樂」是要與旁人相比較的除非有過人的地方總是不覺得希罕。

「第三那些動物並不運用（像人類那樣）理解，所以見不到也想不到牠們公衆事務的辦理有錯誤；可是在人類中間，就有許多人自己以爲比旁人聰明而能幹治理公衆較優於其他任何人，因此大家爭相改革和維新，一部分人要這樣，另一部分又要那樣，就造成紛歧和內戰了。

「第四那些動物雖然也有時候用了聲音以彼此傳達意念和情感，但是牠們沒有文字，而人類則能利用文字以向旁人表示那幾種事情有些像「惡」而實在是「善，」那幾種事情有些像「善」而實在是「惡，」並爭辯和判別「善、」「惡」的程度，任意使人不滿及擾亂人家的「和平。」

「第五，無理性的動物不能分出「傷害」和「損失」的區別，因此牠們在安靜的時候與同類不相侵犯；可是人類愈是在安靜的時候愈覺得煩惱，因爲在這時候一個人喜歡表示他的智慧，而想統制那些治理「共和國」者的「行爲。」

「最後，那些動物中間的契約是自然的，而人類中間的契約是只有用「規法」來維持，所以是「人爲的；」因此就沒有什麼奇怪，人類的契約需要其他的東西（規法以外的）以維持永久，就是用一種「公衆的權力」使大家畏懼，指揮大家的行動去謀「公衆」的利益。

「造成這種「公衆的權力」的唯一方法，是將一切權力交給一個「人」或一個「團體」藉以防禦「外人」的侵犯或彼此互相傷害因此大家可以由自己的勤勞或靠了「土地」的產物以獲得營養而滿足地生活。將一切權力交給一個「人」或一個「團體」以後大家的「意志」爲服從多數起見就得聽命於一個「意志」；換言之，就是請求一個「人」或一個「團體」去治理「全體」而每一個人接受和承認這治理「全體」者所頒行關於「公衆和平與安全」的法令，好像自己是「著作人」一樣；而大家的「意志」必須依從這治理「全體」者的意志大家的判斷必須依從這治理「全體」者的判斷。這是比「允諾」和「同意」更要進一步而是大家眞實的「團結」，集爲一體，由人與人間自成的「法規」所維繫，其方法好像每一個人對每一個人說我「賦予」和放棄我「治理的權利」給這「人」或「團體」，不過有一個條件，就是你也同樣將你的「權利」交給他，和任命他的一切「行爲」。這樣以後「大衆」是連合而爲一個「人」，就是在拉丁的法律上稱爲「共和國」。

這是一個來維亞森的時代，或者嚴重地說，是「偉大的人類上帝」的時代，在「超人類的上帝」之下由他來維持我們的和平和自衛。因爲這個在「共和國」中由每個人賦予的「權威」，可以運用他的「權」和「力」並藉畏懼的心理使大家服從他的意志，對內維持安全對外協力防禦敵人。他的本身就是「共和國」的主要質素；如果加以定義，他是一個「人」，他的「行爲」是「大衆」由於相互的「規法」所造成，每人都是一位「著作人」，以便這個「人」運用大家的力量去維持「和平」和「公共的自衛。」」

仁慈(註三三)

「仁慈與和善的情感，是可以估量的；雖然要去證明它，也許是一種不重要的工作。在這種情感發現的時候，它一定能够獲到人類的讚美和好感。「社交性」「溫和」「人道」「慈悲」「感謝」「友好」「寬和」「慈善」這一類的形容詞，是在任何語言中都有的，而通常地表示「人類」所能達成的最高德性。如果這種德行是由世系、權力和其他高尚的能力所達成的，而且是表現在良好的政府或對於人類的有益訓教中，那末它們不但可以使這許多有德者超出人類的水平，並可使他們相當地化神入聖。超人的能力、勇敢和富裕，這些東西只能暴露一位英雄或政治者，引起公衆的羨慕和惡感能了。但這些東西以外，如再加上人道和慈善兩種而受人讚美，同時表現着寬和、友好等情感，那末就沒有人妬忌，並且大家都同聲贊美歌頌了。」

「假定人類的需要還是繼續和現在一樣，而大家的心理都是變爲博大，充滿着友爱和雅量，每一個人待旁人和藹，對於旁人的利害同自己的一樣；那末顯然只有仁慈的存在，就毋須司法，而財產的區分和障礙，以及一切義務等，都想不到了。如果我知道旁人已經有強烈的意向，來爲我謀幸福，他會自動地從事於這種我所企求的工作，那末我爲什麼要用契約或允諾去使他爲我盡力——除了使他感到不快以外，對我有什麼更多的利益呢？在這情形之下，他從我固有的人道觀念和友誼上，知道我應該首先反對他的輕率的寬惠。如果我的心理覺得彼此的利益都沒有區分，覺得人家有喜樂和憂愁也完全同自己的一樣，那末爲什麼在鄰人與自己的田地中間築起界線來呢？這樣的假想中，每一個人是覺得自己次於旁人，毫無嫉妬地，毫無界限和分別地，將自己的利益信託給旁人隨意處理。那末整個的人類就是像一個家庭那樣，大家生活在一起，工作在一起，沒有財產多寡的區分，只是很謹愼地顧到每一個人的需要，好像我們以前顧到自己的切身利益一樣。

「在目前人類的心理狀態之下，恐怕很難找到這種博大的情感的例子。但我們仍認爲家庭的情形是與這相近的。同時個人相互間的仁愛愈強烈，離這上面的境地愈近；一直到財產的區別，也是大部消失而融匯在一起。在婚姻的兩性間情誼關係的堅固，照例足以廢除享有物的區分，而實際上也時常有這種情形。同時我們還可以看到，在新的熱烈意識之下，每一種主義受着過度的煽動，而財貨的共有一點，總是被提倡的。只有對於這種方法感覺不便利的經驗——由於人類回復性的和僞飾的自私心所發生——纔使那些輕率的幻想者重新採納法律和分有財產等概念。這種情形是確實的，因此仁慈的美德，完全從人類的交接和社會狀態的需要上產生了。」

「戰爭的忿怒和殘暴，是否交戰的各方認爲守法的美德對於他們沒有用處或沒有利益，所以暫時棄掉它呢？戰爭的公律——繼承着公正和守法等美德的——是專以每一個的利益和便利爲標準的。如果一個文明的國家與許多野蠻人種——他們連戰爭的公律也不守——開戰時，前者也用不到再去遵守任何規律，遵守了也是沒有意義；所以在一切動作和接觸的時候，對於首先啓釁者應該儘可能地對之實施殘忍和惡毒的手段。」

社會契約（註三四）

「我認爲人類已經達到一個境地，在這境地中，凡是危害人類在自然狀態下生存的一切障礙，其抵抗力，足以克制每一個人爲維持在這狀態下的生存所能運用的力量。

『現在人類不能再造出新的力量，只有大家合攏來，一致行動；除了這種集合大家的力量以謀應付上述的抵抗力，大家的行動團結一起，大家的工作同一步驟以外，已經沒有其他的方法可以自存了。

『這種總的力量只有大多數人連合起來纔能產生；但每個人的力量和自由是他謀自存的工具，怎樣能夠教他合力而對於自己沒有妨礙，以及對於他自己應有的事情也可以顧到呢？在我所討論的題目上，這個困難是有下面幾種解釋：

『要想找到一個集合的方式，使它用整個社會的力量去防衛和保護每一個人的生命財產，而同時大家結合在一起又可以個人只聽命於自己，同以前一樣自由，這就是社會契約論所要解決的一個基本問題。

『這種契約的條文是由行爲的性質而決定，雖是最微小的變更也足以使全部成爲空洞和無效。因此，這種條文雖是從未正式宣佈過，但在任何地都是相同而爲大家所默許和承認的。在這社會契約未受破壞以前，每一個人依舊保持他原有的權利和天賦自由，可是他所放棄的規法上的自由就失掉了。

『這些條文，如果對它是正確地明瞭的話，可以縮成這唯一的意義——就是：每一個人對於整個的社會放棄他自己的權利，因爲第一點，既然每人都全部放棄自己的權利，那末各種條件對於大家是一律平等的；既然大家都是一律平等的，就沒有那一個可以有特別的利益去妨礙其他的人們了。

『還有一層，大家的放棄自己既然是絕不保留的，那末這種結合一定是十分完美的，個別的人不會再有什麼要求；如果各種權利由個人去處理的話，因爲大家沒有一個公共的尊長來主裁一切，每人都自認爲主裁者，也許沒有多久以後還想去主裁其他一切的人們；這樣，自然的狀態就依然存在，而大家的結合又必定變爲專制式和毫無裨益的了。

「總之，每人將自己交給大家，同時也可以說沒有交給任何人；因爲沒有一個人不放棄像我們自己所放棄的同樣權利，大家的得失是相等的，而且大家又可以增強保存一切所有物的力量。

「那末，如果我們將社會契約的原則以外的東西撇開，我們覺得這原則是可以縮成下面幾句話：「每人將本身和自己全部的力量獻給公衆意識的最高指導，而大家接受每一個人來做全體中不可分離的一分子。」

「從這以後，大家不是做訂立契約各方的個人，而由這結合的行爲產生一個精神的集合體，這集合體所有各分子的總數即有發言權的一切人們；並且由於這結合行爲就產生統一性，共同的「我」，集體的生命，和集體的意志。由多數個人集合而成的「公人，」在以前是稱爲都市，而現在就是共和國，或稱爲政治的集體；在消極的方面，許多個人的分子稱它做「國家」；在積極的方面稱做「主權；」在與同樣的集體比較上，稱做「強。」那些結合的分子統稱爲人民；在參加主權活動時，個別地稱爲公民；在屬於國家法治之下，稱爲國民。但是這些名稱時常會互相混雜錯亂的；只要在十分簡明地引用的時候，能够知道怎樣去辨別它就够了。」

討論要目

（一）馬基雅弗利對於社會思想的主要貢獻。

(二)君主或領袖的特性。

(三)培根對於社會思想的厚賜。

(四)由人性所生的偏見。

(五)由個性所生的偏見。

(六)由言語所生的偏見。

(七)由哲學理論所生的偏見。

(八)霍布斯所主張之個人的天性。

(九)斯賓諾莎所主張之人類的天性。

(一〇)洛克對於革命的主張。

(一一)重農學派的放任原理。

(一二)盧梭所認為人類必不可少的權利。

(一三)孟德斯鳩的社會演進論。

(一四)為什麼休謨被稱為社會心理學的鼻祖。

(一五)亞當斯密所規定之不平等的原因。

(一六)康德的『人類非社會的社會性』是什麼意義。

（一七）康德主張『好戲』的社會意識。

（一八）『寧作不滿意的人，不作滿意的豬，』這一句成語的社會意義。

（一九）森納爾怎樣代表個人主義派的社會思想。

（二〇）個人主義派社會思想的弱點。

附註

（註一）馬基雅弗斯著：君主篇，倫敦洛脫萊琪(Routledge)出版，第五三頁。

（註二）馬基雅弗斯著：君主篇，倫敦洛脫萊琪出版，第一〇四至一〇五頁。

（註三）馬基雅弗斯傳，第七一頁。

（註四）馬基雅弗斯傳，第七七頁。

（註五）社會思想的發展(Development of Social Thought)一九二三年，紀元印書局出版，第一四八頁。

（註六）社會思想的發展，一九二三年，紀元書局出版，第一〇八頁。

（註七）霍布斯著：[illegible] (Leviathan)，一九〇四年，[illegible]脫能出版，第八章。

（註八）洛克著：政治組織論兩篇(Two Treatises on Government)，洛脫萊琪出版，第一八頁。

（註九）洛克著：政治組織論兩篇，洛脫萊琪出版，第一九三頁。

（註一〇）洛克著：政治組織論兩篇，洛脫萊琪出版，第一九九頁。

（註一一）洛克著：政治組織論兩篇，洛脫萊琪出版，第三一五頁。

（註一二）盧梭著：社會契約論（Contrat Social），巴黎茄尼爾出版，第二四〇頁。

（註一三）盧梭著：社會契約論，巴黎茄尼爾出版，第二四六頁。

（註一四）盧梭著：社會契約論，巴黎茄尼爾出版，第二四九頁。

（註一五）卡恩斯（W. B. Cairns）編：前代美國名家文選（Selections from Early American Writers），溫梭普選集（John Winthrop），一九一〇年，紐約梭林書局出版，第五二頁。

（註一六）薛爾佩畢格（Selly-Bigge）編：人類天性論（A Treatise on Human Nature），一八九六年，牛津大學出版，第二章，第七七、一一四、一四〇、一五〇頁。

（註一七）薛爾佩畢格編：人類天性論，一八九六年，牛津大學出版，第五三四頁。

（註一八）薛爾佩畢格編：人類天性論，一八九六年，牛津大學出版，第五四六頁。

（註一九）亞當斯密著：國家財源論（The Wealth of Nations），一九〇四年出版，第二章，第一一四頁。

（註二〇）亞當斯密著：國家財源論，一九〇四年版，第二章，第八三頁。

（註二一）亞當斯密著：國家財源論，一九〇四年版，第二章，第一四三頁。

（註二二）亞當斯密著：國家財源論，一九〇四年版，第二章，第二〇三頁。

（註二三）亞當斯密著：國家財源論，一九〇四年版，第一章，第八〇頁。

（註二四）亞當斯密著：國家財源論，一九〇四年版，第一章，第八一頁。

（註二五）亞當斯密著：國家財源論，一九〇四年版，第二章，第二〇三——二〇七頁。

（註二六）康德著：倫理原理（Theory of Ethics），阿伯脫（Abbott）譯本，第九頁。

（註二七）黑格爾著：人權哲學（Philosophy of Right），達德（Dyde）譯本，第三章，第一五〇頁。

（註二八）桑納爾著：社會各階級的互助（What Social Classes Owes to Each Other），一九二〇年，哈潑爾出版，第一二頁。

（註二九）森納爾著：社會各階級的互助，一九二〇年，哈潑爾出版，第二五頁

（註三〇）史泰（Harris E. Starr）著：森納爾傳，一九二六年，亨利好脫公司（Henry Holt & Company）出版，是一部絕好的傳記，「用理解的和優美的筆法，描寫這位美國社會學界上的巨頭之一。」

（註三一）美國社會學會（American Sociological Society）刊物，第十五集。

（註三二）特許轉錄自霍布斯著：總說，密勒（A. R. Miller）重訂本，一九〇四年，劍橋大學出版。

（註三三）特許轉錄自休謨著：人類同情與道德原則的探討（Enquiries Concerning the Human Understanding and Concerning the Principles of Morals）克萊倫出版。

（註三四）特許轉錄自盧梭著：社會契約論，托夕爾（H. J. Tozer）譯本，一九二〇年，阿倫·恩溫公司出版。

第十二章　馬爾薩斯與人口論

十八世紀的末期，社會思想方面有一種卓越顯著的趨向發現，這種趨向，是含有社會學意義的，就是馬爾薩斯(Malthus)關於人口的思想。但是馬爾薩斯主義，是在高德文(William Godwin)和亞當斯密的學說之後。一七七五年，亞當斯密說過：『每一種動物的蕃衍，當然與其生活的資料成爲正比例，沒有那種動物不靠它而能蕃衍的。』（註一）缺乏了生活的資料，就足以短促生息之機。因爲人類——和其他動物一樣——的蕃衍也是和生活的資料成爲正比例；所以食料總是需要的，而同時食料，或生活程度，足以支配人口。（註二）都市的人民，一定要靠鄉村接濟他們的食料，而海口的鎭市，尤其能够吸收地球上各處的食料資源。

高德文（西曆一七五六年至一八三六年）的人口學說，直接鼓勵馬爾薩斯起來研究。一七九三年高德文所著的公理的研究(Enquiry Concerning Justice)這一部書已經出版了。高德文對於法國重農學派哲學家的幾個激進的社會概念，大加發揮。他說人類的苦痛，是由壓迫的制度所引起的；他認爲政府是一種罪惡，應該廢除的。他自己雖狃於風俗，而暮年的時候也稱贊婚姻，然而他是主張廢除嚴格的婚姻關係。他以爲社會的集團不應該大過於教區，並且要將財產平均分配。高德文這樣把天賦人權的學說，發揮到無政府和放逸的狀態。他的觀念，成爲十九世紀共產主義的試驗之基礎。但是比這更重要的，是高德文對於社會建設的觀念，刺激了馬爾薩斯，使他發揮一種通常所說的馬爾薩斯的人口論。

社會問題

一七九八年馬爾薩斯（西曆一七六六年至一八三四年）託名貢獻於世界的第一次縝密搜集的材料，討論他所認爲的社會問題，就是：人類不快樂的根本原因是什麼？這種研究，可以視爲近代社會學研究的起點。馬爾薩斯年青的時候，已經對於社會問題感覺到興趣，高德文的觀念，使馬爾薩斯專心一意於人口問題上。馬爾薩斯的有名著作，人口原理與將來社會改進的關係(An Essay on the Principle of Population as it Affects the Future Improvement of Society)，有兩個要點：（一）調查那種妨礙人類達到快樂的原因，（二）探求剷除這種原因的全部分或一部分之可能性。（註三）

在動植物中，有一種經常的趨勢，就是生殖率超過生活資料的水平。凡有可以自由發育的機會，這種生殖力總是盲目地增加的。後來因了生活資料和空間的不足，就遏制過剩的分子。（註四）所以對於人口增加的最後限制，是食物的缺乏，因爲人口增加的速度超過食物供給量增加的速度。自然界對於食物的增加，定了一種比較對於生殖率更嚴厲的法則。人類沒有認識這種法則，結果造成痛苦了。下層經濟階級，是主要的犧牲者，而貧困的現象，遂瀰漫於人口的全部，馬爾薩斯認爲人口問題，是基本的社會的問題。

人口的限制

人口既是超過食物的供給量，那末恐慌的情形，當然隨之發生。食物供給的限制人口，其方法是很殘酷的，但是這不過代表一種猛烈的自然限制，或積極限制。其他的限制方法，有不良的職業、嚴厲的勞工、極度的窮苦、潮濕齷敗的住房、疾病、災疫、不良的撫育、內亂、戒嚴、內戰，以及各種各式的戰爭，和各種過度的事情。（註五）這些限制人口的東西，是罪惡和痛苦兩種主要原因的結果。因了這許多限制的方法，人口即繼續減縮，而與食物的供給量差不多相並。

馬爾薩斯另外還舉出一種限制人口的方法，就是預防法。有許多青年的人，都恐怕陷於貧困的境地，因此延緩結婚，以待自己在經濟上能够很穩固了纔談到婚姻。這種自顧的方法，只是人類所特有，同時，如果沒有不正當的方法滿足性慾，那是一種很好的步驟。人口對於食物供給實際所施的壓力，或恐怕發生這種情形，即足以防止人民早婚和早年生育子女。在經濟衰頹的時候，這種壓力或恐懼，可以減低結婚率。但是一到繁榮的時候，結婚率立刻會增高，尤其是在比較得貧困的階級。

限制人口的積極方法和預防法，是互相關連的。『每一個國家內，如果整個的生殖力不能活動，那末這積極方法和預防法必然是彼此相反地變化。』（註六）這就是說，一旦積極的限制方法，如災厲和戰爭等，殺死了許多人民，那末道德的限制方法就應該減鬆，以便人口激增起來。當預防法極力實行的時候，人口的數目就減低，那末像災厲和戰爭等積極方法也許不會有了。

馬爾薩斯提出了下列三個意見(註七)：

(一)人口是隨生活資料的限制而規定的。

(二)無論什麼時候，只要生活的資料增加，人口一定會得增加的，除非用有力的限制方法來預防。

(三)使人口與生活資料維持水平的方法，大概不外三種：道德的限制、罪惡和災禍。

人口的問題

沒有那一個人否認人口問題的重要性或嚴重性。柏拉圖也加以探討，並且主張如果生殖率過速或過遲的時候，應由國家設法調整——用恥辱或光榮爲抑止或鼓勵的方法。同時結婚的人數應由地方官決定。亞理斯多德提議男女兩性的結婚年齡應該有適當的規定；他還提倡每一對配偶所生的子女人數，應有規定。凡超過規定數目的小孩應該毀滅。

可是馬爾薩斯比柏拉圖和亞理斯多德更聰明，因爲他注意到改善窮苦階級生活情形的最穩妥辦法，還是在人民本身的行爲和智慮。(註八)馬爾薩斯主張各個人都有權力使自己和社會避免從人口問題發生的惡果，其方法卽是運用天賦的和宗教所啓示的道德觀念。(註九)

馬爾薩斯很明白地指出補救貧窮階級的寬大法律之弱點。你若是供給比較豐富的食物與窮人們，那末他們將會生殖更多的子女，以致更感受痛苦。這種法律只是增加窮人們的子女數目，而同時增加他們的痛苦。私人的賑濟和補救貧窮的法律，都會增加窮人的結婚率和他們子女的人數。(註一〇)

馬爾薩斯所主張的解決辦法是教育。(註一一)教育貧窮者延緩結婚、限制生育率和實行儉約。這種教育很能達到聰明的限制人口方法。道德學和政治學不應該限於狹窄的範圍，而致未能在實際上除去人口問題所發生的有妨人生幸福之障礙。(註一二)

新的人口問題

在人口問題上還有很多東西，爲馬爾薩斯的時代所沒有的，或者是他所未見到的。現在對於人口的限制，還有許多新穎的方法，例如家庭中的平等主義，做妻子的和做母親的，不再受丈夫或父親的支配；關於一切家務，如生育子女的數目等，她自己也有發言權了。與這種趨勢有密切關係的，就是婦女運動，或女權運動，藉這種運動，婦女們要求她們不困守着生育小孩子的生活圈。知識和先見力的增加，成爲限制人口的有效方法。現在崇尚奢侈的習氣，也是妨礙生育率的。經濟的程度提高了，一定普徧地減低生育率。最近幾十年內，新穎的優生學吸引了多數人的注意。優生學派是着重人口的質地，要使下層階級和貧苦的人們減少子女的數目，而有精神疾病的人們停止生殖。它是想教知識階級和高貴的人們增加生育率。

馬爾薩斯很了解都市人民是依賴着鄉村區域的，但是他沒有預料到十九世紀和二十世紀中都市發達的情形。農業勞工的減少和非農業勞工的增加，使食物的供給益加多了壓迫，這情形是馬爾薩斯所未料及的。

另外還有一層，馬爾薩斯也想不到新興的國家，如美國、加拿大、澳洲、阿根廷等，對於世界上的生活資料有怎樣的貢獻。他沒有推測到新發明品可以解決農業問題，像現在一個人用機器和新技術去耕作，可以生產比一世紀前增一百倍的農作物。但是拿『新興國家』的理論來反對馬爾薩斯的人口原理，是終於成爲荒謬的，因爲新興國家沒有多少時候會變成舊的國家，新興國家的供給量總有枯竭的一天，甚至土地的生產力也是有相當的限度的。不過，人口對於生活資料的壓迫，足以引起發明力，使食物的供給量，隨時有意外的增加。

馬爾薩斯嚴厲地批評社會主義。社會主義，認爲在相當的時期，食物的供給，可以滿足人類的需要；但是這供給量，是不適當地和不公平地分配着；倘工業的生產有公允的分配，那末食物的供給，不至於強烈地抨擊人口，因此生殖率也隨之增加。這種情形，使人類更加感受痛苦，而平均分配工業生產的結果，還是得不償失。

還有一點是馬爾薩斯所沒有見到。因職業教育而引起的專門技術之進步，給世界人口超過世界生產力的趨勢所牽制了。人口既已增加，地價和地租都高漲，而生活程度日見高昂，貨幣和它的代替品之購買力就暴落了。

有些馬爾薩斯的信徒，主張生育節制，是一種人爲的支配人口方法。生育節制，是用物理的方法，以預防兒童之產生。這對於性慾旺盛的丈夫，是一種很有用的武器。它並不是在性慾衝動時，加以自制或道德的克制。它非但不禁止，甚至還鼓勵性慾的滿足。這樣，可以保障無法可想的婦女，並減低下層階級的生育率，但結果仍是得不償有許多學者指出，如果人類中知識高尙的分子自動節慾，而愚下的分子儘量增加生殖率，那末對於人類就發生絕大的損害。伊斯特(E. M. East)主張世界上的人必須限制人口，否則即遭遇災荒。不久地球上的人數會增至三十萬萬『同時，也許像以前時常發生的情形，穀物的收穫突然低落了百分之二十五……，大家就會覺到疏忽的錯誤了。』(註一三)伊斯特繼續說：世界的問題就是『要減低激增的人口，以適合於生產低落的食物。』這種驚人的結論，足以發人深思，雖然實際的情形，並不像他所說的那樣嚴重。

卡維爾(Thomas N. Carver)——在下面幾章裏面再要說到他的作品）發明一種有趣的人口學說，有一部分是和馬爾薩斯的主張相同的。(註一四)凡是移殖和生殖兩方面發生的人口增加量，都應該減削，以減低缺乏技巧的勞工之百分比率。同時應該訓練缺乏技巧的人們，使進入技巧者的集團，更進而爲企業階級。這樣，缺乏技巧的勞工人數既是大減，企業者的人數又增加，那末工資就會提高而利潤可以均沾了。窮苦的人們都變成富裕，那末現在所有的貧困狀態，就會消失。這種學說，忽視心理動機和社會狀態在鼓勵高度競爭的制度下之作用，——因爲有些人仍會損人利已的。

總結一句，可以說馬爾薩斯的人口原理，在了解社會進步各問題上，是主要的。(註一五)人口和生活資料中間有一種絕對的關係。積極的和預防的限制人口方法，是繼續地發生作用。道德的約束和自制力，足以造成比生育節制較高的道德性。人的品質比諸人口的數量，更爲重要得多。在人口問題解決以前，應該運用工業過程和社會過程中的正義，以替代個人企求平等的掙扎。

人口的原理(註一六)

「研究社會進步的時候，討論題材的方法，當然不外下列兩項：

「（一）調查以前阻礙人類進達快樂的原因；及

「（二）考察將來是否可以全部或一部分消滅這種原因。

「要想把這整個的問題加以研究，或列舉所有一切影響人類進步的原因，不是一個人的力量可以完成的。本文的主要目的，是想考察一個和人類有密切關係的大原因，這原因雖從有社會以來已經不斷地發生有力的作用，但是討論社會問題的學者都沒有覺察到。這原因存在的事實，實際上已屢經敍述和認識，不過它的性質和必定的作用等爲大家所忽視了。在它的種種作用之中，可以說有一大部分的罪惡和痛苦，是因此造成的。同時人類貧富的不均，也是因此而發生，遂引起歷代明達的慈善家以盡力糾正這情形爲目標。

「這上面所指的一個原因，就是一切動物都在不斷地傾向於蕃殖，以致超過所有的滋養料。」

「人口的限制法——這是在每一個社會裏面，都不斷地發生多少作用，因此使人口和生活資料維持相當的水平——可以分爲兩種：預防的限制法和積極的限制法。

預防的限制法是人類所特有的，這是因爲人類有勝過其他動物的理解能力，知道推測各種明顯的成果。植物和動物對於蕃殖以後的給養，好像完全沒有過慮到，而結果只有用積極的方法以限制這種漫無限度的蕃殖。

但是一個人若見別人受家室的壓迫而感受痛苦就目不忍覩他自己目前的所有或收入既然是僅足一人的消費，就不能毫無懷疑地計算着分配給子女每人一份，甚至多到七八份；如果他要想依從自己的意向，一定要能够扶養將來生育的子女纔行。倘若社會上能够有平衡的情形，也許這是一個很簡單的問題。但是在社會的現狀之下，就有其他應該顧慮的情形發生了。他是否要降低身分而迫於全部拋棄他以前的社會地位呢？有沒有某種職業可以使他相當地希望維持家室？他是否將遭受更大的困苦，和從事於比他獨身時更要冗重的工作呢？他是否能够使自己的子女受到和自己同樣的教育和進步的機會呢？他是否覺得有把握，在有了家庭的負擔時，用自己的勞力使子女等免於衣服襤褸，污穢貧困及墮落於社會呢？他是否將迫於不得已而放棄自己的獨立地位，反而去乞助於慈善機關的援手呢？

『這許多顧慮都足以促使文明國家中大部分的人們，使避免造物的作弄而早日結婚。

『如果這種約束不發生罪惡——在很多情形內都是這樣的，尤其是在中上階級的人們裏面——那末，它當然是人口原理上最不致流弊的一種方法。它既是對於一種純潔的和自然的意向加以約束，當然相當地產生暫時的不快；不過，比諸其他人口限制方法的弊害，它的影響是很微弱的。』

『積極的限制人口方法是名目繁多，而包括一切因罪惡和痛苦所發生的東西，足以短促人類的自然生命。在這一個項目之下，就有一切不良的職業、嚴厲的勞工和風霜的磨折、極度的窮困、子女的不良撫育、大都市的誘惑、一切過度的事情、各種疾病和傳染、戰爭、疫癘及災荒等。

『考察這種阻礙人口增加的預防方法和積極方法，大概可以用道德的約束、罪惡和禍害三種東西將其分化的。

『預防的方法，如果不用不正當的方法滿足性慾，可以稱為道德的約束。

『男女亂交，不自然的情感、犯姦及用不正當的方法以隱滅私交的結晶等，這許多都可以歸入罪惡性的預防方法。

『積極的限制人口法是天理所不免的，可以總稱為災禍。大家所受到的種類不一，其中如戰爭、縱慾等為人力所可避免的。這種限制人口法也是由罪惡造成，而結果則為災禍。

『在每一個國家裏面，這種限制法總是不斷地發生相當的作用；不過，限制的方法雖是普徧地發生作用，但各國仍舊有人口增加超過生活資料的趨向。這種趨向就不斷地使社會的下層階級遭受極大的痛苦，阻礙他們生活狀態的永久改善。

『在現階級的社會，這種狀態是由於下面的情形所造成的。我們假定每一個國家的生活資料是適合於供應人民的需要。人口不斷地蕃殖着——甚至在最罪惡的社會也是這樣的——就使人民的數目增加，而同時生活資料卻並未增加。因此，在以前供一千一百萬人的食物，現在要分攤給一千一百五十萬人。窮苦的人們的生活也就一天壞似一天，而大部分的窮苦人都處於艱難痛苦之中。勞働者的人數也比市上所有的工作增多，工資就因此低落，但同時物價又是趨於高昂。工人一定要格外多做工作纔能獲到同以前一樣的報酬。在這艱苦的時期以內大家視結婚爲畏途，贍養家室是萬分困難，那末，人口差不多就不前進了。同時，勞工旣是低賤，而勞働者的人數又是充溢，和他們需要多量的工作，這就可以鼓勵田主們加僱工人以墾種新的田土，或將已在耕種的田土加施肥料及更完善的改良；最後，生活資料就可和早先一樣適應人口的比例。這樣，勞働者的生活又比較舒服一些，限制人口的約束也寬弛了，經過短時期以後，人們幸福方面的進退動作又反覆推演了。」

人口的問題（註一七）

「人口的問題可以分爲兩大類——一部分是關於人口的數量，還有一部分是關於人口的品質。對於人口問題的探討大都專重這兩種主要方向之一，而不能兼顧，以致其相互的關係不爲人們認識。本書的目的之一，在揭示各種人口問題都是同一個出發點。前世紀中所發明的生物學，特別是關於演進論的探討，早已說明整個的人口問題，和因它而起的種種問題，都是從一種事實出發的，這事實就是人類在動物界佔着固定的地位。在下面兩章內，將設法確定整個問題的基礎，這基礎是用現代研究的立場來講的。各種問題的性質和其相互的關係，在第四章內加以討論，而尤其是先從關於人口的品質的各種問題敍起。

「但是，這並非對於那個問題首次的討論。第一點，人類的動物學地位還沒有獲到相當的認識，所以就不能漸趨於明瞭因此而發生的各種問題。關於人口數量的問題，早已爲人特別地注意。自紀元後第五世紀至第十八世紀——換言之，自柏拉圖的時代至馬爾薩斯的時代——大家的意見總是集注在密度的人口之是否適宜這一個問題。馬爾薩斯的學說也是集中在這一點上面。在狹義方面說，這問題的解決，可以不必明瞭整個問題之生物學的發出點。人口論（Essays on Population）問世以來各方所有的討論，結果公認這問題的解決方案，應由政治經濟學者去研究。在廣義方面說，這問題的解決方案有賴於對它的生物學出發點之認識，因此一直到前世紀的中葉以後，纔由達爾文（Darwin）和華萊斯（Wallace）的學說——這兩位學說都承認馬爾薩斯的貢獻——將關於人口數量的各種問題納入正軌。馬爾薩斯在自己不知不覺之間，討論着一種與天演論接近的問題，而達爾文和華萊斯在闡明天演過程的時候，都受到馬爾薩斯學說的影響。從達爾文和華萊斯的時代以後，大家對於人口問題，就可以整個地觀察，雖然在種族的起源（Origin of Species）一書出版之前後，關於人口數量的問題，是單獨地討論着的。

對於人口品質的問題，學者沒有和早先那樣感到同樣的興趣。當然，大家都知道柏拉圖專心研究過整個人口問題的這一部分；羅馬的著作家也批評過許多關於優生學的生育問題。後來康貝納拉在他的名著裏面，也討論過優生的重要性。但是，對於品質的興趣，比不上對於數量的興趣那樣普遍而持久。一直等到大家承認生物的始源是演進的，和大家有了相當的遺傳學識以後，這人口品質的各種問題，纔爲人類稍稍注目。

「我們看到生物在自然狀態下，是根據於原子的變化而發生變態。所以人類也有原子的變化，而從原子的變化與歷史——這名稱是廣義的，包括那種無意識的名詞：『有史以前』的時期——發生關係，它和其他生物的變化是屬於同一的性質的。但是人類的原子變化之方向與強度，都受着意識演進的影響。有許多消滅的原因已經全部或一部分除掉，而新的原因又採納了。這種事實是大家所熟知的，用不到贅費。不過，還有一種情形是値得注意的，如果看到在原子細胞組成的時候，因爲環境的改換而常常發生變態，那末這發現，對於人的地位有很大的關係。因爲人類的活動是處於理智的指導之下，環境的各方已經大大地改變，當然這樣改變的結果，使人類的原子細胞在發展的時候，要比其他生物，受到更爲複雜的刺激。但是這無非是一個可能性，至今還沒有確定的主張。也許各種各色的貨物，煙酒的嗜好，各項職業及習尙，和其他很多的事情，最後都可以發覺與理智有關，而在某種情形之下，足以促成人類的變態。」

「現在再可以用數字計算，以證明人類的生殖力，這種生殖力，我們在下面可以知道，總是估値過低的假定。有同年所生的人口一百萬，一半是男的，一半是女的。再假他們在二十歲以前都結婚，而每一對夫婦生育子女二人，總數也是男女各半。爲淸晰起見，我們猜想那許多父母滿了二十歲生育了子女後都死亡，那末，照這種條件實行，可以有固定的人口一百萬，既不增加，也不減少。但是，如果每一對夫婦平均生育子女二個半，那末，在一百年以後，人口就增至三百萬；如果平均生育子女三人，人口就要增至七百九十五萬四千人；如果平均生育子女四人，人口就要增至三千二百萬；如果平均生育子女五人，人口就要增至九千七百六十五萬人。」

「人口數量的問題，對於任何種族都隨時發生，沒有法子避免。普通以爲它只在某時某地會發生的見解，完全因爲對於人類的生殖力沒有確認。那許多條件有時候偶然可以限制人口的增加及將人口減低，但是不能縮小生產力使人口維持樂觀的水平，這可以說差不多沒有例外的。那末就得需要可以直接減縮生產力和低削人口的方法了。在野蠻的民族裏面，這種方法就是墮胎，虐殺嬰兒，和長期迴避性交。這種方法與當時的經濟背景並沒有連帶的關係，所以我們沒有理由去假定某一種方法在有史以前的某一個時期是普徧的，不過我們可以假定這種方法之一或二，是繼續地發生着的。」

「現在討論到人口品質的問題，我們發現生物在自然狀態下的變化——因此也是我們人類原始前的祖先的變化——完全是因爲原子變化的關係。人數脫離與其他生物同處的品質地位，和脫離與其他生物在自然狀態下所有的數量地位一樣。換言之，人類的歷史除了完全爲原子變化關係以外，是沒有方法解釋的。傳統關係一天一天增加它的重要性；而環境的直接影響也比較各種生物在自然狀態下更是重要，不過視傳統關係的變化及原子組成的變化，仍是無足輕重。原子的變化，在形體的永久變態方面，依然維持其絕對重要的地位。

「我們所看到的形體上的狀態，就是相互動作的表現，這相互動作是發生於某種原子的傾向與某種環境間的。除了疾病以外，環境所有的各種變化，並不明顯地影響形體狀態。傳統思想並不直接影響於形體的狀態，而是改變環境的，這雖是眞確，但已成爲另一個問題。不過，當我們來考察比較小的差異點——例如現代社會中不同的階級分子間所發見的——的時候，先得十二分謹愼小心，纔能認爲環境的差異並沒有和這許多發生關係。在廣義方面說，體格上、顏色上、目光上、肌肉力上和其他一切的差異，都是因爲不同的機構對於不同的環境，有不同的感應，而成爲不同的原子狀態。所以至少在形體的狀態方面，原子的組成是最爲重要的。因寄生物而發生的疾病，是另一個問題。寄生物是可以驅除的，或用預防的藥物使對於疾病的感應力減少。可是體格上的疾病，應該和其他形體上的狀態併入一類。不論我們所討論的是健康問題（除不感受寄生物的疾病者以外，）或是體格，或是眼睛的顏色或其他形體的狀態，只有原子的組成纔是最重要的條件。

「但是歷史家所記載的範圍以內的事實並非形體狀態方面的變化，而是心理狀態方面的變化。這種應該考察的有三種條件——原子的變化，傳統思想的變化，和環境的直接影響。最後的一種條件我們也可以不管它，不過記着有的時候——好像某一時期內發生慢性的疾病，足以影響一個國家內一大部分的居民——它也能够阻滯進化的。反之，它並不足以促成進化的。但我們雖是這樣把環境的直接影響降至三種條件中的次要地位，也並不認爲環境在人類歷史上及男女個人的生命上完全沒有關係。環境對於原子組成的直接影響，和它對於造成傳統意識的影響，雖似不分淸楚，但是實在完全不同的。它對於原子組成雖是不十分重要，但在實際上我們發現它對於傳統意識發生絕大的關係，漸漸地左右原子的組成。」

「我們的結論大概應該這樣。凡根據於原子的組成以測將來人類的形態的學者，是立在很健全的基礎了。無論我們去支配和調整重要方式的力量是怎樣增加——顯然這種力量將激劇增加——最後要想有一個滿意的形態，只有從原子組成方面產生。在另一方面，如果有人認爲心理狀態上的原子變化將影響社會的演進和決定歷史的方向，他的主張是完全錯誤的。歷史的方向是大部分依據傳統意識的變化，而傳統意識的變遷並不完全於原子組成的變化相關連的。前世紀中的許多重大事故——譬如德意志各方面的思想和行爲的轉變，結果造成絕大的災禍——是因了傳統意識的變化而非原子組成的變化，所以現在歐洲社會的迫切問題是否可以獲到解決，或許結果還是要造成更大的災禍，而這災禍是否經過多年的醞釀然後達到尖頂，或將驟然地爆發，也都是要依據傳統意識的變化而決定，不是依據原子的變化而決定。這是因爲傳統意識已經巨量堆積，足以掩覆心理狀態的外表，決定意識活動的方向，而左右本能機構的表演。因爲大家的傳統意識如果能够平均，人與人之間的內心上也就發現不同點。傳統意識在種族與種族之間雖然說不上平均，但是它至少在同一種族的各階級之間可以說多少已經平均的了，所以心理上的資稟也就這樣成爲對於個人占着優越的重要性了。」

討論要目

（一）馬爾薩斯的兩種重要工作。
（二）馬爾薩斯主義的基本原則。
（三）限制人口的積極方法。
（四）限制人口的預防方法。
（五）積極法和預防法兩者間的相互作用。
（六）馬爾薩斯所主張的解決人口問題的方法。
（七）社會主義派對於馬爾薩斯的批評。
（八）卡維爾的人口學說。

（九）你對於馬爾薩斯主義的反響。

（一〇）馬爾薩斯所預料的人口問題。

（一一）卡爾付德的高見。

附註

（註一）亞當斯密著：國家財政論，一九〇一年，普特能（Putnam）出版，第一章，第八一頁。

（註二）亞當斯密著：國家財政論，一九〇一年，普特能出版，第一四七頁。

（註三）馬爾薩斯著：人口原理，一八七八年，黎扶斯．脫納（Reeves and Turner）出版，第八版本，第一頁；又參考湯謨森（W. S. Thompson）著：馬爾薩斯人口論的研究（Population: a Study in Malthusianism）一九一五年，哥倫比大學出版，第一章。

（註四）馬爾薩斯著：人口原理，一八七八年，黎扶斯．脫納出版，第八版本，第二頁。

（註五）馬爾薩斯著：人口原理，一八七八年，黎扶斯．脫納出版，第八版本，第八頁。

（註六）馬爾薩斯著：人口原理，一八七八年，黎扶斯．脫納出版，第八版本，第九頁。

（註七）馬爾薩斯著：人口原理，一八七八年，黎扶斯．脫納出版，第八版本，第一三頁。

（註八）馬爾薩斯著：人口原理，一八七八年，黎扶斯．脫納出版，第八版本，第三七一頁。

（註九）馬爾薩斯著：人口原理，一八七八年，黎扶斯．脫納出版，第八版本，第四〇二頁。

（註一〇）馬爾薩斯著：人口原理，一八七八年，黎扶斯．脫納出版，第八版本，第四一六頁。

（註一一）馬爾薩斯著：人口原理，一八七八年，黎扶斯．脫納出版，第八版本，第四三七頁。

（註一二）馬爾薩斯著：人口原理，一八七八年，黎扶斯．脫納出版，第八版本，第四八一頁。

（註一三）伊斯特著：在歧路的人類（Mankind at the Crossroads），一九二三年，司克立勃納（Scribners）出版，第三四九頁。

（註一四）卡維爾著：社會公理論（Essays in Social Justice），一九一五年，哈佛大學出版，第一四章。

（註一五）湯潑森著：馬爾薩斯人口論的研究，一九一五年，哥倫比大學出版。

（註一六）特許轉錄自馬爾薩斯著：人口原理（An Essay on the Principle of Population），一九一四年，梅林登司出版。

（註一七）特許轉錄自卡爾倫德（A. M. Carr-Saunders）著：人口問題（The Population Problem），一九二二年，克萊倫當印書局（Clarendon Press）出版。

第十三章　孔德與實證派的社會思想

社會思想方面有組織的基礎，直至十九世紀中葉後纔行奠定。在這時候，孔德(Auguste Comte——西曆一七九八年至一八五七年）對於社會學雖沒有綜合地介紹，但他至少供給了一個有組織的基礎。他是首先劃定社會思想的領域，表明社會思想和其他各種知識的關係，而且分出社會靜學和社會動學的區別。他是第一位重要的社會哲學家，而他所著的實證哲學(Positive Philosophy)也是最先將社會學領域大致確定的論文。

孔德發明了社會學這個名詞，它的意義就是人類結合的科學。他雖然對於這種科學的本身沒有多大貢獻，但卻給它奠定了重要的基礎。他反對關於人類的各種散漫的思想，擯斥玄學和神學的臆測，而主張社會現象的觀察和分類。他不求發現社會上各種規律性的原因，而創造實證主義(Positivism)這個名稱，以陳述他的哲學系統，根據這系統而建設社會學實證哲學的基礎，可以在培根、加利略和狄卡脫(Decartes)的學說中發見。因爲這三人都破除了傳統的觀念，而從個別方面去搜集他們可以觀察到的事實，所以使孔德在社會思想的領域中，也去做同樣的工作。

孔德生於法國的蒙拍里(Montpelier)地方，是卑微而守法的天主教徒的兒子。在九歲的時候，他就表現非常的才力，剛強的個性，和推翻威權的意向。他是被認爲聰明而倔強，具有異常的記憶力和強烈的讀書慾。在學校時，他獲得許多獎品，而爲同學的領袖，大家都稱他爲『哲學家。』到了十六歲的時候，他專心致力於數學的研究。少年的孔德，曾經要求他的一位教師辭職，批評過拿坡崙，並蔑視宗教的和父母的威權。他特別喜歡指摘長者的愚笨，和反對專制政治。

十九歲的時候，孔德和當時著名的社會主義者聖西門（St. Simon——西曆一七六〇年至一八二五年）相結識。他們的友誼僅繼續了沒有幾年，但是聖西門對於這個少年數學家，卻留下了深刻的影響。聖西門表示各種科學應有科學化的分類，而以政治學列於第一。他用『新基督教』（Le Nouveou Christianisme）的名義，提倡了一種新的博愛主義。這種制度是樂觀的、人道的，但是近乎夢想的。孔德對它也不很滿意，所以就努力去創造一種較好的社會分析和社會組織的程式。

社會的改組

一八二二年，孔德第一部重要著作刊行了。上面有聖西門的序言。這書的名稱就是社會改組的科學工作之方案（A Prospectus of the Scientific Works Required for the Reorganisation of Society）。這部著作，是孔德畢生重要工作的開端。他對於這問題，悉心研求，中間僅因不愉快的婚姻和工作過度，神經錯亂，致暫時停止工作。他曾多次公開講演，但都是自願不受報酬。雖然他常常受飢餓的壓迫，但從不肯將自己的著作出售而收取版稅。不過他的朋友對他時有餽贈，而且集合了一種津貼金。他主張凡是他的文藝的作品，應該無報酬地給與大

來（註一）

他的作文方法，是傳記家所稱道的。因爲他有非常的記憶力和高度的注意力，所以他能够詳細計劃著作的內容組織，並由記憶而寫成文章。這方法使他獲到『概念的非常統一性和計劃機構的均衡』。

孔德表示他對於眞理異常重視。這種態度使他遇到基本原則的文字，一定要詳細加以修正和補充。結果，他的作品總是使讀者厭倦的。但是他情願在著述的時候格外小心以保持眞理，不願作含混的語調以犧牲眞理。

孔德所著的兩部重要作品是：實證哲學和實證政體(Positive Polity)。第一種共有六册，於一八三〇年至一八四二年先後刊行。第二種共有四册，於一八五一年至一八五四年先後刊行。一八五三年馬狄奴（Harrit Martineau)所譯的實證哲學英文本，與原著並不相同。

約翰密爾稱孔德爲歐洲第一流思想家，並且因爲孔德提倡新的社會科學，所以在許多方面也算是第一位思想家。（註二）路埃斯(George Henry Lewes)認爲孔德是近代最偉大的思想家。英國的政治家和著作家慕萊(John Morley)論及孔德，說是：『無論是富蘭克林(Franklin)或其他歷史上的人物，都比不上孔德的堅忍卓絕，雖千迴百折，仍是不曲不撓，繼續追求他的理想事業。』馬狄奴對於孔德的研究方法作概論如下：『他一生的事業，不外凝神一志，刻苦勤勞，嚴正精確等習性，這是毫無疑問的。』（註三）

思想的種類

爲奠定新社會科學的基礎起見，孔德先從事於思想的種類之分析，無論什麼地方的原始人或沒有教育的人們，總是抱着一種超自然的思想。他們假定一切物質的現象，都是冥冥中有超自然的神物直接指揮着。原始人迷信神物，認爲各種神靈和超自然的東西都寄寓其中。拜物教（fetishism）是用不到僧道的，因爲神靈是個別的，各寓居於固定的對象中。（註四）

原始人的心理上後來既有較好的組織，就覺得神物主義是累贅了。神物數目太多，就產生心理上的混亂。於是將許多神靈聯合而信奉多神教（polytheism），多神教的神靈代表着生活的各面。這種人類思想史可以由荷馬所敍述的神靈來表現。

但是大多數變易的神道，使人們對之心理上仍是發生不滿，而且使心理上發生矛盾。結果，那許多神靈就被排列而有了階級。最後，一神教（monotheism）的觀念就發展了。大家相信各種現象都是由於一個上帝的直接行動而產生的。人類的眼界是漸漸地放大，他的觀察的範圍和深度都是增加了，因此一神教的宇宙概念也變爲明晰了。一神教是神學時期內思想的尖頂。

但是理性主義認爲上帝並不直接站在每一種現象的背後。純粹的理解主張上帝是『始因』(First Cause)或『抽象物』(Abstract Being)純粹的理解是用不變的權力來解釋的，但是抽象（玄學）的解釋對於心理上仍不能滿足。

因此，孔德就發明了實證主義的概念，這種概念是用純粹理智的方法來觀察世界。孔德主張人的心理應該

集中於現象的觀察和分類。他相信凡是神學的和玄學的觀測，與其說是眞理，還不如說它是虛構，而二者尤混雜不能分辨。所以，一個人如果使思想集中於最有效驗的思想方——就是對於事際材料的觀察和分類，則更爲裨益。孔德甚至認爲要求確定各種現象的原因，是徒勞無益的。大家可以觀察到現象的一律性和規律，但是對於這許多一律性的現象如果假定其原因，仍是一種懸測。實證主義崇尙材料的觀察和分類。雖它也有弱點，但是學者應該注意，在當時獨斷主義和玄想流行的時代，它能够注重觀察和分別材料的科學方法，這是含有重要性的。

孔德所敍述的思想的三階段，並不是像他所主張的思想的三條平行線，而是像斯賓塞所指示的，它們是代表同一體質上的思想。每一種階段需要相同的思考力。但是，照費斯克(John Fiske)的主張，同一個人往往同時用這三種方法以探討各種問題。有些現象是用神學的立場來解釋的，有些現象是用玄學的方法來解釋的，還有些現象是用實證的方法來解釋的。

社會組織

孔德對於社會思想的第二項主要貢獻，就是他認爲上面三種方式思想都決定和適應社會組織的種類。從他自己的宗教關係方面說，他宣稱神學思想足以造成軍事的和君主的社會組織，而上帝是站在階級的尖頂上，是萬王之王，是一位萬能的武士，將一般的人民分配在軍事組織裏面。神聖的意旨支配着一切。這種神聖的意旨由人類的領袖代表着，是不許人們提出質問的。大家必須懦弱地忍受獨斷主義，不然，可怕的刑罰就會臨到頭上。

神權支配着一切。

抽象的思想產生了由抽象的權利學說支配着的政府。神權是給天賦人權來替代了。由是就發生僧侶的制度。社會組織變爲法制式的、形式的和機構的了，但是也不能使人們滿足。

實證的思想所產生的實際效果，就是工業制度，造成工業的時代。它是研究着自然力的性質和功能，開發地球上的物質資源產生物質的發明品。

孔德沒有推想到第四種方式的思想，就是社會化的思想。這種思想不僅注重於自然力的利用，而且要引用自然力以應社會的需要，造成建設的、公正的和協調的社會，還得使個人估量自己的生命，要以人類的幸福爲標準。但是，孔德也可算是開闢了社會化思想發展的道路。

科學的分類

孔德的哲學系統的第三方面，是科學的分類，而認爲社會學是最新和最偉大的一類。以前希臘的思想家將各種知識分爲三類：物理學、倫理學和政治學。培根則根據人類的記憶、想像和理解等心理能力，分爲歷史、詩詞和科學三類。

孔德選擇「漸進的和關性，」爲他的知識分類的原則。他將各種科學依次排列，使每一種範圍的科學可以根據前面一種範圍的主要法則加以研究，而又可以充下面一種範圍內的科學研究的基礎。（註五）所以，這次序

是漸漸增加複雜性和漸漸減少普通性。最簡單的現象一定是最普通的——這普通的意義就是普遍地存在的。(註六)

孔德先從數學——知識的工具——着手。人類用了數學做主要工具，思想可以運用到任何方面。數學是最有效力的工具，可以用它來研究自然的定律。(註七)

數學並不是科學集團中的組織分子，而是一切科學的基礎。它站在科學階層的首位，是一切知識的最佳起點——不論普通的或專門的。(註八)它是各種科學中最老而最完善的一種。(註九)

數學是衡量物象與觀念的簡明關係之科學。它是這種唯一的科學。(註一〇)它的功用是在確定各種關係，這是一切科學思想的基本方法。根據其他任何方法的知識，都是錯誤的、不正確的和不可靠的。我們只有用數學纔能了解科學。

最高級的數學就是微積分。沒有那一種科學研究用不到微積分。甚至醫生治病配方，也得用它酌量各種藥品的分量，以便在相當距離的時間內服了，可以發生效力，使病人的身體恢復康健。微積分是科學的一支，具有最高的尊嚴。(註一一)在這種科學裏面，對於觀察的理解力，比其他任何方面都大。

用了數學做工具，就可以進行科學的分類。一切自然現象分爲兩大類：無機的和有機的。無機的現象比較普通些，所以應該先討論。無機的現象也分爲二類：天文的和地理的。天文的現象最是普通，恆星和行星的出現是最少變化的。(註一二)天文學是計算一切宇宙體——地球也在內——的行動的科學。如果我們不考察地球的性

質和它與太陽系其他星球的關係，怎麼能够澈底了解地理的現象呢？（註一三）

地理的物理學包括兩個領域本質的物理學和化學。物體可以從物理的或化學的方向來觀察。物理學又比化學要普通些，它是討論形體而非原子。化學的現象依據於物理的定律，然而物理定律不受化學現象的影響。化學的作用，受重量、熱度和電力的定律所左右。無機現象的研究分爲三種科學：天文學、物理學和化學。

有機的現象也包括二類：個別的和集團的。第一類是關於植物界和動物界各種個別形體的機能和結構。這就是普通的生理學，或者用現代的名詞來說，就是生物學。它是關於一切有生命的個別分子的生活和普遍定律的研究。

生物學也得依據化學，因爲在化學上可以得到關於營養和分泌等一切可靠的知識。關於有機體的重量、溫度和其他相似的事實的知識，生物學就得歸功於物理學。生物學的定律一部分是由天文學的關係而決定。如果地球運行較速，那末生理的現象也得加速，而生命就要縮短了（註一四）如果地球的軌道和彗星一樣是離心的，那末地球上一切生命也許要遭受不幸的變化。如果地軸不是傾斜的，那末四季就分不出來，而各種生物在地球上的位置，一定和現在的情形大不相同。生物學上一切精密的研究，都是帶有數學性質的，所以有機現象的科學——生物學——依賴於上面所述的各類的知識。

社會學

集合的或合羣的生活之研究是一種特殊的領域。孔德稱這種科學爲社會物理學(social physics)而他對於這種科學，創造一個特殊名詞——社會學(sociology)。它是依據於生物學、化學、物理學和天文學等知識，也以數學爲工具。所以，事實上孔德確定了六種科學：數學、天文學、物理學、化學、生物學和社會學。他也討論到超越的生物學，就是現代心理學的基礎。孔德主張對於連繫的科學如果沒有相當知識，那末研究任何一種科學必定得不到成功。不但對於各種科學都有普通知識，還得對於每種科學依着次序逐一研究纔行——這是孔德給研究社會學者的一句格言。孔德認爲除非依着次序上對於前一類的科學研究到相當程度，總是不能使對於後一類的科學的研究超出平凡的限度。

上述的六種普通科學都經過三個思想的階級。數學雖是深入實證思想的階級，但仍是免不掉迷信的觀念，例如對於數目十三的迷信。其他的各種普通科學還比不上數學那樣深入。孔德希望由他的努力，把最後發明的社會學，推進至實證思想的階段。

孔德分社會學爲社會靜學和社會動學兩種。社會靜學是研究社會制度各部分正反行動的法則，而不管目前所有變更這種法則的普通的社會趨勢。(註一五)社會動學是研究社會的進化律。換言之，社會靜學是研究社會現象的並存律，而社會動學是研究社會現象的延續律。社會學討論着社會的組織和社會的進化。

社會是一種紊亂的狀態。有高尚意識的個人也不免彼此互爲消長。强者更是壓迫弱者，而被壓迫者又想反抗强者。爲什麼社會這樣紊亂呢？孔德回答得很清楚。在道德的紊亂和社會的紊亂背後，還有理智的紊亂。因爲人們對於社會制度和社會進化的基本法則，沒有相當的知識。

還有一層，人們沒有覺得社會法律的知識之需要。他們根本不懂健全的社會學理的價值。他們只是需要『實際，』而不管這『實際』是根據於錯誤的社會學理呢，還是根據於健全的社會概念。

社會基本概念的需要，潛伏於社會組織內。一旦缺少這些普通的觀念，人們『每天除了企求滿足自己淺顯的利益以外，甚至對於粗簡和浮動的社會制度，也不加以維持』。（註一六）同時，如果缺少道德的標準，那末大家在物質的制度之下，就會利用恐怖或腐化的手段；腐化雖是不很方便，但是很和現代社會的性質相近。（註一七）不但這樣，許多政客和官吏們還從事於破壞爲拯救社會所必需的社會學理的研究。他們譏笑社會科學的發展。在政治上佔着重要地位的許多人們，更反對社會的眞實改組。甚至社會的各種原理也從不去探求。在另一方面，社會上的欺騙主義反而能夠引誘一般人們，並且因爲它有暫時的成功而使人眩惑。孔德認爲不去研究社會學理，而想用團體主義改造社會，是很可憾的。他注重社會原理的基本重要性，而認爲它是保證正確制度實施的唯一方法。孔德贊同天主教的理想是糾正社會的實際原則。這種理想是：『在必需的事物方面應從統一，在可疑的事物方面應從自由，在一切事物的方面應從仁愛』。

孔德極力反對唯物主義。他指明三百年中，最優秀的天才都專心致力於物質科學，而忽視社會問題。（註一八）物質的制度固然應加改良，而使它與社會進化的基本原則相調和。可是社會應先有道德上的改組，纔能引導物質上和政治上的改組。（註一九）

社會改進是心理發展的成果。這種心理發展注重人類最高貴的意向淩駕一切。先見卓識和科學理論適應於社會的現實時，足以啓發最優良的人性，並且由此使社會進步。雖然人類低賤的本能仍會表現於相當的行爲上，但是運用這種本能的機會愈少，它也愈會漸漸減弱。（註二〇）

社會的變化

社會的變化有三種主要原因，第一是種族，第二是氣候，第三是科學意義的政治行爲。第一和第二兩種關係沒有很大的改變，而政治的勢力則隨時能夠由社會的先見卓識加以變換。在這方面，社會學就出現了。社會發展的時候，理智的活動和團結性就慢慢地減削理智生活所有的感情的優勢。不過就是最好的性情的人們中間，個人的感情原素，比較社會的感情更強。但是眞正的理智發展足以加強個人支配自己情感的能力，改善他的團結性，以及運用他的精力作種種社會的活動。

孔德主張家庭是社會的單位。人不能離羣獨存，而家庭可以自存。（註二一）家庭組織的重要特徵是在它成立了社會永久性的初步觀念，直接地將未來與過去聯繫起來。（註二二）家庭生活足以養成社會生活——在服從和命令兩方面。（註二三）孔德並沒有逃出父權制的家庭生活之邏輯。但是他的確認爲婦女在同情心和社會性方面是優於男子，不過在悟性和理解力方面是遜於男子。

社會進化的方向是對着最高尙的性情和最寬和的情感之繼續發展，並且脫離動物的食性和物質慾之表現。（註二四）進化的趨勢，是從自私的衝動之滿足走到社會衝動的習尙。幸福是有賴於個人的活動方式中發現新的興奮。充滿建設性的興奮之勞動生活，是最適宜於發展人格的。孔德是通俗教育的提倡者。（註二五）他的主張是根據於人類心理上不變的相同性。各種民族的心理在本能上都是相似的。人類的各分子都可以發展到同一的地位。

在實證政體這部著作裏面，孔德的思想有重要的變遷。這一部書是他晚年的作品，並且表示他艱苦奮鬭所得到的結果。在實質上，實證政體比較他早年所著的實證哲學稍有遜色。他晚年的觀念究竟替代他壯年時思想到怎樣程度，這是一個問題。他在晚年的思想生活中，變更他原來對於人類理智性的注意，而着重感情了。他認為感情是生命的中心，因此就發揮了愛的概念。他說：我們會倦於思想，甚至倦於行動，但是我們總不會倦於愛。（註二六）

孔德式的觀念成為人類大公無私的愛。孔德發明了人道的宗教。他和基督教的接觸，使他相信基督教是僧侶式的。他沒有從基督教裏面看出它有什麼社會的意味；所以他自己就想創造一種純粹的社會宗教。他認為人類本身即是一個終點，而沒有想到人類的社會也許是宇宙作用的浮現呢。

如果我們從他那時的時代上去批評孔德，就可以知道他對於社會思想方面的貢獻之重要性，這種貢獻是：

（一）對於社會應有正確的思想。數學是獲得社會正確認識的最好工具。（二）孔德發明了實證主義，注重對於社會材料的觀察和分類。（三）知識有科學的分類，這種分類是依照相關性的增進和普通性的減少這兩種原則。次序是由數學和天文學起，經過物理學、化學、生物學、而至社會科學——尤其是社會學——爲止。（四）社會學討論着人類結合上靜的和動的兩方情形。（五）孔德發明了人道主義的哲學。（六）孔德主張理智上了解社會的過程是消滅社會紊亂狀態和解決社會問題的唯一基礎。

知識的分類（註二七）

『現在我們應該記着，我們只有從各種階段的現象中找出分類的原則；在這種現象上，科學能够發現它的對象之規律。我們所要決定的是科學研究的眞正相關性。這種相關性也就是對等現象中得來的結果。各種可以觀察到的現象，可以包括在沒有幾種自然的範圍以內，依次序排列着，俾研究每一種範圍時，可以根據前面範圍內的主要規律，加以探討，而又可以爲研究後面範圍的基礎。這次序是依照各種現象的簡單性和普通性的程度而決定。因此就能够得到它們連續的相關性，以爲研究時多少的便利。

『推論起來這是很淸楚的，最簡單的現象一定是最普通的，因爲平常總可以觀察到的東西，當然不會發生在特別情形內。我們應先從最簡單的和普通的現象着手研究，然後連續地探討比較特別的和複雜的現象。這應該是最合法的方法，因爲普通性和簡單性的次序足以規定研究現象的便利程度，而又可以從各種現象上連續的相關性，決定各種科學的必要關係。在這裏值得我們注意的，就是最普通的和簡單的現象離開人類日常的範圍最遠，所以應該比對於人類較爲接近的現象，格外用鎭靜的和合理性的腦力去研究；而這也就成爲加速發展與各種現象對等的科學之新場合。

「我們現在已經得到了我們的公律，第二步就是要討論分類了。

「我們覺得各種自然的現象，是很顯明地分爲二大類——就是無機體和有機體。當然有機體比較無機體更爲複雜而特別，因此有機體依賴於無機體而不是爲無機體所依賴的。生理學的研究就應該先從無機的現象着手，這是爲了有機現象的原質也都包含在無機的現象中，不過有機的現象多出一種特別的階段——就是在組織方面的主要現象。我們沒有探求任何一種現象的性質，因爲實證哲學不去追究性質。不論它們的性質是不同的或相同的，總之我們必須將無機物和生命體的兩種研究分開來。我們的分類要能够經歷將來任何對於生命體的討論而都可適用；因爲無論怎樣假定，無機物理學的普通規律，必須在我們察考相關性的現象能够成功以前，加以確定。

「自然哲學的兩大類都還有分目。照我們對於普通性和現象的相關性次序的定例，無機物理學應該再分爲二部分——天文的現象和地理的現象。因此我們就有幾何的和機械的天文學與地理物理學。這種分類的需要，與前面所說的完全相同。

「天文學的現象最是普通、簡單和抽象，所以自然哲學的研究應該從這方面着手。天文學本身是獨立的，而它的規律卻影響其他一切科學。吸引力的作用和效果，比諸地理的現象上一切的特有和變性的作用和效果，更佔重要地位。因此，最簡單的地理現象——不但是化學的，甚至純粹機械的也在內——之分析，比較最複雜的天文現象，還要難於理解。如果將解決的情形考量起來，最困難的天文學的問題，還及不上最簡單的實質體行動之曲折。這樣我們知道要將兩類的研究分開，而從第一類上討論到第二類，因爲第二類是由第一類分演出來的。

同時我們也找到地理物理學的自然區分，根據我們探討實體的、機械的和化學的性質，將它分爲二部分。這兩部分就是物理學和化學。這裏第二種科學也得從第一種上研究的。化學的現象比機械的現象更複雜，並且是依賴於第一種，而第一種科學卻不轉過來依賴於第二種的。大家知道化學的作用是先得受到重熱、電等影響和表現着與這些東西有關的現象。所以化學隨着物理學之後，而它本身成爲一種明顯的科學。」

有機的科學

「上面是無機體的科學之區分。接着就是自然哲學另一類——有機體的科學——的同樣區分。

「在這方面我們見到兩種階段的現象：一種是關於個別的，另一種是關於集團的。特別是人類方面，這界限是重要的。第二階段的現象，顯然依賴於第一階段，而且比較得複雜些。所以在有機的物理學方面我們有二大部分——生理學和社會物理學，後者是依賴於前者的。在一切社會的現象裏面，我們可以看到個人的生理學定律之運用；以及由作用和效果所生的變態，屬於個人和個人相互間的影響——例如人類種族上因前代對於後代的影響而成爲複雜化。這是很顯明，我們的社會科學一定要從個人生活方面得來。在另一方面，我們也不能假定——像有幾位著名的生理家那樣假定——社會物理學只是生理學的附屬品。這兩種現象雖是同性的，但並非完全一樣；而最重要的就是必須將這兩種科學分離開來。因爲社會情形足以變更生理學定律的作用，所以社會物理學也應有本身的觀察。

「有機科學的分類很容易使與無機科學的分類相同——就是照普通的習慣將生理學分爲植物和動物二種。這種區分不論在實體的物理學方面是怎樣重要，但並不涉及抽象的物理學。當我們的目的是去研究生命的定律——換言之，就是去研究生理學——的時候，植物和動物同時被我們一樣注意。姑且不談那因爲新的發見而使它們中間的界限漸漸地淡薄和模糊的事實，這界限與有機體科學中只有一項分類是無關的。

「那末，我們現在有五種連續相關的基本科學——天文學、物理學、化學、生理學和社會物理學。最先一種科學是討論最普通的、簡單的、抽象的和離開我們最遠的現象，它是影響着其他一切的現象而不反轉來被其他現象所影響。最後一種科學是討論最特殊的、複雜的、實體的和使人類最有興趣的現象。在這兩種科學間，特殊性、複雜性和個別性的程度，完全照着各種科學排列的次序平均地嬗進。」

科學的系統

「這下面是我們應該——擯除一切專斷的意識——認爲眞正的科學系統，而從它裏面找到研究的計劃。

「在我們前進的時候，我們將會發見與排列各種科學的次序相同的原則，支配着每一種科學的分段。這種原則的健全性，在每次它重新出現的時候，總是一度證明。這原則分配着每種科學的內部，和它對於各種科學全部所用的方法一樣，當然是一種很好的原則，但是我們在這裏除了說明我們所預備接着討論的問題以外，未便多講。我們應該快些敍述那已經發現的科學體系之主要原素。

『科學系統的次序在大體上和各種科學排列的次序相符。這種排列的次序在自然哲學的各類中間，是偶然發生的，因爲各種科學是分別研究的，並非有意去排成次序。要去符合這次序的原因，是假定那種排列爲天然的，而且它也適合於自然哲學的實際發展。如果沒有任何主要科學，除了根據次序上前列的科學以探討之外，可以切實地研究的話，那末顯然在天文學的偉大發現以前，就沒有任何科學能夠有巨量的發展。天文學的偉大發現是整個科學的衝動力。後來各種科學的遞進也許是同時發生的，但是仍舊依照我們所公認的次序而發展。

『這一個考慮條件是十分重要的，因爲沒有它，我們就難於了解人類的意識歷史。我們知道的，支配這歷史的普通定律是沒有法子去證明，除非我們將它和上面所說的科學之循序漸進合併在一起，因爲各種人類的學說，由神學、玄學和實證主義這幾種階段連續地開展着，也是與那科學的循序漸進有密切連繫的關係。如果我們不牢記着嬗序的定律，一定會遇到沒有辦法的困難情形，因爲很明顯的，有許多神學和玄學時期的基本學說一定與實證主義時間的學說——這學說照我們前面所定的次序是應該在前列的——偶然相同，或有時候確實相同，這就使歷史的定律發生模糊。這種模糊的情形，只有依照我們所提議的分類法，纔能弄清楚。』

人類的社會發展（註二八）

「文明足以大量地發展人類對於環境的行爲，所以也許大家認爲最先應該注意於人類物質生活的欲念，因爲大部分的社會事業之主要目的好像只是想去供給和改善物質生活。但是比較仔細考察一下，可以發現這種發展是很裨益於最高的人類機能的——一方面使我們得到安全，而免掉將注意完全束縛在物質的需要上；同時在另一方面而獲得直接的和持久的震盪，造成理智的功能及社會感情。人類的社會性在幼穉的時代，要求生活的本能佔着優勢，而甚至性的本能也受到它的節制；當時家庭間的情愛是漸少談及，社會間的感情更是限於極細微的人道觀念，在這條界限以外，任何東西都是野蠻的和仇視的。次於動物食慾的兇惡性，當然是由人類生活所產生的。文明足以引導我們漸漸地和繼續地發展我們最高尙的性情及最寬厚的感情——這些情感是人類合羣唯一可能的基礎，而且經過人類合羣漸漸地養成專門的文化。——這是沒有疑問的。關於理智的機能方面，我們從野蠻生活上毫無思慮的特徵，可以看到在那個生活的時代中，理性對於人類發生絕少的影響。這種機能還沒有發展，或僅表現着極低度的活動——就是關於意識的運用。那些分別和綜合的機能，除了在暫時衝動之下以外，總是全部遲鈍；自然的景象所偶然引起的粗簡的好奇心，每用薄弱的力量以求神學的說明，而就是十分滿足了。至於娛樂方面，主要的不外是激烈的肌骨活動，最好也不過是身體的表演，這許多事情對於知識和社會性的發展都沒有多少幫助。文明永久地改良理智機能的影響，比較它對於道德關係的影響，甚至更無疑問。個人的發展，表現着些微的——在時間和程度兩方——社會發展的主要面相。這兩種發展的目標是想使個人感覺的滿足，屈服於社會機能的習尙，同時使我們的一切情感服從那不斷地增強的理智規律，以便個人與人類漸趨於聯貫在一起。從解剖學的觀點說，這過程是用運動來影響大腦系，使相當地增加它和脊柱的距離，及接近前腦。這是一種理想的方式，表示人類發展的途徑——在個人方面如此，在人類全體方面更是如此。這種觀點可以使我們對於發展的過程，分出自然的和人爲的階段。自然的階段是將人類的地位提高而優於其他動物；人爲的階級是將任何機能發展，而補救原有的弱點。在這裏我們找到人道與獸道間永久競爭的科學解釋——這永久競爭是從文明初期到現在一切研究人類問題者所公認的；而且它的眞實的性質，在沒有被實證哲學決定以前，也已經於各種的學說裏面討論了」。

進步的速率

「上面是人類進化的方向。接着要檢討的是進化的速率，這進化與氣候、種族和其他種種變化原因所造成的不同點是無關的。這是很顯明的，進化的速度一定與關於人類機體和媒介物的自然情形之主要影響，成爲正比例。不變性——停止這些基本情形的顯然的不可能性——總是阻礙我們估量各種自然情形的重要性，雖然我們可以有一種普通的信念，認爲人類自然的發展之遲速，必須隨着這些基本影響——有機的或無機的——的變化而定。舉一個例子，假定我們的腦系的前部比較的不良，或地球變大些和更適合於生物居住，那末人類發展的速度就隨之變易了。社會學的分析，因爲性質關係，只能探求那些次要的情形，這些情形的變化是可以估量的。

『在這些關於人類進化速率的次要的，但是永久的，影響裏面，倦怠是最先的一種。人類和其他動物一樣，倘各種機能沒有充分的運用，必定不會覺得快樂的。各種機能運用時的烈強和耐久，是與每種機能固有的活動性成正比例。一個人對於合乎他性質上特殊優越性的發展愈遇到困難，使他比其他動物更容易覺到厭倦，這就表示本能的存在和不充分活動；而過度的疲弱以致不合於急性的動作，及理智的強力可以自然地忍受不停的運用，這兩者對於上面的情形都是不相關的。我們日常看到那些賦有活動力的人們所表現的性情——理智的和道德的——一定有力地加速人類的伸張，這種伸張自從幼稚性的人道觀念出發，而經過熱忱地找尋新的情感和強烈地發展直接的人類活動所遭遇的種種困難的興奮。這次要的影響在社會充分進步使人類覺得有運用最高機能的需要以前，並不十分顯著。我們所看到的最高機能是最不用力的，最強烈的機能——也就最低賤的機能——很容易運用，而在普通情形之下，它並不能發生倦怠，以致於腦系上產生一種良好的反應。野蠻人種像小孩子們一樣，在對於他們唯一重要的身體活動不受到干涉時，總是不會有倦怠的。他們好像禽獸一樣，因爛熟而長久的睡眠，不覺得他們理智的麻木是可厭的。這裏對於倦怠的影響的簡單敍述是很重要的，因爲可以表明它在加速我們社會的進化方面，究竟是怎樣的作用。但也許最重要的加速力，是人類生命的普通年限。社會進程終止於死亡，這是大家所公認的。我的意思是說繼續的進程，假定爲全部運動的代理人之不斷的交替，這在個別的生命過程中差不多是看不到的，而只有世代相承纔能顯明。在這一點上，社會的機構又和個人的機構相似——**因爲同樣地需要將那經過劇烈行動而成爲不適用的組合分子棄掉，換上新的原素。**舉一個例，我們也用不到去假定一個無限度的人類生命，而使一切進程都停滯了。我們只要想像人類的生命比現在祇加上十倍，並且生命的各種時期照現在的推算。那末，如果腦子的組成仍舊和現在一樣，社會進化上就會發生停滯，雖然我們不知道它的程度究竟多少大小。這是因爲老年所有的守舊本能與青年所有的革新本能間永久的衝突，一定比現在普通的生命上，更對於前者有利。從我們人類天性在較高方面的不完善情形看來，甚至那些在壯年時對於人類進步極有貢獻的人們，也不能長久保持優越的社會地位，並且對於他們所無能爲力的繼續進步，沒有不多少存着仇視的。但是短促的生命和過長的生命差不多同樣的惡作劇，因爲短促的生命給人類的革新本能以過分的力量。現在這種本能遇到老年的守舊之抗力，迫它在原有的範圍以內活動着。如果缺了這種限止，我們孱弱的天性既是嫌惡可厭的和繼續不斷的工作，就會永遠提出不完全的觀點和粗簡的動作，以致永久不能够獲到成熟的計劃和適當的行動。倘然人類的生命減短四分之一或甚至一半，這情形是一定不能免掉的。如果人類的腦子組成假定是和現在一樣，在任何一方面的結果總不出上面所說的情形。還有一點，假定它和現在不同，更會引我們走入臆測的領域裏面去了。

『這上述的種種情形也不能使主張研究最後原因的學者抱着樂觀。因爲如果在這一件事情上，也在其他每一種事情上，眞實的程序多少總是依照現象的過程；那末，自然經濟的方式之合於本身作用，與我們所很容易看到的一樣——這就離開事際太遠了。我們社會發展的遲緩，無疑地是一部分因爲我們的機構的絕對不完全，而同時也因爲人類生命的短促。所以，如果我們的生命加上一倍或兩倍，而仍舊限於上面所說的各種條件，那末對於任何偉大的經濟方式並沒有多少危險。我們還不能有三十年的時光（這許多年月以內還得受到種種阻礙而曲折），去專心從事於養生送死以外的其他工作。這於人類所能計謀的和所能實行的二者之間，是一種很不滿足的均衡。差不多沒有一個人在高尚地專心從事於直接促進人類知識的時候，不痛心於他的時間雖是儘量運用而仍是不能使他完成自己概念的一小部分。我們也不用說從事者的急速接替就可以補償個人活動力的有限。這種補償縱然是重要，但還是十分不足，一方面因爲造就繼承者是白費許多時光，另一方面是因爲由觀點不同的人們簡單地繼續一種工作是不可能的；而且更不成問題的，是想教那許多新的從事者的功能完全成爲正比例。在最簡單的物質發明上，沒有一個人的工作可以隨便地由旁人繼續進行而與他本人所要做的完全一樣。比較難一些和高深的工作，需要理智的和道德的力量來完成，那末它的經營就更需要持久的統一性了。這種理智的和道德的力量是不容繼承者去分散和增添，與不容同時代的人們去分散和增添一樣。無論主張分配個人能力者怎樣說法，相當的集中力是人類進步的成功上所需要的。」

人口的增加

「另外有一種足以影響進化速率的原因，就是人口的自然增加，它比任何其他勢力更足以促進這速度。人口的增加總是被認爲人類情形漸漸變好的最清晰的徵象；我們要是將整個的種族加以檢討，覺得沒有東西再比這更不成問題；或者，至少是那些有相互利益的國家。但是，我的議論與這種觀點並無關係。我所要討論的只是我們人類的繼進固結爲最後原則以適合於社會進化率的調整很明顯的因爲這種固結——期時代——大家所贊成的工作分配就不能發生在少數人中間個人的機能也是受到刺激而去用比較精細的方法以找生活；社會也是迫於用更堅決的和協調的活動力以反抗個人分歧性的伸張。有了這種種關係，因此我所要說的並非關於人類數目的增加，而是在每一個空間上的集中，這集中是依照我所用的特殊意義，特別適用於人口的大中心區方面，因爲在任何時代，這許多地方是人類進化的策源。由於新需要和新困難的產生，這種漸行的集中可以發展新的方法——不但是進步上，而且還在制度上。新方法的發展是將物質的不平等加以調和，促進理智的和道德的勢力之高漲。這種勢力在人口稀少的地方是遭受取締的。如果我們接着研究較速的或較遲的集中之影響，我們將會看到社會的運動，受着守舊本能和革新本能兩者間的仇視所造成之紛擾，而益爲加速。革新的本能是隨時在增強起來。這樣意義之下，人口急劇增加的社會學的影響，與我們上面討論過的生命時期的關係，是互相連繫的；因爲不論個人的新舊接替是爲了一部人的生命太短，還是爲了其他部分的人增加過速，都沒有多大關係；而前面一節中所說的，對於後面一節中的情形也够明白了。不過，同時應該注意，如果集中和生命的速度超過了相當限度，它們不但不能幫助，而且還要阻礙進化的速率。集中太甚了，將使人類生活的給養困難；生命的速度太過度了，一定會影響於社會事業的鞏固性，卽等於使生命益爲短促。但是，現在人口的增加還沒有達到開始發生上項困難情形的自然限度，所以我們對它實在沒有經驗——除了在少數例外情形之下，譬如由人數上和時間上辦理不良的移民而發生的糾紛情形。在很遠的將來，我們的繁榮一定要遇到這一個問題，而應加以顧慮的，因爲地球的面積很小，人類的資源有限，所以人口增加的趨勢一定會變爲絕對重要，特別是人類數目增加到現在十倍，而各處都像歐洲西部的人口密度一樣的時候。無論什麼時候這日子來臨，人類天性的更完全發展和對於人類進化律的確實知識等，將會無疑地供給新的方法以抵制危險；這種方法現在我們不能有清晰的概念，而且也不用我們去決定它在大體上是否可以供給一個足够的補救。」

討論要目

（一）社會學名詞的由來。
（二）孔德個性上的重要特徵。
（三）社會主義對於孔德的影響。
（四）孔德第一部著作的社會特色。
（五）人類思想的三大類。
（六）其他種類的思想。
（七）三大類的思想怎樣推移到社會組織的種類。
（八）證實主義的性質。
（九）孔德的知識分類法。

(一〇)孔德的科學分類。

(一一)數學與社會思想的關係。

(一二)社會靜學和社會動學的區別。

(一三)社會爲什麼處於紊亂狀態。

(一四)孔德對於唯物主義的反感。

(一五)先見卓知的意義。

(一六)社會進化的方面。

(一七)孔德對於社會思想的主要貢獻。

附註

(註一)孔德著：實證哲學，馬狄奴譯本，第一册，第一〇至一一頁。

(註二)孔德著：實證哲學，馬狄奴譯本，第一册，第一一頁。

(註三)孔德著：實證哲學，馬狄奴譯本，第一册，第一五頁。

(註四)孔德著：實證哲學，馬狄奴譯本，第三册，第一三頁。

(註五)孔德著：實證哲學，馬狄奴譯本，第一册，第二六頁。

(註六)孔德著：實證哲學，馬狄奴譯本，第一册，第二七頁。

（註七）孔德著：實證哲學，馬狄奴譯本，第一册，第三四頁。

（註八）孔德著：實證哲學，馬狄奴譯本，第一册，第三五頁。

（註九）孔德著：實證哲學，馬狄奴譯本，第一册，第三六頁。

（註一〇）孔德著：實證哲學，馬狄奴譯本，第一册，第四一頁。

（註一一）孔德著：實證哲學，馬狄奴譯本，第一册，第二七頁。

（註一二）孔德著：實證哲學，馬狄奴譯本，第一册，第一四九頁。

（註一三）孔德著：實證哲學，馬狄奴譯本，第一册，第一五三頁至一五四頁。

（註一四）孔德著：實證哲學，馬狄奴譯本，第二册，第三〇頁。

（註一五）孔德著：實證哲學，馬狄奴譯本，第二册，第二一九頁。

（註一六）孔德著：實證哲學，馬狄奴譯本，第二册，第一七五頁。

（註一七）孔德著：實證哲學，馬狄奴譯本，第二册，第一七六頁。

（註一八）孔德著：實證哲學，馬狄奴譯本，第二册，第一八〇頁。

（註一九）孔德著：實證哲學，馬狄奴譯本，第二册，第一九三頁。

（註二〇）孔德著：實證哲學，馬狄奴譯本，第二册，第二三四頁。

（註二一）孔德著：實證哲學，馬狄奴譯本，第二册，第二九二頁。

（註二二）孔德著：實證哲學，馬狄奴譯本，第二册，第二八七頁。

（註二三）孔德著：實證哲學，馬狄奴譯本，第二册，第二八六頁。

（註二四）孔德著：實證哲學，馬狄奴譯本，第二册，第三〇〇頁。

（註二五）孔德著：實證哲學，馬狄奴譯本，第三册，第三二〇頁。

（註二六）孔德著：實證政體，一八七一年倫敦出版，第一章，第一節。

（註二七）特許轉錄自孔德著：實證哲學，馬狄奴譯本（邦恩哲學圖書集成 Bohn's Philosophical Library），一九一三年倫敦佩爾公司 (G. Bell and Sons, Ltd.) 出版，第一冊。

（註二八）特許轉錄自孔德著：實證哲學，馬狄奴譯本（邦恩哲學圖書集成），一九一三年倫敦佩爾公司出版，第三冊。

第十四章　馬克斯與社會主義派的社會思想

本質的社會主義始於十九世紀初葉——一八一〇年至一八三〇年間。它發展的區域，以歐洲大陸和英國爲主要。柏拉圖的共產主義與謨耳的烏托邦理想雖是社會主義的前驅者但十九世紀初葉歐洲社會的不寧是促成社會主義的直接原因。社會主義也代表着對於當時流行的放任主義的思想之反感，這種放任主義縱容着社會的一切罪惡，並不顧到社會貧窮階級的痛苦。

社會主義發端於法國聖·西門和傅利葉，英國奧文(Robert Owen)及德國洛德培特(Rodbertas)、拉塞爾(Lasalle)、馬克斯(Marx)和恩格斯(Engels)等學者的概念及實驗。在法國這種運動由蒲魯東(Proudhon)和伯朗(Blanc)等盡力推進；在英國由基督教的社會主義者馬理斯(Maurice)和金斯勒(Kingsley)等加以推進。在德國馬克斯做了數十年的領袖，最後還成爲世界上最有名的社會主義思想的闡明者。

聖·西門在他所著的新基督教(New Christianity)一書中，對於社會思想有了卓越的貢獻，這是上面一章裏已經敍述過的。他的思想並不深刻，也沒有系統，但是能够表現他的智力。聖·西門所提倡的社會，裏面只生產有用的東西。在這種工業制度中，科學家統治一切。聖·西門對於最貧苦的階級之幸福格外關心。他所著的新基督教實在是請求世人致力於改善窮苦人的生活情形。他給予孔德的影響，前面已經敍述過了。

傅利葉

傅利葉(Fourier——西曆一七七二年至一八三七年)發明了另外一種重要的社會主義觀念，他所主張的社會制度，是將『密集團體』(phalange)作爲獲得完善社會的主要工具。這種密集團體是由二十四組至三十二組的人民構成的。每一組的人數自七人至九人。它的團結力是自然的吸引，或自由選擇的愛和同情。每一個團體的人員都度着共產化的生活，他們寬廣舒適的建築物是叫『法倫斯特』(phalanstère)。許多的密集團體應該聯合起來，成爲一個世界大同盟，而以君士坦丁堡爲大本營。

人民的工作可以依照自己的旨趣，而且職業可以時常變換。勞工的生產品，最後重行加以分配，一小部分是平均分給大家——不管任何特殊的關係。其餘的十二分之五歸給勞工，十二分之三歸給專門家，十二分之四歸給資方。困難的普通工作所得的報酬最大，這是假定從事於愉快工作的人在心靈上已經獲到報酬了。每一個人應該有機會成爲資本家，而每一個婦女也應該能夠經濟上獨立。傅利葉這許多理想的計劃，是要使人類的性情驟然地完全改變。

伯朗

伯朗(Louis Blanc——西曆一八一一年至一八八二年)將社會主義的思想推移到政治上。他宣稱只有政治機構改爲民主化以後，纔能有眞實的社會改造。民主的國家可以設立許多國有的工廠。這種工廠可以由工人組織的工業聯合會去經營。一般工人們可以自由選舉執事人，自行管理工業，並規定支配工業生產品的辦法。這些工會一經國家提倡以後，就會擴大組織和增加數目，一直到全國，然後全世界，都是這樣組織起來。

伯朗曾經參加一八四八年的法國革命，而充任臨時政府的一員。他的國有工廠觀念可是並未實行。他這種失敗，一部分應該由他的政敵負責，因爲伯朗所主張的生產工作和行爲保證等要素都給他們忽視了。但是，如果認爲這兩種要素爲國有工廠發展所必需的，那末這事實就足以指示在平常情形之下，他的制度或許也是不能成功的。

差不多早期的社會主義者都是進化論者而非革命家。他們沒有提倡階級鬭爭的學說。他們所發明的，是布爾喬亞的觀念而非無產階級的觀念。但是對於這種說法有一個顯著的例外，就是巴布夫（Babeuf——西曆一七六〇年至一七九七年）的激烈態度。他可以算是馬克斯社會主義和蒲魯東及巴枯寧（Bakunin）的無政府主義之前驅者。巴布夫極力主張無產階級的統治權，並提倡廢除遺產法和私有財產制。他又主張公司的財產應該充公，而應建立共產的國家。

蒲魯東

蒲魯東（Proudhon——西曆一八〇九年至一八六五年）是哲學的無政府主義者，而他利用了公道、自由、平等這幾項著名的原則。他認爲一個沒有技巧的工人應該得到與成功的商人或自由職業者相同的工資。他預言過機會均等可以產生能力的平等。

蒲魯東攻擊財產權。他宣稱：財產就是偸竊。財產本身是沒有生命的，但是它會要求地租、利息或利潤，或同時要求三項。它借着法律來保護自己，而且爲擁保它假設的權利起見，就利用單幹，破壞家庭，甚至從小孩們的嘴裏奪取麵包。它剝奪勞工的正當收入。（註一）

蒲魯東用不妥善的理解，主張個人在社會中的自由發展，就是每一個人應該知道在社會上自己管治本身，以致不再需要政府。這學說就是蒲魯東的無政府主義。在這學說上，他沒有供給一種適當的發動力，或預料人類關係上最後的複雜性。

奧文

奧文（Robert Owen——西曆一七七一年至一八五八年）是英國社會主義的創造者。他充任工廠管理員的時候，就發明種種社會觀念。奧文生長於工作時間冗長的時代，目睹女工和童工的惡劣情況，及簡陋的住所，他就創導一種二十世紀式的運動，努力促進幸福的工作。奧文的學說認爲工人受着環境的支配，甚至性格也由此決定。奧文在理論上和實行上都想防止經濟環境的壓迫工人。他很相信勞工的自治組織。他所提倡的合作運動，是爲獲得工業上的公道和給予工人自由發展個性的機會之方法。

奧文反對馬爾薩斯的人口論，其理由是說這人口論沒有料想到應用科學發明力於食物供給的來源上，可以使生活資料激增他也反對馬爾薩斯限制人口的理論，因爲這種理論沒有注重財富分配的不均和勞工所處的奴隸化的社會組織。

奧文的實驗——特別是印地安那(Indiana)的新快樂村(New Harmony)——證明共產主義組織的本身並不能拯救社會。奧文的社會思想之精義，是在重視應該給予勞工以工業創制權和工業合作的機會。

英國在十九世紀中葉的時候，基督教的社會主義者勢力甚盛。這種運動的創始者是馬理斯和金斯勒。他們都是牧師，而對於勞工階級的幸福是十分關心的。他們指明當時的經濟制度的弊病，及孟吉斯特(Manchester)經濟學派的形式。他們提議將基督教的主義引用到當時的經濟制度中。他們反對經濟的競爭，主張在工業勞資關係上應以倫理的和精神的合作與愛的原則替代經濟競爭的方法。他們的社會主義實在是將基督教的愛的觀念盡力應用於人類日常的關係上面。

基督教社會主義的影響促使洛許旦爾(Rochdale)地方的紡織工人，在一八四四年組織消費合作社的試驗。消費合作的概念，發端於奧文的思想和實行上面，經過洛許旦爾紡織工人的努力及馬理斯和金斯勒予以基督教的助力以後，它就成爲相當的具體化了。

洛德培特

在德國方面，洛德培特、拉塞爾、馬克斯和恩格斯等對於人類社會的性質，闡揚了社會主義的思想。洛德培特(Rodbertus——西曆一八〇五年至一八七五年）是一位大學教授的兒子，和對於社會過程的靜默而深刻的思想家。依照他的社會發展分析，有三個階段可以指出來。第一個階段是奴隸制時期，或以人爲私產的時期。第二個階段是第一個階段的變相，就是以土地和資本爲私產的時期。由於這種所有權，凡是經濟的幸運者或巧黠者都能運用絕大的權力，以壓迫不幸者和未受教育者。第三個階段是現社會正在向它推進的，在這時期內，服務的概念支配着一切，而認私產是最重要的概念，將迫於退居人類活動上的次要地位。洛德培特認爲最後的歸宿，是世界共產主義的社會，土地和財產均爲國有，而勞工應依照生產力以得報酬。

洛德培特否認工資基金的原理能有存在的餘地，向主張工資不應由資本撥付，工資是勞動生產報酬的一部分，爲勞工所應得的。他的基本學說認爲勞工是一切價值的來源和標準。他提倡一種演進的方法，就是由國家通過法規以保證勞工的正當報酬。這種國家社會主義是要漸漸地發展，一直達到科學的社會主義，而注重於勞工所有的，勞工所享的，和勞工所治的政府。（註二）

拉塞爾

德國社會民主主義創造者拉塞爾(Ferdinand Lassalle——西曆一八二五年至一八六四年）著有重要的論文二種：巴斯塔的市長(Bastiat-Schulze)及工作人的程序(Working Men's Programme)。拉塞爾相信自然的情形是會產生痛苦和罪惡的，而國家的主要任務是要去拯救人民脫離這種苦海。國家應該設法提高工人到工業自由的地位。

拉塞爾反對一種名爲『工資的鐵律』(iron law of wages)的學說。他抗議着勞工所得的報酬過於低微。他主張成立生產聯合會，由勞工充任工作和資本家的兩重職務。爲創辦這種生產聯合會起見，國家應預先撥付補助金。待到生產聯合會有了相當成效以後，它就可以自行繼續維持。最後，工業的全部，將由生產聯合會經營，而政治生活上將由工業的和社會的民主主義支配着一切。拉塞爾是德國社會民主黨的創始者。他很勇敢地排斥當時佔有政治勢力的反動階級，而領導工人們的運動，以期推翻現存的社會制度。(註三)

馬克斯

馬克斯(Karl Marx——西曆一八一八年至一八八三年)的名字，在社會主義者的名單上佔着最高的地位。馬克斯生於德國猶太人的家庭，受教育於邦恩和柏林二大學。他充過新聞記者，但他所主編的報紙被認爲過於自由而被取締。馬克斯於一八四二年赴巴黎，仍繼續其記者的工作。在這時候，他受到法國社會主義和它的領袖蒲魯東的影響。一八四五年巴黎當局受普魯士政府的要求，將他驅逐出境。他就到伯魯塞爾(Brusse'ß)同時，他和恩格斯(Friedrich Engels——西曆一八二〇年至一八九五年)成立深摯的友誼。

一八四七年馬克斯和恩格斯發出共產黨宣言。(註四)這激烈的文件流傳極廣，並爲一般社會革命者所接受宣言的理論是：

（一）廢除土地財產權；將地租撥充公用。

（二）廢除一切遺產承繼權。

（三）施行累進的所得稅。

（四）交通機關和商業收歸國有。

（五）由國家擴張生產事業。

（六）強迫勞工。

（七）免費教育，廢除童工。

（八）消滅城市和鄉村間的分歧。

一八四八年馬克斯回到德國，並在科侖（Cologne）地方創辦一種新萊因報（New Rheinische Zeitung），由恩格斯任主編。因爲他的革命活動馬克斯於一八四九年又被迫而離開德國。他到巴黎，後來又赴倫敦，在那裏當一個新聞記者，一直住到一八八三年他就死了。

一八五九年，政治經濟學批評（Kritik der Politischen Oekonomie）出版。這書包含馬克斯思想系統的重要原則。一八六四年，馬克斯得到一個找了許久的機會從事組織世界的勞工成爲一個大同盟。九月二十八日馬克斯在聖馬丁禮堂（St. Martin's Hall）當了大衆的前面，創立「國際勞工同盟」（International Workmen's

Association)他的基本觀念是要使一切以解放勞動階級爲目的的工人集團組成一個世界或國際的同盟，以達合作的功能。這個『國際』是主張各國政府應以工人階級的利益爲前提而減削它們現在對於戰爭、外交和國家的猜忌等事情的注意。

一八六九年馬克斯由列布克納希（Karl Liebknecht——西曆一八二六年至一九〇〇年）恩格斯和其他幾人的幫助在德國組織了一個社會民主勞動黨（Social Democratic Labor Party）。拉塞爾所創始的運動就和馬克斯的運動互相聯絡起來，到了一八七五年德國的社會民主主義就對於資本主義峙立聯合的陣線。馬克斯、恩格斯、列布克納希、朴伯爾（Bebel）是這聯合陣線的著名領袖。俾斯麥（Bismarck）也迫於承認它的勢力，而不得不委屈地創始社會保險的制度以緩和這聯合陣線的內部人員。

一八六七年、一八八五年和一八九五年，馬克斯的資本論（Das Kapital）三册，依次先後出版。（註五）由於資本論這項著作，馬克斯就聞名於全世界了。它的文體是很費解的，它的分析是詳細而有許多地方不易明瞭。它的方法是史觀的。馬克斯分析着社會的進化。他追溯資本主義的興起，從它微弱的開端起，一直到它變爲專橫的成熟期。在這發展過程中，資本的工具是表示着漸漸地趨向於聚集在少數人的手中。用這方法，可以知道無產的人數一天增似一天。這樣，無產階級的發展，簡直就是資本主義所造成的。

資產階級

一個確實的階級——資產者——取得逐漸增加的工業政治和社會權力無產者所受的痛苦也就逐漸增加了。他們除了自己的勞力以外，沒有一樣東西。他們迫於不得已而將勞力送到市場上，拍賣給願出高價的人，但是資本主義足以增多無產者的人數。這種趨勢，加上人口的增加，就造成勞工的過剩。工人們也不得不在勞工的市場上競爭。願意低價出售勞力的工人纔受到雇用。所以資本主義迫使工資減低到僅足維持生活的水平，結果無產階級的悲慘和痛苦就大大地深刻了。從這樣的情形上，勞工給工資的鐵律所犧牲。

因為工資鐵律的運轉，資本家可以自己增加搾取勞工所賺來的東西。這種搾取到的東西，就是『剩餘值』（Surplus Value）。馬克斯詳密地發揮着這剩餘值的概念。資本家的剝削勞工，是盡量地搾取勞工汗血所換來的東西——搾取的方法，不外是強奪和取巧。

階級意識

資本主義的滋長也使無產者中間發生階級意識。這種階級意識是日益增高的。它就產生勞工組織，而這種組織也是在取得絕大的權力。勞工組織和資本階級間的爭鬥就沒有止境了。因為人數多，無產階級最後一定會勝利，推翻現在佔着勢力的資產階級。他們將奪取一切生產的機構，自己來經營以謀大眾的利益。

馬克斯並未假設一個烏托邦。他只是敘述他的社會進化的史觀，而實際參加謀工人幸福的勞工組織。既然馬克斯提倡強迫勞工，所以勞工階級在馬克斯的社會主義之下包括一切的人民。他也主張財富的均分，但並普通對於這名詞的錯誤概念而他的意思是說工業的收獲應依照工人成績分配給他們。

革命的社會主義

馬克斯的社會主義於一九一八年在俄國佔有勢力了。布爾札維克黨(Bolsheviki)代表着馬克斯主義者的急進派。他們成立無產階級的專政，以替代沙皇時代資產階級的專政。布爾札維克主義把職業團體替代地域以爲代表政府的基礎。這種計劃是不健全的，並且在社會學上也難立足的，因爲職業團體並不包括人類個性的各面。根據職業團體需要所建設的政府，只是代表着人類生活原素的一部分。俄國人民百分之七十五都是沒有教育的，無論民主的或任何其他政府，祇有走上獨裁政治了。

革命的社會主義一部分與英、法的工團主義(syndicalism)相符合。工團主義是一種激烈的職業公會主義(trade unionism)。它宣稱工人們並不能希望利用政治方法以求眞正的改善。首先他們一定要組織和發動總罷工。這種總罷工足以破壞現政府而使它陷於一蹶不振的情形。結果工人們即取得政權了。但是同時他們必須繼續與資本家和擁護資本主義的政府戰爭。怠工(sabotage)是工團主義的普通概念。怠工的意義就是破壞機器，阻礙經濟貨物的生產，及減低資本主義的工業效能之運動。在美國，世界工業勞動協會或I.W.W.(Industrial Workers of the World)採取與歐洲的工團主義所提倡的類似學說。工團主義的主要哲學理論家是沙拉爾(George Sorel)。

革命的社會主義在相當方面是與無政府主義相似。這種學說最初因爲蒲魯東的著作而頗佔勢力。還有一位主要的無政府主義者，是俄國的貴族武官巴古寧(Michael Bakunin——西曆一八一四年至一八七六年)。雖然他是貴族出身，但是當他目睹俄國專制政治所產生的民衆痛苦時，就憤慨異常，他卽變爲一位煽動者。因此被拘禁在地牢裏面，後來又被放逐到西伯利亞。他從西伯利亞逃出，經過美國加利福尼亞(California)而到英國，後來又到瑞士。他的主要著作是上帝和國家(God and the State)。活潑、勇敢、動人、大無畏——這許多形容詞可以描寫巴古寧的個性。

巴古寧譏笑着品級、出身和財產等。他攻擊各種外在的威權。他否認『上帝』和『國家』這種概念的健全性，而認爲這些東西不過是束縛人類自由意志的制度之一部分。階級應該廢除，一切民衆應該脫離各種制度的束縛，如婚姻、教會、國家等。

在差不多的方向上，王子克魯泡特金(Prince Peter A. Kropotkin——西曆一八四二年至一九二一年)也贊同無政府主義。克魯泡特金是俄國的貴族出身，具有溫文和謙遜的態度。他的父親擁有許多農奴，但是這位兒子卻不忍看見農奴所受的痛苦。他就放棄貴族的特權，而做受壓迫階級的保護者。他想將無政府主義的學說與互助論連繫起來，並反對集權的社會主義，認爲它足以破壞個人的自由。(註六)克魯泡特金的互助學說，在下面第二十二章內，再加以分析。

無政府主義和社會主義同樣地攻擊着資本主義的罪惡。二者都決心要推翻資本主義，並且都相信着反叛的行動。但是在激烈地推翻資本主義後，要從事於建設新制度的計劃時，它們又分道揚鑣了。無政府主義不像社會主義，主張一切政府都是罪惡，而工業可以不用組織而進行無礙。它提倡一種自由的共產主義。

亨利喬治

共產宣言的要旨之一，是地租撥充公用。亨利喬治（Henry George——西曆一八三九年至一八九七年），的觀點與馬克斯大不相同。他是單稅制理論的創始者。在他早年的時候，亨利喬治到舊金山（San Francisco）艱苦經營一種報紙。不久他就感受到都市報紙和電訊社方面劇烈競爭之壓迫。亨利喬治就給那專利制摧殘而失敗了。可是這失敗卻給他一個新的觀念——因為這觀念而使全世界的人們都注意他。

當亨利喬治在紐約的街道上走着，反覆想像在豪富侈華的背影裏而有他這樣顛沛痛苦的情形。（註七）為什麼這天賦資源豐富的地域上要有貧困呢？雖然有不斷的發現和不斷的發明品，但兩者都沒有減少那需要喘息的人們之勞苦。物質愈是進步，貧困愈見增加。物質進步也許是像一個龐大的木楔，它並非從社會下面而是橫斷社會中心擠進來。『那許多站在木楔尖分斷線上端的人們就得到提高地位，而在下面的人們就益受壓迫下去了。』（註八）亨利喬治於是致力探求為什麼貧困和進步有連繫的關係。

這原因他在土地方面找到了。因為地價一天高似一天，貧困也隨了增加。在社會貧富懸殊的局面之下，地價就是人民經濟情形的差度之指數。紐約的地價比舊金山的地價高，所以紐約比舊金山更多貧困和痛苦的人們。

倫敦的地價比紐約的地價高，所以同樣地倫敦比紐約更多貧困和痛苦的人們。

在土地私有制下，許多人們住在狹小的區域內，地租就高漲，而地價也隨之增昂。生活程度也同時提高，不過工資還是數目很小，所以大家的住所更是過於擠得緊，而地租和地價也益發趨於高漲。（註九）

擁有土地的權利有什麼根據呢？這種權利從何處產生的呢？它是由於強力得來的。但筵席上最先到的一個來賓有權將座位一齊翻轉而不許其他的來賓享受所備好的食物麼？火車上第一個乘客有權拒絕其他乘客上車或要他們付錢給他以後纔能上車麼？『我們筵席上的人數繼續地增多起來，有的來到，有的離開，而這筵席雖是可以容納一切來到的人們，可是有一部分人參加，有一部分人只是旁觀。』（註一〇）這一個譬喻，足以證明現代經濟制度上不公平的原則。

土地私有的結果，地主對於租戶具有一種權力，這種權力即等於奴隸制。所以世界上窮困的現象沒有什麼希奇。造物主並未給世界以不公平的臭味。在我們最高的文明中，人類因爲貧困而暈厥和死亡的事實，不是由於大自然的吝嗇或造物主的不公平，乃是由於人類的不公平。（註一一）地主既然不須工作而可以增加財富，則勞工收獲的被掠奪是一天增加一天。

亨利喬治攻擊着馬爾薩斯主義，並指摘馬爾薩斯所建議的救濟貧困方法——如政府的撙節費用、傳播知識和工業上的改良。亨利喬治接着就貢獻他自己著名的解決法，就是用地價單稅制，將土地變爲公有財產。既然土地是一切財富的源流，那末將土地變爲公有財產是很公平的和必要的。

亨利喬治理論上的弱點，在乎他將單稅制當做獲得公道的不二法門。他過於重視一種方法，而忽視其他各種重要的因素——例如人類的自私性。但他揭穿土地私有制的弱點，也有一種絕大的貢獻。在這方面，他對於社會思想的貢獻，沒有那個人可以與他比擬的。

這裏所討論的社會主義對於社會思想的貢獻，還有許多種社會主義的學說沒有敍述在內。英國的費邊派社會主義者(Fabian Socialists)的教育宣傳，應該認爲是很有效的。這些知識分子的集團雖是人數不多，但其中最著名的學者像西特納(Sidney)和韋勃(Beatrice Webb)等，對於社會思想也引起一種建設的和實際的影響。

社會主義的綜述

社會主義有各種形色。（一）起源於烏托邦主義和廣泛的共產主義。（二）後來它就變爲『聯合主義』(associationalism)，主張將個人聯合的集團加以組織，就像『密集團體』的學說。因爲烏托邦主義一部分是詩的理想之表現，所以聯合主義是代表着布爾喬亞的哲學。（三）再進一步，社會主義就採取政治的願望，並提倡一種政治計劃，由於這項計劃，現存的政府應漸漸地伸張勢力，一直到統制各種生產地租的土地和生產利息的資本。（四）但是國家社會主義被許多激烈方法的觀念所擯棄。馬克斯的社會主義認爲階級鬬爭是不可免的，而工人一定會推翻資本家和資本家所支配着的政府。（五）另一極端的激烈思想是哲學的無政府主義。這種學說着重於廢除現有的一切政府，建立個人的自治。

社會主義對於社會思想有幾種貢獻。（一）它引起文明的人類——特別是經濟上富裕的階級——注意弱小階級的需要。它使無社會意識的知識分子，發生人道的觀念。（二）它使許多經濟獨裁者的權位發生動搖。它用宣傳方法暴露傳統有閒階級所度着的奢侈生活。（三）它將社會學說引用到比較實用的方面，並促成比較普通迅速的社會解決。（四）它所發展的權力與個人主義相同。它幫助着去表現社會進化的二元性，就是說人類的生活有兩個極端，不是一個。

勞工（註一二）

『第一點，勞工是人和自然共同參與的一種過程，在這過程中一個人對於人和自然間物質的對抗力，加以策動、調整和統制。他自己和自然的勢力，站在相對的地位，運用着四肢五官——他身體上的自然勢力——而使大自然的產物適合於他的需要。他這樣地活動和變更世界上外在的東西，同時也將自己的性情改變了。他發展自己身體內潛伏的力量，而迫着這種力量去聽自己的指揮。我們現在並不是討論那種粗簡的本能式的勞工，認爲人只是一種動物。人類將勞力送到市場上像貨物一樣地出賣的情形，和最初人類的勞工還是在本能的時期，這中間已經隔着無數的歲月。我們假定勞工完全是人類所獨有的。一只蛛蜘的工作很像紡織工人，一只蜜蜂建築蜂房的能力也許要使很多建築家慚愧；但一個最劣的建築家和許多最好的蜜蜂間所有區別，是在建築家沒有將房子造起來以前，他的想像上先已將建築物豎起了。在每一個勞工過程的終點，我們所得的結果就是這工人在早先想像到的東西。他不但對於原來材料的形式加以變更，而且他還有自己的作用，以爲他工作方向(Modus operandi)的規律，這種規律是他必須服從的。這服從不只是暫時的行爲。在運用他身體的器官以外，這過程於活動的時候還要求工人的意志連繫地與他的作用符合。這就是說他應該全神貫注工作的性質或工作的方法愈不能吸引他，當然他愈覺得這工作不能使他身體和精神愉快，而他的注意愈要加以強迫使貫注到工作上去。

『勞工的過程有下面幾種基本要素：（一）人類的活動，就是工作本身，（二）工作的主體，（三）工作的工具。

『因此在工作的過程中，人類的活動得到了工作的工具的幫助，對於工作的原料，並不改變其早先所決定圖樣。工作的過程隨着物品的產出而消滅；這物品就是自然的原料變換了面目以適合於人類需要的「貨物」(use-value)。勞工是併合在工作的主體中；前者成爲實體化，而後者也變了面相。原先在工人方面是一種行動，後來在產品方面就變成不活動的固定質了。鐵匠鍛鍊鐵，得到的產品是鍛鍊物。』

『勞工過程——資本家利用勞力的過程——表現着兩種特徵的現象。假定一個資本家付了一天功夫的勞力之代價，那末這一天功夫他就有運用是項勞力的權利，完全像他利用其他的商品一樣——例如他租了一

「貨物」給人家沒有什麽分別。在勞工踏進工廠的一剎那間，他的勞力「貨物」與其運用即屬於資本家了。資本家收買了勞力以後，就將它當作一種活動的酵母，和無生命的物質併合在一起而爲生產品。在資本家的觀點上，勞工的過程與消耗其他購得的商品並無分別，這方面的商品就是勞力；但是這種消耗一定先要供給勞力以生產的材料。勞工的過程是資本家購買了東西以後一直到這東西變爲他的財產這中間的過程。此項過程的產物所以屬於資本家，就像他的地窖內經過醱酵的過程而造成的酒是屬於他的一樣。」

資本

「雖是與「輿論」或甚至衞生官吏相矛盾，但資本家毫不困難地「辯護」着他將工人的工作和家庭生活處於危險而墮落的情形，是營利上所需要的。這好像他「拒絕」對於危險的機器的保障辦法，工廠內流通空氣的器具，和礦穴內安全的設備等的態度一樣。同時在處理礦工的住居問題上也是這樣的。樞密院醫官西門博士(Dr. Simon, Medical Officer of the Privy Council) 在他的正式報告中曾經這樣說：「爲推諉礦工的惡劣住居情形之責任起見……據稱各礦的經營通常是以租約承攬，而承攬者每認爲他的利益（在煤礦方面普通以二十一年爲期）不够長久，所以他是不值得去替他的工人們或由礦工吸引的商販等設置良好的住居設備。甚至他本人想抱着寬大的態度時，這種態度總是給地主徵收過度的額外地租的舉動所破壞。這種額外地租是對於在地面上爲礦層中的工人們的住宿而建築良好和舒適的村落而收徵的，其租價成爲禁止性的（雖非直接的禁止）高昂，故旁人要想來建築也是不行。」』

演進與革命

『工資——勞工和資本家的發展之出發點是勞工的奴役制。其演進時的奴役制的形式卽行改變——就是在十四世紀或十五世紀封建式的剝削轉變而爲資本主義的生產，——而有一部在地中海岸的市鎭，它們的資本主義時代始於十六世紀。任何地域中發現了資本主義，農奴制的廢除早已實行，而中世紀最爲發達的封建區域也是早已趨於沒落。

『在早期積聚的歷史上，一切的革命都是被認爲特出的，並足以警告正在組成中的資產階級，尤其是當許多民衆驟然地和強迫地失掉生活的資源而逐到勞工的市場上去做自由的和「原生」的無產者的時候。』

窮困的謎(註一三)

這種事實——就爲窮困和它的附屬物發現在社會裏面，適爲社會向物質進步發展的時候，這一個重大的事實——足以證明社會雖有相當進步而窮困依然存在，因此知道窮困的發生並非由於當地的情形，而是在若干方面受進步本身所滋育的。

『我們雖是不樂意於承認它，但最後已經證明現世紀的偉大的和正在加速邁進的生產力，並無消滅窮困或減輕勞苦民衆的負擔的趨勢。它反而將達扶斯（Dives）和拉柴路（Lazarus）中間的界限愈加分開來，使謀生的掙扎愈形劇烈。發明的進步增加了人類的力量，這種力量在一百年以前就是最勇敢的想像者也沒有夢見過。可是工廠裏面節省工人勞力的機器雖已達到驚人的進步，而童工仍舊在工作；任何地方新的利器受到充分的運用了，就有很多階級的人們靠着慈善事業過活或將要去求它的援手；財富雖是高積的地方，仍舊有人餓死，瘦弱的嬰孩在枯乾的人身上哺乳；同時每處地方的人們都貪得無饜，崇拜錢財，這一切就是表示恐懼饑荒的影響。理想的世界在我們面前像蜃樓一般飛馳過去。知識的樹所結的果子，在我們伸手去拿的時候，好像蘇頓（So-done）的蘋果一樣，手一觸到就碎了。」

「新的發明雖是有提高社會的作用，但它並不從社會組織的底層做起，而是在上下兩層的中間鼓動的。它很像一個龐大的木楔，不由社會組織的下層而是橫斷中心，用力擠進來。那許多站在木楔尖分斷線上端的人們就得到提高地位，而在下面的人們就益受壓迫下去了。」

「在美國所發生的貧困和痛苦、罪惡及犯法的事情，顯然是隨了村鎮的變為都市及文明進步所得到的生產和交換方法的改善之利益，而益形增加。愈是在美國比較富庶的各部分，勞工階級所受的貧困和苦痛愈是酷烈。如果舊金山比紐約的窮困情形輕一些，這是否因為兩地在共同競進的情形上舊金山及不上紐約呢？一旦舊金山也達到了紐約現在的情形時，誰還會不信它的街道上也要有衣服襤褸和赤足的小孩子們發現呢？

「這種窮困發生的情形是現代的一個大謎。從此項中心情形就產生工業的、社會的和政治的困難問題，使全世界人民都沒有辦法，而政治家、慈善事業和教育等也是無法捉摸。從這一點上發出來的雲霧，將最進步的和自給自足的國家之前途也遮蓋得慘淡了。這是「運命的神」（Sphinx of Fate）給人類文明的一個謎語，而這謎語不用回答只要破壞就是了。現代進步所增進的財富要是一天繼續着去添加私產，窮奢極華，及使「富者」（House of Have）和「貧者」（House of Want）間的矛盾益爲尖銳化，那末這種進步就一天不能算是眞實的或永久的。反動力遲早會發生的。一個塔身要是向基礎傾斜的話，則塔頂每加上一層是卽催促最後的崩倒。去教育那一定受窮困壓迫的人類，只是使他們成爲強頑；政治制度下人類既在理論方面是平等的，那末要將一個國家建立在最顯著的社會不平等的基礎上，就像將金字塔倒置一樣。』

『我想找出爲什窮困和進步是連繫的，和一方面愈是富另一方面愈是貧的定律；而我相信在解釋這種矛盾性的時候，我們可以找到對於工業上和商業上時常發生的不景氣的答覆。這種情形如果個別地觀察起來，它們和一般的現象的關係，好像是無法辨明的。』

『我並不要問任何問題，也不規避任何結論，只是依照眞理所走的方面能了。我們是負着找出上面的定律之責任，因爲在現今我們文明的中心仍有婦女們在顚蹶和小孩子們在哀啼。但這種定律究竟是怎樣的，就在我們的盡力去找了。如果我們得到的結論與我們的原意相反，我們不用畏縮；如果這種結論是與早經大家所認爲聰明和自然的各種制度相衝突，我們也不用向後轉。』

討論要目

（一）傅立葉的分配財富計劃。

（二）伯朗的國有工廠觀念。

（三）蒲魯東對於財產的概念。

（四）奧文的合作社會沒有成功的原因。

（五）基督教社會主義者的觀念之評價。

（六）洛德培特對於社會發展的分析。

（七）共產宣言的性質。

（八）馬克斯所創始的世界運動。

（九）馬克斯所著的資本論之主要論調。

（一〇）馬克斯的『財富的均分』之意義。

（一一）布希札維克主義和蘇維埃主義對於馬克斯主義的關係。

（一二）工團主義的要義。

（一三）巴古寧的主要思想。

（一四）亨利喬治所探究的基本問題。

（一五）亨利喬治所看到的社會不公平的原因。

（一六）喬治貢獻的補救方法之弱點。

（一七）社會主義的社會思想之優點。

（一八）社會主義的最大弱點。

附註

（註一）蒲魯東著：財產論(What Is Property?)，一九〇八年，二十世紀印書局(Twentieth Century Press)出版。

（註二）洛德培特著：生產過剩與恐慌(Over Production and Crises)，一九〇六年，斯克列勃納公司出版。

（註三）拉薩爾著：科學與工人(Science and the Workingman)，一九〇三年，凱爾公司(Kerr)出版。

（註四）馬克斯和恩格斯合著：共產黨宣言，一九〇二年，凱爾公司出版。

（註五）馬克斯著：資本論，摩爾和愛夫林(Moore and Aveling)合譯本，一九〇九年，凱爾公司出版，第一章第六七三節，又第八三四節。

（註六）克魯泡特金著：互助——進化的因素之一(Mutual Aid: A Factor of Evolution)，一九〇八年，道勃台潘琪公司(Doubleday, Page)出版。

（註七）亨利喬治著：進步與貧困(Progress and Poverty)，一九一六年，道勃台潘琪公司出版，第九頁。

（註八）亨利喬治著：進步與貧困，一九一六年，道勃台潘琪公司出版。

（註九）亨利喬治著：進步與貧困，一九一六年，道勃台潘琪公司出版，第二八六頁，又第二八七頁。

(註一〇)亨利喬治著：進步與窮困，一九一六年，道勃合潘琪公司出版第三四二頁

(註一一)亨利喬治著：進步與窮困一九一六年，道勃合潘琪公司出版第三三九頁。

(註一二)特許轉錄自馬克斯著：資本論，一八七三年，亨保特書局(The Humboldt Publisning Company)出版。

(註一三)特許轉錄自亨利喬治著：進步與窮困，一九二六年，道勃合潘琪公司出版，第二十五週年版本。

第十五章　巴克爾與地理學派的社會思想

氣候、土質、雨量及其他類似的因素對於人類的性情和文明的啓發，都有絕大的影響，這是早經人們認識了的。這項思想的主要創製者是巴克爾（Buckle）和拉士爾（Ratzel），近年來森普爾（Semple）和漢廷頓(Huntington)二人已成爲這方面很著名的權威思想家。此外還有許多學者，對於地理的因素與人類進化的相互作用之新知識，也盡了不少貢獻。

最初闡明社會進化上的氣候原理者，是布定(Bodin——西曆一五三〇年至一五九六年。)他認爲酷熱的氣候足以引起各種迷信的信念。寒冷的氣候則產生粗暴的意志力。溫和的氣候是構成理性發展的主要基礎。在布定敍述的理想國中，這三種氣候都有。（註一）北方的地帶產生戰士和工人。南方的地帶產生詩人、僧侶和藝術家。溫和的地帶產生立法家、司法家和學者式的領袖。

布定的物理社會因果論是革命的；雖間或因爲缺乏基本的科學知識而有些錯誤的地方，但在前後兩世紀中，他們學說是成爲地理學派的人類思想之主要代表。經度、緯度、高度、位置和土質等等，在他的社會因果論中，都佔着相當的地位。從布定那時候尙還沒有普通的心理學知識這一點上看起來，這種心理的因素所造成的心理結果是值得注意的。家庭生活、心理發展、性情的變化，以及特別在德道方面，都可以氣候的條件來解釋。

在本書第十一章所述的法律的精神（Spirit of Laws）一書中，孟德斯鳩着重環境的影響對於社會過程的重要性。他要想證明氣候對於社會制度的影響。孟德斯鳩所努力的先導工作，就是現在大家所知道的人文地理學。

孟德斯鳩企求確定因果關係，並由此而將對於社會哲學的注意移到社會科學上去。他重視觀察和過程二者，因此他比布定進步了。他想說明一種過程，由於這過程在寒冷的氣候中的人們比較熱帶的人們更強有力——就是說：『寒冷的空氣會收縮身體外部纖微質的最外層，由此增加纖微質的彈性，並且有利於血液從身體表層流轉到心臟。反之，温暖的空氣會鬆弛和伸張纖微質的最外層，因此當然減少纖微質的力量和彈性。結果，在寒冷氣候中的人們比較的更強有力。』（註二）

氣候也很與婚姻發生關係。『在酷熱氣候中的婦女，年齡到了八歲、九歲或十歲就可以結婚，因此在這種地方幼年時期和結婚時期普通總是很接近的。到了上二十歲的人就算是老了；所以人們的理智從來不與年青貌美相並行的。』（註三）

『在温和的氣候中，婦女的美貌能夠最長久地保持着，她們的成熟期也較遲，在相當長成以後纔生育子女，而她們的丈夫的垂老年齡也是相髣髴；並且因為她們在結婚時已具有比較充分的理智和知識，所以生活愈持久，當然兩性間會發生一種平等的地位，其結果即成為一夫一妻制。』（註四）

酷熱的氣候足以減弱人們的強力和勇敢，而寒冷的氣候則使身心雙方能夠相當的強健，並且『使人們忍耐果敢，足以擔任勞苦的事務。」（註五）甚至人們的宗教態度，也是受到氣候的影響。歐洲北部接受新基督教（Protestantism），而歐洲南部則保持天主教（Catholicism）這是因爲「北方的人民常有一種爲南方所無的自由獨立的精神，所以沒有大主教的宗教，比較有大主教的宗教，更能適合於這由氣候而養成獨立性的民族。」（註六）

商業也是受到氣候的影響。氣候既有不同，農產亦遂之而各殊，因此貨物的交換就發生了。氣候相同的人民，即用不到貨物相同的貿易。（註七）

有時候氣候比諸土質更對於人類有利；以中國的情形來說，人口的繁榮，每是被天災所破壞。（註八）在這氣候的情形之下，毋需立法以增進人口的蕃衍。從這上面所引證的孟德斯鳩的思想，可以看出他的敍述是有精彩的地方，而同時也有錯誤的地方。

在比較上，休謨的態度是完全相反的。他對於社會心理學的貢獻，前文已經敍述過了。休謨認爲物理的因素對於人類的心理並無特別的影響。地理的因素並不能夠影響人類的性情、態度和能力。休謨因爲堅決地信仰人類的主觀的和心理的原素，就走到這種極端的地位。

德國的著名科學家恩堡特（Alexander von Humboldt——西曆一七六九年至一八五九年），曾經遍遊全世界，觀察了許多地方的物質地理，以及各地的氣候情形。同時，他也詳細考察那許多他所接觸的人民之風俗、態度和生活標準。在這些旅行和研究中，恩堡特細心地留意到土壤與文明的關係。他對於社會思想的貢獻是屬於描寫體的，就是根據他在世界各地親自觀察所得到的材料的。

巴克爾

巴克爾（Henry Heomas Buckle——西曆一八二一年至一八六二年）的著作，很廣博而詳細地解釋着地理的和自然的因素左右人類生活的情形。巴克爾的出發點，是一個很確定的二元主義的宇宙——這種二元論是分離的。它包括着自然和心理二者，每種受本身的定律之相當制裁。巴克爾推翻自由意志和宿命論這兩個學說，而主張人類的行爲只是由於先决條件所决定，並且有一種規律性的。（註九）人類可以改變自然界，自然界也可以改變人類。但是在過去，有許多地方的人類思想和慾望總是比較的多受物質現象的影響，而物質的現象受到人類思想和慾望的影響比較的少一些。因爲物質的力量具有這種主要的活動，所以研究了物質的力量纔能根本了解人類的歷史。

氣候的因素

足以有力地影響人類的物質因素有四：氣候、食物、土壤和自然界的普通現象。關於第四項，巴克爾是指那些由視覺所接觸的而其主要結果是引起想像和暗示迷信的現象。其他三種因素並不直接影響人類的心理。（註一〇）

氣候、食物和土壤對於人類的第一種可以見到的影響，就是它們能夠使人積聚財富。這種積蓄允許人類在謀生上獲得相當的閒暇，使社會上某些分子能夠努力於知識的探求。人類的文明是有賴於這種知識的獲得，特別是社會化的知識。在早期的文明中，這種進步是根據於兩種情形：『第一種是根據於服役勞工的精力和規律性，第二種是根據於自然界所給予勞力的報酬。』（註一一）這兩種原因都是物質的先決條件所造成的。勞力的報酬是受土壤的肥瘠所左右，同時巴克爾認爲服役勞工的精力和規律性也是完全依賴於氣候的影響。（註一二）在氣候酷熱的時候，人們將感到不適而且有些不宜於活動的工作。氣候也足以影響及於勞工的規律性的習慣。嚴冷的氣候往往會阻礙規律性的習慣而產生不固定性。在南方的國家中，規律性的勞工也是同樣地受到阻礙，——但是這方面是酷熱的氣候。因此，早期的文明中基本的定律就是：土壤可以左右若干勞力所獲到的報酬而氣候則足以左右勞工本身的精力和持久性。（註一三）

關於原始民族社會發展的兩個主要原因，土壤的肥瘠比較氣候的影響更重要。只有土壤肥沃的地方，纔有文明勃興。（註一四）但是在歐洲方面，氣候比土壤的作用更大。歐洲所有的氣候是刺激着人類的活動。

人類的心理力量既然是無限制的，所以一經啓發，這種力量就比較那有限的和固定的自然界的力量更爲重要。人類有無限的能力，用他們活動的心理傾向，以開發地球上的物質資源。

人口的生殖率是依賴於食物的供給量的。在熱帶的國家中，每個人所需要的食物量比較寒帶的人所需要的，稍爲少一些，而且熱帶的食物也是格外的豐富，因此生殖率是很高的。在寒帶的國家中，人們需要含有多量的炭質的食物，但這種食物大部分是取諸動物的，因此獵取的時候，常有很大的危險。結果，寒帶的人民就變成富有冒險性了。(註一五)

用研究物質定律的方法，我們就可以決定每一個國家的主要食物是些什麼東西。例如在印度方面，物質的情形是適宜於種稻，這種植物是五穀中最富滋養料的。結果，成爲促進生殖率的偶然的因素。

凡是主要食物價格低廉的地方，人口的增加也是格外的迅速。結果，大部分的人們只能維持到與生活資料的水平不相上下的情形。有少數的人們知道些物質定律的作用，由是就利用羣衆以謀自己獲到巨量的財富。財富既然是智力以外的永久權力之一，所以財富上的不平等，同時就產生了社會和政治力量上同樣的不平等。(註一六)這就產生階級，甚至產生門閥。因貧困而引起蔑視。結果就發現階級的衝突。窮苦的人們益被壓迫下去，只是發出不平的怨聲，而更受人家的侮辱。在這種情形之下，民主主義是一種艱苦的掙扎。任何時候物質的情形是有利於某一個階級，這一個階級的本身就成爲統治的組織，並且嚴厲反對將統治權普及於其他各階級。在歐洲方面，主要的食物並不價廉，人口也不盲目地劇增，所以沒有像印度的階級那樣高下懸殊。因此民主主義的運動在歐洲就容易普遍了。

早期的文明發端於幼發拉底河流域(Euphrates Valley)、尼羅河流域(Nile Valley)以及祕魯(Peru)、中阿美利加和墨西哥等土壤肥沃的區域。近代的文明也都發端於肥沃的大河流域內，例如泰晤士河(Thames)、塞恩河(Seine)、萊因河(Rhine)、波河(Po)、多瑙河(Danube)、赫特森(Hudson)和密西雪比河(Mississippi)。但是在亞馬遜河流域（Amazon Valley）的肥沃土地，尚還沒有產生多量的人口。這地的貿易風(trade-winds)使空氣中增多濕氣，易於發生大雨，並使植物盛茂，動物蕃息；可是至今還沒有人力去開發。

自然界的普通現象

巴克爾所敍述的第四項物質的因素，是自然界的普通現象。在這些現象中，第一種是足以引起人類的想像力，第二種是刺激人類理智的合理作用。(註一七)在自然的現象方面，我們可以說：凡足以引起恐怖、幻想不定和驚奇的感覺，都是傾向於煽動想像力，並使這想像力支配理智的過程。在自然界繼續地發揚其權力時，人類即感覺到自身的渺小。這樣他就易於抱悲觀的態度，不再去研究和思索，而他的想像力——不是理解力——即支配一切。反之，在自然界平穩地和靜悄悄地動作的時候，人類即抱自信的態度。他甚至要求控制大自然及其他人們。

一切早期的文明都發源於熱帶或亞熱帶的地方。在這些區域內，大自然是很足以危害人類的。地震、暴風、颶風、疫癘等是隨地盛行。因此人類的想像即變爲言過其實了。判斷力即受輕視，而思想亦遭到破壞。人類的心理常在狂妄的狀態中。這種反動作用使人類的生命處於情感的模形中，生命是變爲詩的而非科學化的形式。宗教的情緒是一般所鼓勵的。所以世界上各種主要的宗教都是發源於亞熱帶和熱帶的區域。

東印度的文學和思想表現着大自然對於人類的情緒和想像的影響。東印度人的文法、法律、歷史、醫學，甚至數學、地理學和玄學等種種作品，差不多都是詩的體裁。(註一八)散文的作品是被輕視的。梵語的文字比較任何歐

洲各國的文字更富有複雜的韻律，東印度的文學甚至蔑視一切人類的理解力。（註一九）

例如印度人對於古代的想像產生過度的崇敬，由於這種情形卽引起他們的詩人將上古看作一個黃金時代。在印度的文學中，載着古代一般人的平均壽命是八萬年。還有許多詩人的壽命是有一百萬年。反之，在希臘地方，大自然既是比較的沈靜一些，人們的心理也就是趨於理解的方式。在北温帶方面，科學是發展了。『這地的氣候是適宜於健康；地震也是比較少；颶風也是不厲害；野獸和有毒的動物也是不很多。』（註二〇）換句話說，巴克爾主張在任何地方大自然都是足以影響人類的心理。

巴克爾是物質界對於人類心理的影響之主要闡明者，他的著述注重於文明發展的重要各面。他過於重視人類地理學的觀察。但是這種觀察也構成人類進步的全貌之一部，而以現代心理發展和環境控制的目光看來，這種人類地理學的觀察已是縮成相當度的比例了。

森普爾

巴克爾所開闢的領域，由拉士爾（Friedrich Ratzel——西曆一八四四年至一九〇四年）加以充分的發展。這位德國的學者、旅行家和地理學家是被公認爲將人類地理學置於科學的基礎之上。森普爾女士（Miss Ellen Semple）本想把他的著作人類地理學（Anthropo-Geographie），譯成英文，但是她覺得原書德文的結構很難正確地翻譯，只得將拉士爾的觀察，用她自己的字句來說明。她也指出巴克爾的缺乏系統和不適當地傾向於依從各種普通化的理論。她自己的著作，地理環境的影響(Influences of Geographic Environment)，立卽成爲討論自然界影響人類的各種方式之標準作品。

森普爾女士繼着拉士爾的研究而加以改進，同時指示地位、區域和邊界對於人民的影響。她敍述了海洋、江河和海岸線等足以轉變人類心理的各種情形；而且分別山嶺、平原和沙漠等對於人類的影響。她將描寫人類爲地面的產物。她也不適當地着重物質的影響，認爲大自然是支配一切的力量，甚至文明的人發展了創作刀和剪的精神，她也去歸功於大自然。(註二一)但是森普爾把各種事實排成有力的行列，並用文字的技術以增加這些事實的力量。無論學生或教師都不能忽視她對於物質界和人類進步二者相互關係的廣博研究。

在其他許多討論地理因素對於文明的關係的學者們中間，漢廷頓(Ellsworth Huntington)的研究是值得注意的。他描寫那許多最適宜於刺激和發展心理的各種氣候情形，然後依照氣候有助於心理發展或有礙於心理發展的程度將地面各區域分類。甚至時令對於人類的活動也有可以測量的影響。漢廷頓對於各種工人作了多次的實驗以後，得到一個結論：「物質的活動和心理的活動，在春秋二季卽達到最高度，在冬夏二季降至最低限度。」(註二二)

一切活動都是隨着氣溫而變易。(註二三)低級動物「似乎在高溫度的時候，達到最適宜於發育活動的狀態，比較高級動物更甚」，但是甚至心理的作用也有它最適宜於工作的溫度。「適宜溫度的定律顯然支配着從原形質最低級的活動以至於人類理智最高級活動的生活現象。」(註二四)氣溫的變換是有益的；同時，陽光和陰霾的交替變化也是有裨補的。空氣的濕度，對於人類實際的活動很有重大的關係。在乾燥的氣候中，新陳代謝的作用比較的活躍些。漢廷頓曾經相當成功地判定每月平均氣温的變異，及那幾種温度的變化是最合宜於身體的和心理的力量。

但是漢廷頓最重要的假設論是：第一種，關於發現地面氣候勢力的分配情形與文明的分配情形之相關性；第二種，氣候地帶的轉移與文明中心的轉移之相關性。(註二五)

在這方面，列潑萊(William Z. Ripley)也研究過氣候與種族的關係。(註二六)他分析了各種族及分別種族與地理對於人體色素、頭部、體形、軀幹和其他機構上的特質等以後，他就將氣候的原素，依照其重要性的次序，分爲：溼度、熱度和單調的現象。高溼度、過熱及陽光或陰霾的經久不變，都會使心理衰弱、滯鈍和退化。

照列潑萊的主張，種族適服水土是一種很遲緩的過程。它是需要幾世紀的時間的。也許白種人永遠不能眞正適服熱帶的水土。他認爲種族的差別，是由於環境的因素，比較一般所想像的爲尤甚。

威士萊(U. G. Weatherly)對於住居區域和權益區域的區別，表現着社會生活和社會思想上的一種重要動向。(註二七)鄰里觀念的消逝，人民主要集團性質的變化，和地理因素的受制於新興的心理社會的勢力——這些都是重要的發展。

總結起來，我們可以說物質的勢力對於人類有強烈的作用。但是人類發展了新的心理工具以後，他就可以逃避一部分的束縛性的環境影響。地理因素對於人類進步的關係史，就指明這種影響之基本的而比例的減縮。

羅威(R. H. Lowie)曾將環境有限的影響加以綜述，同時他指出爲什麼相同的環境是與特殊的文化相適應，以及爲什麼在一個人不希望根據地理的原則以研究文化的沒落。(註二八)

近年以來，人類地理學的思想是由於一種新的形式以表現它的新趨勢。人類生態學(human ecology)就是這方面的新名詞。這個名詞是從植物的生態學方面借來的，並依據了植物生命的相當趨勢。它是特別注重經濟的和物質的資源，以說明人類社會的生命的機構。(註二九)在嚴格的生物學基礎和經濟的基礎之上，它並不是一種社會學而是對於舊的學說加以科學化的整理，使社會過程比較過去所發明的，有一種更實質的了解。有些人將人類生態學推演至極端，使它與各種環境的研究成爲雷同。這種環境中，精神的環境是佔着主要的地位。時間和空間的關係之概念，是從哲學方面借來，但是給以許多新穎和正確而有裨益的意義。人類生態學與社會學的連繫是由於集團社會的研究，而對於社會學將有重要的貢獻。

四種氣候因素(註三〇)

「我們如果研究那許多物質的因素最足以影響人類，我們將會找到它們可以分爲四類，就是：氣候、食物、土壤和自然界的普通狀態。這最後的一類是說：許多狀態大部分是視覺所及的，由於視覺或其他的知覺，可以指使意識的結集，因此，在不同的國家中，就引起不同的思想習慣。凡永久影響人類的外在現象，都是不出這四類。最後的一類——就是自然界的普通狀態——所產生的結果是激起想像力和阻礙知識進步的各種迷信。人類知識幼稚的時候，迷信的力量既是淩駕一切，所以就發生由自然界的狀態的萬殊，造成人類性情上的特點，浸假而爲各國宗教上的特點，這種特點在某種情形之下是無法消除的。其他三種因素——就是氣候、食物和土壤——據我們所知，沒有這樣的直接影響，但它們在社會的組織上發生極重要的結果，這是下面接着要證明的。從這種結果就發生許多國家間重大和明顯的不同點，而釀成通常所認爲分劃人類的種族偏見。雖然種族的原有區別完全是假設的，但由不同的氣候、食物和土壤所引起的各種差別也可以充爲一個滿意的解釋。要是明瞭這一層，那末各種差別更可以消除歷史研究中發生模糊的許多困難了。因此，第一步我就想考察這三大類的因素攸關於人類社會情律的定律，並且儘現有關於物質的知識所允許的限度，將這定律的作用很簡明地加以探求，然後再去考察另一類因素——自然界的普通狀態，設法指出它的變化在各國所當然引起的最重要差異。

先從氣候、食物和土壤考察起來，我們顯然看到這三類的物質力量是彼此互相依賴的；換言之，一個國家的氣候和她普通所生產的食物是有密切的關係，同時，食物的本身也是受到產生它的土壤之影響，與土地的高低，空氣的乾溼等所有的影響。總之，這許多情形都給它相當的影響，合併起來就成爲普通所說的，廣義的，物質地理學了。」

「這許多都是偉大的物質力量，足以左右財富的產生。當然此外還有旁的情形也是佔很多的勢力，而在進化的社會中更佔着同等的，或較優的勢力呢。但這是後來的時期。如果從財富的早期歷史上觀察，我們可以看到它完全是依賴於土壤和氣候。土壤支配着勞工的收穫，而氣候則支配勞工本身的精力和持久性。只須大略回溯過去的事件，就能證明這兩大類物質條件的偉大力量。

「這些事情都明顯地證實在文化的兩大因素中，土壤的肥瘠，在古代的時候影響是最大。但是在歐洲的文化中，其他一個大因素——就是氣候——是力量最大；上面已經說過了，這個因素一方面影響及於勞工做工的力量，一方面更影響及於勞工的習慣是否齊整。結果上的不同很奇異地和因素上的不同很是一致。因爲文化的先決條件固然是財富的累積，而後來的事情有許多地方仍是給財富如何累積的情形所決定的。在亞非二洲，土壤是肥沃的，產生豐富的收穫；在歐洲，氣候是良好的，產生更成功的勞工。在前者結果是根據於土壤和出產間的關係，換一句話來說，就是自然界的一部對於另一部的影響。在後者結果是根據於氣候和勞工的關係；換一句話來說，並不是自然界對於自己的影響，而是自然界對於人類的影響。在這兩種關係中，第一個是比較簡單，是不易受到擾亂，所以先行發生。因此在文化的進展中，亞非二洲的肥沃地方總是佔先。但牠們的文化雖是最早，而並不是最優越最持久的。因爲下面就要講的情形，眞正有力的進步不是依賴自然界的豐裕，而是依賴人類的精力的。所以歐洲的文化，最初固是受制於氣候的，但其進步的力量實遠勝於發源於土壤的文化。因爲自然界的力量，雖然似乎是偉大的，實在是有限的靜止的；無論如何，我們沒有絲毫證據可以說牠們曾經增加或是將來牠們可以增加。但是人類的力量，就經驗和推想指示我們而論，是無限的；我們亦沒有絲毫證據可以說人類的智力將來必有達到邊線而不得不停止的一日。智力能够增加計謀，是人類所獨有的，亦是使人類異於所謂自然界的，所以氣候旣刺激人類工作而使人類得到財富，是比土壤更合於人類的進步，因爲土壤固亦給人類以財富，但不是由於刺戟人類的精力的，而是由於土壤的性質和物產的質地或價值兩者之間的物質關係的。」

「從這一點而論，自然界的狀態可以分為二類：第一類是最易刺激想像力的狀態；第二類是最合於普通所謂理解力——智力的合理運用——的狀態。在完備而平衡的腦海中，想像力和理解力是各有所司而互相輔助的，但是有許多地方，理解力是太薄弱，不能控制想像力而限制牠的放縱。進步的文化是以挽救此項不平衡為目的，而以想像力最初所有的權力移交理解力。這反動是否會趨於極端，理解力是否會操縱想像力，這是一個很有趣味的問題；但在我們現有知識範圍中，是一個不易解決的問題。無論如何，這種情形現在還沒有發現；現在想像力比從前已是受拘束多了，但權力仍是太大；這是很易證明的，因為現在各國平民還有許多迷信，而詩人亦仍崇拜古代，因此獨立的精神仍受牽制，判斷力受到蒙蔽，知識階級的創作力受到限制。」

「就自然界現象而論，凡足以引起恐懼驚異和含糊不清不能抑制等思想的事物，很足以激發想像力，在想像力的勢力之下，更足以引起理解力的遲緩審慎的運用。在這種情形，人類將自己和自然界的力量和偉大相比，覺得自己真是渺小不足道。在各方面他遭遇許多障礙，他的意志亦遭受限制。他的心既為不可解和不能解的事物所征服，對於驚人的莊嚴的現象，就不去研究。在另一方面，如果自然界的現象是微小和柔弱的，人類就恢復了自信心；似乎可以依賴自己的力量；在各方面都可成功，都可使用自己的權力。自然界現象既是容易接近，人類自然容易去試驗考察牠們；因此引起了好問和細察的精神，就此概括自然界一切現象，再推想一切現象的定律。

自然界狀態對於人類思想之影響，已如上述，因此發見一件可以注意的事，就是古代的偉大文化都發生在熱帶或其隣近的地方這些地方的狀態都是最莊嚴的，最可怕的，而自然界對於人類是最危險的。的確，自然界在亞洲、非洲和美洲比在歐洲來得更可怕。這一點不僅是在固定的永久的現象——如大山和其他天然的大障礙——是如此的，就是在偶然的現象——如地震、暴風雨、颶風、瘟疫——亦是如此的；這些現象在這些地方是常有的，是爲害很大的。這些常有而嚴重的危險所產生的效力，是和自然界的莊嚴所產生的是完全一樣；就是兩方都增加想像力的活動。想像力是專注重未知的事物，所以一切未解釋和重要的事物，都是刺激想像力的。在熱帶地方這些事物是比別的地方來得多；所以在熱帶地方想像力是最佔優勝。現在舉幾個例子，使這理論更爲明白，並且可使讀者對於根據這條理論而生的辯論，更容易瞭解。

在這些增加人類不安的自然界現狀中，就生命的損失和發生的突兀兩點而論，地震最爲可驚。發生地震以前，有氣壓的變化，首先影響到神經系，再直接損害到智力。話雖如此，地震亦會引起思想的特殊結合和習慣。牠們所引起的恐懼，刺激想像力很是深刻，打倒判斷力之後，使人類懷抱迷信的幻想。更奇怪的，地震多發生一次，不特不能打消這些幻想，反而使這些幻想更加穩固。在祕魯地方，地震是比任何地方來得多，每發生一次，人民的驚愕更加深一層；所以有的時候恐懼心差不多不能忍受。人類因此常在怯懦和憂愁之中；所看見的最嚴重的危險，既不能避免，又無法瞭解，就深信自己無能力無計謀。同樣想像力亦被引起，對於超人干涉的信仰，更加深刻。人力既然失敗，不得不求助於超人力；世間上實在有神祕的和不可捉摸的東西，人類都懷着畏敬和柔弱的心，一切迷信都根據於這種心理，沒有這種心理迷信是不能存在的。」

「自然界狀態有時甚為可怖，因此刺激想像力，提倡迷信，妨礙知識，現在還可另舉一二件事實，來證明牠。無知的人，常將嚴重的危險歸諸超人的干涉；極強烈的宗教情緒，既經喚起人類對於危險，不特屈服，並且尊敬。瑪剌巴(Malabar)地方森林中的印度人，大都是如此的；凡是研究野蠻部落情形的人，都會發見同樣的事實。現在還有許多國家的人民，雖然備受野獸毒蛇的蹂躪，但因畏敬的心，對於牠們還是不敢殺除，讓牠們逍遙法外。」

「假使我們一翻印度的古代史，就知道在最好的時代，想像力仍是非常發達的。第一，最驚人的事實是散文沒有人注意；最上乘的作家專注意於詩詞，以為詩詞是最合於民族的思想習慣。他們的著作，無論是關於文法、法律、歷史、醫藥、數學、地理或者玄學，差不多都是用詩體的，而且照作詩法排列的。結果是散文完全遭受蔑視，而詩學則因受孜孜研究的影響，梵文的韻律，就多而複雜，為任何歐洲文字所不及。」

「世間有一種信仰，以為古代的人是勝過近代的人的，所以古代的人都是長壽的；這種信仰在基督教和希伯來著作物中，都有記載。但這些記載如果和印度文學中的相比，又是平淡瑣屑不足道了。在這一點，正和在無論什麼題目上一樣，印度人的想像力是無與倫比的。所以在許多同樣的事實中，我們可以看見記載，說在上古時代，普通人的壽命是八萬年，聖人則在十萬年以上。有的人死的早，有的人死的遲；但是如果我們將各階級合併計算，在上古最興盛的時代，平均年齡是十萬年。有一個國王，名叫俞逖錫(Yudhisthir)在位二萬七千年；另外一個國王，名叫亞剌加(Alarka)在位六萬六千年。有幾個詩人活到大約五十萬歲，所以這兩個國王還是短命的。但是在印度歷史中，還有一個顯著的人物，尤堪注意，他是國王而兼聖人。這個著名的人活在純潔的盛世，他的生命在國中可算是長的了；因爲他接位的時候，已經是二百萬歲；他在位六百三十萬年；後來他讓了位，又活了十萬年。」

「這些偉大的年齡，如果和希臘的相反情形互相比較一下，更爲明白。希臘和印度是完全相反的。自然界的狀態，在印度是宏大驚人的，在希臘則要小弱得多，而且不這樣嚇人。在亞洲文化的中心，人類的精力是給四周現象所限制脅迫的。除掉熱帶氣候所有各種危險之外，有高觸霄霄莊嚴偉大的山，從山旁發出的大河，沒有人能使牠改道，更沒有人能在河上架設橋梁。還有不能通過的森林，有許多地方，完全爲無邊叢林所掩蔽，叢林之外，又是荒涼無涯之沙漠；這些事情都使人類覺得自己柔弱無能，不能够應付自然界勢力。在外面和在四方，全是大海，給暴風雨所摧殘，其毀壞力之巨大，遠過歐洲所遭的，而其勢之突兀猛烈，尤使人無從預防。在這些地方，事事物物好像都聯合起來拘束人類的活動，所以沿完全海岸，從恆河口起至半島的南端，竟沒有一個安全的巨大的港口，在這比世界任何部分需要更般的地方作庇護之所。

在希臘，自然界狀態是完全不同，就是生活情形，亦完全改變。希臘和印度相同，是一個半島；但是在印度，凡物是偉大的可怕的，在希臘，凡物是微小的柔弱的。希臘全部大約比葡萄牙王國小些，換一句話來說，就是大約等於現在印度斯坦（Hindustan）的四十分之一。地處狹海之中，交通很是便利，東面是小亞細亞，西面是意大利，南面是埃及。各種危險，比熱帶要少得多。氣候是更合於衛生；地震次數更少；颶風毀壞力不強；野獸毒物更少。在別的現象方面，亦是這樣情形。希臘最高的山，高度還不及喜馬拉雅山的三分之一，所以上面沒有永久的積雪。至於河流，既沒有像亞洲大山旁邊流出的瑰瑋的大河，而大自然似乎很懶惰，弄得希臘南北兩部都祇有幾條小河，很容易渡過，而且在夏季，常是乾涸的。

這兩國在物質現象上大不相同之點，引起了牠們在思想上同樣的差異。人類的觀念，一部分起源於智力自生的運用，一部分起源於外界對於智力的提示，所以有一個原因既經改變，效果自然亦生變化。就四周環境的趨勢而論，在印度人類是受脅迫的，在希臘人類是受鼓勵的。在印度各種障礙是這樣多，這樣驚人，和這樣不可瞭解，所以生活上的困難祇有用超人原因的作用來解釋牠們。這些超人原因，既非理解力所能了解，想像力就盡力常在研究牠們；想像力工作過度，其活動就近乎危險，侵佔到理解力，整個的平衡因以毀壞。在希臘情形既然和印度不同，結果當然各異。在希臘大自然的危險侵略和神祕三點，是比在印度要和緩得多。所以在希臘人類思想所受驚嚇比較少，迷信亦少得多；自然界的原因，有人加以研究了；物理學開始了；人類逐漸發覺自己的能力，比別國的人更勇敢地研究事物，因爲在別國大自然的壓力動搖人類的獨立，並且產生與知識不兩立的觀念。」

人是地面的產物（註三一）

「人是地面的產物，這句話的意思是說，人不特是地球的子孫，灰塵中的灰塵；地球並且以母道待他，養育他，給他工作，指導他的思想，使他遭遇困難，借此增強他的身體，啓發他的心智，給他航海和灌溉問題，同時又給他解決的暗示。地球造成他的身體，並且造成他的心靈。地球給他腿上的肌肉，使他能翻山越嶺；有時聽任他腿上的肌肉柔弱無力，而發達他的胸部和手臂，使他在沿海岸一帶，能使用槳或櫓。在大河流域，地球使他安居在肥沃的土壤，同時用靜止的艱苦的日常工作，來拘束他的思想和野心，限制他的眼界，使僅及於狹隘的田疇。在時發大風的高原，在一望無際的草原和乾燥無水的沙漠，在這些地方人牽領了牛羊，從一塊牧場遊行到另一塊牧場，從一塊沃地遊行到另一塊沃地，生活是很艱苦的，但是沒有賤役的壓迫，在旁看守吃草的牛羊，因此有空閒的時候，從事默想，人的思想就有了一種偉大的樸實；宗教變成一神教，上帝祇有一個，無與倫比，正和沙漠的沙和草原的草，一望無際毫無邊涯一樣。那時人的心中祇有一種簡單的信仰，翻來覆去，細細咀嚼，他的信心變成狂熱，他的偉大而特別的思想本來生於無窮盡有規則的遊牧，現在超過了生長牠們的土壤，產生一種合法的結果，就是廣大的帝國主義的征服。

欲用科學方法來研究人類，現在是離不開他所耕種的田畝，或他所旅行的地方，或他所航行的海面了，正和欲研究北極熊羆或沙漠所產仙人掌是離不開牠的產地一樣。人類對於環境的關係，是比最發達的動植物對於環境的關係更多而複雜。這些關係實在是複雜不堪，所以成爲必要的合法的研究物。在人類學、人種學、社會學和歷史裏面，這些關係所受到的考察，就人種、文化的進展、時代、地域或地理上種種情形而論，是零碎的、局部的、有限制的。所以這幾種科學和解釋一部分事物原由的歷史，都因爲和牠們有關的地理上因素未曾細細分析，對於牠們的問題，得不到滿意的解決。人類對於「征服自然」是喜歡說的，而自然對於人類所施的影響是絕口不提的，所以在人類進化的方程式中，地理上的因素，是被忽略了。

在歷史上每一個問題中，有兩個重要因素，或者叫牠們遺傳和環境，或者人和地理上情形，或者人類的內藏

力和住處的外在力。在人類進展的長期歷史中，地理上因素是無時無刻不在運用牠的重要性，就在這一點，牠是一個堅固的勢力，牠從不休止。這個自然界環境，就是歷史的自然界根據，如果和問題中另外一個要素——移動的、易變的、前進的、退卻的人類——互相比較，實際上是不變動的。」

文化的發源地

「在地球上北溫帶無疑地是文化區域。牠是最重要最進步的文化的位所，牠是三百年來使其他地帶文化上進的刺激物產地。牠包括地中海盆地——古代歷史的中心點——和歐、亞、非、美四洲在近代歷史上佔重要位置的地方。自從歐洲文化移植到世界上別的部分後，南半球的溫帶，亦步北溫帶的後塵了。溫帶所受氣候上單調或極端的障礙是最少，尤其是在北溫帶，最能將年常及時季的變化——很合於經濟和文化的發展，和整塊大陸的無窮利益調和起來。

人是生在熱帶，長在溫帶的。在熱帶地方，在太古未開化狀態下，他住在潮澤溫暖一致的氣候中，這氣候很豐富地供給他的簡單的需要，對於他的柔弱的理智和意志不加絲毫壓迫。大自然最初造成粗野的人類，生在第三紀的新世，住在極熱的爪哇，低地名叫直立的猿人（pithecanthropus erectus），那時候的天氣，聽說對於這尚在幼稚時代的不能自助的毫無價值的人類，是很需要的。人類生活在熱帶，除卻幾個例外以外，他們的發展，是受着阻礙的。他們的養育所，使他們終成爲嬰孩。人類的最初的進步，固然有賴於大自然給與他們的天才，但是他們日後的進化，則大部分有賴於大自然在他們間發展的能力。就我們經驗所表示的而論，這種能力是無限制的；但是牠們的滋長，是痛苦的勉強的。祇有在大自然對於人類加以壓迫，強逼人類自覓食物，由此更覓食物以外的東西的時候，這種能力方肯發展。這壓迫祇出現在比熱帶出產稀少但更合衞生的地方，就是一種環境，需要人類工作和發明，方能得到愉快的生活，但是同時有一種穩妥的宏大的酬報，足以使財富累積起來，成為文化的起源。

古代的文化大部分起源於溫帶的天氣和暢而比較乾燥的地方。在這地方，短期冬季的比較涼爽的空氣，對於從濕熱的毫無生氣的熱帶空氣釋放出來的精力，好似一劑補藥；在這地方，適宜的溫暖大有助於植物，但是在這地方，欲得豐盛的經常的收穫，必需從事灌漑，因此引起發明力、合作和社會組織，而人類亦由未開化而進至野蠻。在熱帶裏產生了發展有限的土著文化，但是這種文化還是祇限於也門（Yemen）、墨西哥、祕魯等處，因為那許多地方都是高的涼的半乾燥的高原，略有肥沃之區，更兼地勢優勝，不易受到攻擊，所以人類受到嬌養和鼓勵。

熱帶是人類的發源地，溫帶是文化的發源地和訓練場。在這地方大自然給與人類的東西很多，但是奪掉的東西亦很多。在這地方人類尋到生活權，就是奮鬬的權益。」

氣候的影響（註三二）

「欲產生良好的果子，有三個要素是必不可少的，就是上好的原料，適當的培植，和合宜的天氣。對於大家所稱文化的果子，牠們是否同樣地需要這些條件？人種和文化，或訓練是非常重要的，這是大家所公認，但是除非氣候是慈祥的，人類決不能進步至最高層的話，是確實的麼？上自亞利斯多德起，下至孟德斯鳩和巴克爾止，在這個時期中，有許多人深信氣候是決定文化程度的最重要的因素。還有許多人則以爲祗要食物足供相當稠密的人口之用，祗要人類能够防止熱帶瘴氣等疾病，無論在什麼地方，人類文化是能够進步至最上層的。所以世界上大民族所住的處所，在他們看來，大部分是偶然的。

這兩種極端的意見大部分人是拒絕的。氣候對於文化是有重要關係，這是沒有幾個人疑惑不信的，但是亦沒有幾個人是相信氣候是和人類的遺傳或其他好制度——例如教堂、國家等——一樣重要的。我們相信一個稠密而進步的人民，決不會僅因謀生困難受到壓迫而散居各地，甚至住在極北的地方或者沙漠之中。我們知道熱帶的居民是遲鈍的落後的，我們差不多一致以爲這與終年不變潮溼的炎熱有關。我們對於氣候的信仰，常常有具體的表示。我們不特對於天氣的談論，是比對於其他題目來得多，並且爲改換空氣的緣故，常常到海邊或大山去。在冬季我們往南方去，在夏季則到涼爽的地方去。經過多日陰沈的天氣，我們覺得抑鬱不樂，在風雨之後，晨間天氣晴朗，我們便覺得爽快興奮。但是氣候雖有這樣大家公認的重要，我們不常承認牠是文化的最重要條件。我們知道偉大民族的產生，是在大相懸殊的氣候之下的，有的在燥熱的美速布達米亞（Mesopotamia）和月克丹（Yuctan）平原，有的在寒冷的挪威（Norway）和瑞士（Switzerland）山地。再者，依利諾愛（Illinois）和蒙古，雖然在同一緯線之中，並有同一的平均溫度，但是牠們在文化上大不相同。換一句話來說，我們承認這類似矛盾的兩大事實。我們知道自己因氣候而覺興奮或抑鬱，並且知道如果向北或向南而去，文化的分佈恰和我們根據於氣候經驗所預料的完全一樣。就是在目下，同樣刺戟的天氣，產生程度相差很遠的文化。如果我們將過去和現在來比較一下，則覺得同樣的矛盾更爲顯著。所以我們結果是困惑了。從個人經驗而論，氣候是極重要的。但是有許多事實似乎指明氣候的重要，並不像我們的觀察使我們預期的。

『決定氣候影響的最好方法，是取一羣人們，先住在一種氣候之中，後住在另一種氣候之中，經過長久的時期，測定他們的日常活動。但是這個方法所需費用既是浩大，而所得結果仍不免發生疑問，所以是不切實用。倘使人羣果眞這樣從甲地移居乙地，所有一切情形，除氣候之外，是否仍是一樣，殊難決定。倘使兩地的氣候，大不相同，那末房屋、食物、衣服三項，一定亦是兩樣的。社會情形亦改變了。新的事業，對於有些人是鼓勵的，對於有些人是抑鬱的。所以這樣的實驗，現在是不能實行的。最合實用的方法，還是選定住在氣候常有變化的地方的一羣人們，在各季的時候，試驗他們。而最好的試驗，是一個人的日常工作，便是他用大部分光陰和精力來注意的事業。因此我選定了康納的克(Connecticut)州的紐海紋(New Haven)、紐不列顛(New Britain)、勃列其泊(Bridgeport)三城的五百多工人，從佛吉尼亞(Virgi ia)州至福祿利達(Florida)州的南方城市的三四千工人，亞那波利(Annapolis)城美國海軍學校學生和威斯波音(West Point)美國陸軍學校學生一萬七千餘人。每個人的紀錄，大部分包括一年或至少一學年。全部紀錄都與各種天氣比較過。這工作所得的結果是很足驚人的。晴雨表所表示的變化，影響似乎很小。潮溼是很重要的，但是最重要的還是溫度。此處所測驗的人們，就身體上講，最活動的時候，是在平均溫度在六十度到六十五度，就是中午溫度上升至七十度或以上的時候。這溫度比我們所推測的略爲高些智力的活動在外界平均溫度大約三十八度的時候達到最高度就是在夜間有微霜的時候。另外一個很重要的天氣情形是從一天到第二天之間的溫度變化。在溫度沒有變化的時候，人們的工作是不好的。大變化亦是無益。最好的情形是溫和的變化，尤其是空氣中時常有冷風。

上述許多事實是很重要的。從這本書內的資料，我想繪一幅地圖，表示世界居民所受氣候的影響如果和美國東部所受到的一樣，那末人類精力分佈全世界的情形是怎樣。根據美、歐、亞三洲的十餘國的地理學家約五十人和許多博學人士所發表的意見，而繪成的文化分佈圖，和這張地圖有許多地方完全一致。再者，從推想古代氣候而論，我們知道古時各民族在極盛時代，他們的氣候所有刺戟性，或者和現在文化最爲發達的地方的氣候所有的很是相似。」

「我們所遭的問題，根本是要將種族和地方的效力分開，就是將遺傳和環境分開。我們如將世界上極端相反的兩個種族來比較一下——就是條頓族和黑人——這問題就具體化了。假如有兩個完全一樣而無居民的埃及，一個給黑人住着，一個則給條頓族住着。假定這些移住者都是本族的中等人，都有同樣的宗教、教育、政府、社會組織和發明物。倘使黑人是從美國來的，這情形是很可能的。再假定兩個種族都沒有外來移住者混入。那一族最爲成功？回答是「當然是條頓族。」問題是多麼愚笨呀！」但是問題果然是如此愚笨的麼？你是想着最初幾世。我是想着第二十或第三十或更以後的幾世。倘使沒有新的血加入，那末在埃及五百年或一千年後的生活，對於條頓族或者黑人將生何種影響，有誰能知道呢？」

住居區域和興趣區域(註三三)

「現在我們可以稱地理上住的地方爲住居區域，和心理文化事業有關的地方爲興趣區域。興趣區域是屬於心智的。一個人同時可有許多興趣區域；并且可以任意改變或者移置牠們。在社會進化仍在家屬和部落時代，忠心是非常專一的，但現在個人可同時對幾個團體忠心了。有幾個團體是屬理想主義的，而差不多全部是沒有很嚴厲的獨占性。所以忠心變成多元論的了。在心智方面，自由移住是比在身體方面要容易得多。我們可以說人們走進新的興趣區域，在心智方面可以稱爲重生，而且可以重生多次。就從一個年齡時代到另一個年齡時代而論，這點是確切不移的因爲一個人從幼稚到老年，是經過幾個連續的而大半分離的生活。無論什麼時候，他心智所佔的地方大部分和他的年齡有關的。兒童或是成人之胚胎，但是從偶娃和玩具時代而到生活和行爲哲學時代，他變成另外一個人了。

鐵路和汽車將住所的界線，大大擴充，所謂鄰境已非從前狹窄的區域，而這些界線，亦不似從前顯明了。人們所到的地方和接觸的同伴，比從前來得多，因爲距離是差不多已被消滅，他們覺得娛樂文化和經濟生活的中心點，逐日擴大。從前坐馬車行於壞路之上，須經兩小時，居在遠處之鄉人方能達到他視爲世界中心點的村市。現在坐汽車行於平坦的路上，經過兩小時，他已到了一個大城市了。

但是擴充最厲害的，還是比較善變的屬於心的興趣。印刷術的發明，是這個變化的先鋒；其後還有報紙、電報、電話和無線電。無線電的來臨，造成社會生活的革命，凡是研究社會學的人，對於這個革命千萬不可忽視。無線電已改變了我們對於第一羣的觀念因爲牠能使人們不必親臨一地而有同樣的經驗。當一個人靜聽無線電播送的音樂會節目，他知道有散處四方但是很眞實的聽衆，幷且他會有同樣的接觸和參加的感覺，好像親自在場一樣。在選舉日的夜間，我們靜聽無線電報告選舉結果的時候，那末街頭羣衆圍觀佈告時的興奮，我們亦會覺得的。

那末興趣區域的界線是什麽？在羣的組織是嚴密的地方，牠們是明確的差不多和地理上界線一樣；但是興趣有變動而個人同時可屬於幾個興趣羣。並且，上面已經說過，個人常有新的興趣，而將舊的興趣拋棄。就廣義來說，一個興趣羣是包含全部忠於一件特別事業的人們，至於人們住在何處，是沒有關係的。此處的羣衆，實是指忠於一件公共心理社會事業的羣衆，而這忠心和地理上區域的關係，或者是極微的。

當社會上各組織的工作，開始發展的時候，諸先進給社會觀念一種新的獨佔性。除了很實際的事情像飲食、睡眠、康健和謀生以外，現在的人們——尤其是都會裏的人們——所住的區域，是不同的，而且界限很模糊的。就人們大部分文化生活而論，人們是有賴於在範圍上是屬於國家的或者世界的原動力。這些原動力，在內容或者管理上，不是完全限於一地的，從牠們性質而論，是不能完全限於一地的。地方情形本來附着於較大的團體。人們求能力的熱情，使地方的、國家的，或者國際的組織的文化活動，差不多都組織化和統一化。」

人類生態學的範圍(註三四)

「人類生態學是一種科學，專門研究生物——植物、動物和人類——的變動的和空間的分佈，在這分佈裏，各個個體都有相互的生存或半有機體的關係。這種關係或者是相依、寄生、競爭或者幾樣聯合起來。動植物社會的有機性質曾有人按照動植物生態學的規律研究了好久。現在我們要從同樣客觀的觀察點，來研究人類空間的分佈。

人們空間的關係，比動植物空間的關係，變化起來要快得多。人是文化動物，所以和非文化生物相較，他的生態的組織，比較活動和難以預測，同時更比較有趣和重要。社會和政治的組織，欲和空間的分佈相適應，或和當時交通方法產生的生態組織相適應。新的交通方法——例如鐵路、汽車、電報、無線電——的使用，使社會組織對於空間距離的新解釋，務必重行調和適應。

在新工業產生以前，或者在目下機器工業尚未達到的地方，人類空間的分佈和社會的組織，受着距離的影響很大。社會是小的、團結的，而且大半爲自足的單位。但是在貨物的生產和運輸中，如果以機器力來替代人力，則生態和社會組織，發生大變化了。一種新的空間的分佈——特點是易動性、集中、小組的分離和各區域在經濟上的互相依賴——將舊時的組織——穩固、分開和各地方的經濟獨立——取而代之。歷史告訴我們，當更快的運輸和交通方法，使距離縮短，當機器力來替代人力生產貨物的時候，人類社會是逐漸地擴大。生態學家所要研究的，是在不同的文化和活動之下，人類如何分佈的方法。重要的生態學方法，至少有五個，是人類生態學家不可不細細研究的。那五個是：密集、集中、小組的獨立性、侵佔和繼承。其中幾個有正面的或反面的形象，例如密集的反面是散布，集中的反面是分離。

密集——人們或人類事業的數目，常在增加而有聚集在一定區域內的趨勢，是爲密集。所謂密度，就是在某一時候的密集程度。密集是自然的增加，或累積的移住，或兩者所共同造成的結果。在生產和交通方面未曾利用機器力以前，一地的人類密集，大半是由於自然的增加。眞的，人類的移住，自古以來即有之，但是結果總是集團的替代，而非累積。現在的易動性，常在個人的而非集團的移住中表現出來，能引起地方的密集，而這些密集實是累積而非自然增加的結果。

一地方密集的限度，是跟着常在變化的活動力和經濟組織而轉移的。在東方比較固定的地方，人民生活所繫的食糧供給情形，足以調節密集的程度。這些地方的人口密度，是和土壤生產重要食物的能力成正比例。肥沃的山谷常是人口稠密的，肥沃稍次的高地則人口稀少，至於乾燥荒蕪之地則居民全無了。但是近代工業制度現在很迅速地改變這些情形，正和牠已經改變了歐、美兩洲食物出產區的人口密度一樣。在東方新的人口密集目下正應工商業更偉大的經濟組織的需要，很快地一個個出現。羣集都市的傾向，已經開始，正和在西方一樣，吸引着食物出產區域的青年男女而去。

在這些新的工商業集合區，人口密集的限度，完全根據一個區域出產發售製造品的競爭力量而定。有許多舊的商業中心點，因爲世界貿易找到了新的路線而將舊的廢棄，其重要性大爲減退；再有許多地方，從前是沒有居民的，後來應工業新組織的需要，突然變爲人口密集的區域了。

集中——集中的經過，切不可和密集的經過相混。集中是指人類或人類的興趣集合在一個樞紐的地方而言。一個區域的住民，爲了滿足特種的公共興味——例如工作、教育、宗教交際等——起見，時常集合於一定的地方。所以集中是組成社會的方法；集中足以造成鄉村的「市集」和都會的「城市」。集中是易動性的功用之一；一個社會的大小、形狀和生態的組織，是視運輸和交通情形而定的。集中對於易動性各種形色的關係，日本城市表示得很清楚。從人類精力大半用於運輸而成的舊式社會，不過是許多房屋集合一處，而爲狹窄的彎曲的小路所隔開而已。既沒有大路、娛樂或工業中心點，亦沒有住宅或金融或商業區域。這些興趣的和小組獨立而成的中心點，在美國城市中是很普通的，但在日本人口中心點，目下正在適應街車和別種迅速交通方法的需要，開始出現。

在極易變動的世界經濟中的集中程序，引起了社會職業專門化。對於興趣而言，大都市都變成專門化的中心點，而這些興趣是超出地方的或國家的界限的。近代城市的特點，就是牠們對於一種重要興趣——例如工業、商業、財政、娛樂、教育、美術——成爲專門化中心點所處的地位。

從現代的易動性和標準化，而生出分離和重集中。有些興趣是在分離着，而有些興趣則在加緊集中着。貨物和服務，在質地和價值上逐漸標準化，牠們零售的分布，是更加廣大。無論那一種特殊的活動或興趣，其集中程度，似乎和有關係的選擇成正比例；服務或事業愈是專門化或選擇精密，則因了需求的關係而所經距離也愈遠。所以都會社會的城市中心，逐漸變成很專門化的貨物和服務集中點，而鄉村則逐漸失去牠的專門化功用，而變成更標準化的服務和事業的分布單位。人們生活愈是刻板一定，則事業或服務的生産和分布，愈有分離的可能。但是現代的分離，和往昔鄉村社會的分離是不同的因爲現代的分離是連環商店式的，包含經濟上的互相依賴而管理和控制權則愈加集中。

小組的獨立性——小組的獨立性是指相似的單位密集於一個特殊的區域的傾向而言。這名詞用在此處，是專指一個社會中居民的分布。小組獨立性的特質，是收入、言語、種族、文化或者許多都有。小組獨立性的類似程度，是根據（一）分離程序經過的時間，（二）選擇特性(attributes of selection)的重要和（三）易動性的情形而定。每個小組獨立區域，都是由於許多選擇力(forces of selection)的聯合作用而成。但是常有一個選擇特性，比其他特性較占優勢，因此變成一個獨立小組的確定要素(determining factor)。經濟上的獨立小組，是最重要的最普通的形式。牠是從經濟競爭而成，並且決定生態學組織的基本單位。其他獨立小組的特質的作用，祇限於適當經濟等級的範圍以內。

當我們在經濟等級上一級一級升上去的時候，那末經濟獨立小組的類似性，就逐漸減少，一個區域的經濟等級愈低，則其居民的經濟狀況因爲選擇範圍愈狹，愈是一致。但是在經濟等級上，每升一級選擇愈廣，所以文化愈盛，而經濟的類似性愈少。

貧民區域是選擇最少的地方。所以就經濟能力而論，貧民區域是一個同性的集團，但就其他方面言之，實是一個性質最龐雜的團體。因爲是選擇最少的地方，一個貧民區域就變成罪惡的淵藪和城市的經濟廢物，有許多事物，係大多數人所禁止的，但又很足以投合散處城市許多居民的嗜好的，都在這區域躲藏着。

侵佔——侵佔就是團體替代（group displacement）的方法；牠含有一個獨立小組蠶食另一個獨立小組——常常是隣近的——之意。就牠的歷史的意義而言，侵佔係指一個文化較低的集團去替代一個文化較高的集團而言。這個方法，固然是地方的社會中更普通的方法，但牠並不是侵佔的唯一方式。常有經濟組織較高的集團，將收入較少的住民驅逐掉，因此演成繼承的新循環。侵佔切不可和原子化（atomization）相混，原子化指個人替代（individual displacement）而言，在文化程度上並沒有替代或變動的。

繼承——在人類社會和植物中，變化是循環式的。一個城市中的許多區域，在住居和使用方面，經過許多階段，其程式很是一致，所以可以預測，並可用數學名詞表示出來。房屋的損壞和廢棄，使住居的方式，不得不變動，就是房租的減低，使合於收入微小的人們，等到發生新的循環。這種循環，或者是因爲商業侵佔到住宅區，使土地的使用，不得不完全改變，或者是因爲公寓或旅館替代私人住宅，使舊的用處一變而爲新的。

繼承有一個特點，就是在最先和最後階段之間，住民的種類，完全改變，或者土地的使用，完全改變。在人類繼承的各階段中，是找不到植物繼承各階段中所有有機體的關係（organic connection）的，但是另有經濟上的連續性（economic continuity），因此人類繼承的循環，很是顯著和不可避免，正和植物繼承的循環一樣。目下地產調查員，正在用算學公式，製作圖表，將使用繼承（use succession）各階段表示出來。

一個社會的經濟根據（economic base），有時發生變動，影響社會在較大的生態學等級中的重要性，因此整個社會經過許多繼承。住民的種類，常因新經濟根據的產生，而發生變動，一個農業社會，變成開礦或製造社會，就是一個很好的例子。

建築物——生態學的許多過程，其活動範圍，是限於不大變動的建築物根據地的。道路和房屋，在空間是比較固定的，因此變成生態學的許多過程的活動根據地。人類和貨物的行動，是依着一定位置的狹窄的道路，人類空間關係上就發生了建築物的基礎，這基礎在植物和動物的社會裏是沒有的。

文化的歷史表示在旅行和交通的路線中，有逐漸增加的順應性(flexibility)，換一句話來說，就是生態學過程所佔有的建築物根據地裏，有逐漸增加的順應性。在沒有鐵路的時候，人類和貨的行動，大部分依據水道——江河、湖泊、海洋——而定的。這種不易變動的交通方式，就成為人類分佈的根據。運河的築造，增加了順應性，因此亦增加了新的集中區域。

十九世紀初葉，有了鐵路交通，因此人口的分佈，得到了第一次的大解放。新的集中區域，就立刻出現，而舊的區域或則消滅，或則開始新的發展時代。但是，因為牠的鋼軌和不變的路線，鐵路給予人類和貨物的內地行動根據地，是很不變不易的。這鐵路將人類的分佈和集中，完全限制於牠的不易變動的範圍以內。後來汽車運輸和築路運動來了，又給予人類分佈的勢力一個新解放，這解放在歷史上是希有的，引起了人類和制度的重新分佈，而所有根據地，比以前要活動得好多。」

環境與文化(註三五)

「總之，環境是不能解釋文化的，因爲在同樣的環境裏會有不同的文化；因爲文化的特性，會因不順利環境中的惰性(inertia)而繼續存在；因爲牠們在很有利於人類的時候，會不發展出來；因爲牠們會出乎人類根據地理原則的預料之外，完全消滅。

既然如此，我們可否爽快地說：研究文化可不顧地理麼？這是顯然過分的。地理現象的不可放棄，正和心理現象的不可放棄完全一樣。第一，地理現象是一種限制條件（limiting condition）。文化不能違反心理學原理，所以除掉有一些地方之外，文化亦不能不顧到地理學要素。今試舉幾個雖然陳腐但很明顯的例子，愛司基摩人（Eskimo）不食椰子，海洋洲人（Oceanians）不造雪屋（snow houses）；沒有馬匹的地方，當然不能馴養牠們；在戈畢（Hopi）地方沒有水道，航行術當然不能發達。喬希爾遜(Jochelson)曾經說過，西伯利亞東北部的可利亞克人（Koryak），因爲溫度太低，不能耕種穀類，因爲草質太劣，不能豢養牲口。但是祇承認環境是一個完全消極的要素，對於環境可說是不十分公平的。如果將野牛從草原移去，印第安人的生活和文化環境當然亦會改變了。不過我們知道野牛的存在是不能完全決定可能的文化應用（cultural employment）。印第安人如果不像索留特累期（Solutrean）歐洲人的狩獵野馬，而去狩獵野牛，或者可以像住在亞洲而被誤稱爲印第安人（按即印度人）的馴養水牛，而馴養野牛。所以文化是和環境有關係的，不過不是一個構成的要素，而是一個惰性的要素，隨時可以挑選和改造的。人類必須適應環境，這自然是生物學上的必要，但是這個適應完全是生物學上的適應，而非環境自然產生的。適應環境有替代之物——就是移居和毀滅。

威斯勒（Wissler）曾經說過，一種適應的環境，既經成立，在原來發生之地，就有繼續存在之傾向。但是這件事所說明的，並不是環境的實在影響，而是文化惰性的偉大的勢力，假使一個舊的雜亂的適應環境，雖然不完備，而尚有生存的價值，這個惰性總使牠永存不朽。

我們可以引用威斯勒在他處所用的比擬，來說明文化對於環境的關係，這個比擬使我們回想到著者最初所說的環境論和心理學中觀念聯合說兩者相似的地方。環境以磚石和灰泥供給文化建築物的建造者，但是沒有供給建築師的圖樣。這些所舉的例子，很明顯地證實，有許多方法可將同樣的原料拼合起來，不只如此，就是原料本身，亦有選擇範圍。在無數的可能的式樣和原料之中，來發展一種特殊的建築式樣，來選定一種特別的原料，這兩事就是一個已知的文化的特點。地理學既允許在同樣情形之下，可有不止一個的適應環境，研究文化者所求的說明，當然不能得之於地理學。文化的不能用環境的木石造成，正和孤立的觀念不能造成知覺一樣；又觀念的聯想，已經包含知覺的綜合能力，所以在一個計畫確定之後，環境要素的集合和應用，亦包含一個先存的或者新生的文化所有選擇和綜合的能力。」

討論要目

（一）地理學派社會思想的意義。
（二）布定對於氣候的因素給人類的影響之概念。
（三）休謨反對地理學的原素之影響。
（四）巴克爾所主張的四種地理的因素。
（五）食物供給量與生殖率的關係。
（六）森普爾對於地理學派社會思想的主要貢獻。
（七）漢廷頓對於氣候影響人類之分析。
（八）人類的生態學之意義。
（九）人類生態學與社會學的思想之關係。
（一〇）人類生態學的研究之動向。
（一一）『權益區域』的重要性。
（一二）羅威反對地理學的影響之理由。

附註

（註一）布定(Jean Bodin)著國家的六論(The Six Books of a Commonwealth)，諾爾斯(R. Knoles)譯本，倫敦出版。

（註二）孟德斯鳩著：法律的精神，一八九四年，佩爾公司出版，第一章，第七頁。

（註三）孟德斯鳩著：法律的精神，一八九四年，佩爾公司出版，第一章，第二七〇頁。

（註四）孟德斯鳩著：法律的精神，一八九四年，佩爾公司出版，第一章，第二七一頁。

（註五）孟德斯鳩著：法律的精神，一八九四年，佩爾公司出版，第一章，第二八四頁。

（註六）孟德斯鳩著：法律的精神，一八九四年，佩爾公司出版，第一章，第一一四頁。

（註七）孟德斯鳩著：法律的精神，一八九四年，佩爾公司出版，第二章，第三頁。

（註八）孟德斯鳩著：法律的精神，一八九四年，佩爾公司出版，第二章，第九〇頁。

（註九）巴克爾著：英國文明史(History of Civilization in England)，一八七四年，阿勒勒登 (Appleton) 出版，（共有二集，）第一章，第一四頁。

（註一〇）巴克爾著：英國文明史，一八七四年，阿勒勒登出版，第二九頁。

（註一一）巴克爾著：英國文明史，一八七四年，阿勒勒登出版，第三一頁。

（註一二）巴克爾著：英國文明史，一八七四年，阿勒勒登出版，第三二頁。

（註一三）巴克爾著：英國文明史，一八七四年，阿勒勒登出版，第三三頁。

（註一四）巴克爾著：英國文明史，一八七四年，阿勒勒登出版，第三六頁。

（註一五）巴克爾著：英國文明史，一八七四年，阿勒勒登出版，第四四頁。

（註一六）巴克爾著：英國文明史，一八七四年，阿勒勒登出版，第五二頁。

（註一七）巴克爾著：英國文明史，一八七四年，阿勒勒登出版，第八五頁。

（註一八）巴克爾著：英國文明史，一八七四年，阿勒勒登出版，第九五頁。

（註一九）巴克爾著：英國文明史，一八七四年，阿勒勒登出版，第九六頁。

(註二〇)巴克爾著：英國文明史，一八七四年，阿勃勒登出版，第九九頁。

(註二一)森普爾著：地理環境的影響(Influences of Geographic Environment)，一九一一年，好爾公司(Holt)出版，第六三五頁。

(註二二)漢廷頓著：文明與氣候(Civilization and Climate)，一九一五年，雅爾大學出版，第八二頁。

(註二三)漢廷頓著：文明與氣候，一九一五年，雅爾大學出版，第一〇九頁。

(註二四)漢廷頓著：文明與氣候，一九一五年，雅爾大學出版，第一一〇頁。

(註二五)漢廷頓著：文明與氣候，一九一五年，雅爾大學出版，第十一章，第十二節。

(註二六)列潑萊著：歐洲的民族(Races in Europe)，一八九九年，阿勃勒登出版，第五七一頁。

(註二七)實驗社會學雜誌(Journal of Applied Sociology)第十卷，第四〇四頁至四〇六頁，論文：『居住區域與權益區域』(Habitation Areas and Interest Areas)。

(註二八)羅威著：文化與人種學(Culture and Ethnology)，一九一七年，麥克墨利(McMurtrie)出版。

(註二九)本章末尾所附的材料是從麥金瑞(R. D. McKenzie)的生態學研究中錄出的，藉以表示人文地理學的思想上所有新生態學趨向之價值。

(註三〇)特許轉錄自巴克爾著：英國文明史，第一集，一八八四年，紐約赫斯特國際圖書館(Hearst's International Library)版本，由紐約阿勃勒登公司(D. Appleton and Company)特許。

(註三一)特許轉錄自森普爾著：地理環境的影響，一九一一年，好爾公司出版。

(註三二)特許轉錄自漢廷頓著：文明與氣候，一九一五年，雅爾大學出版。

(註三三)特許轉錄自威士萊(U. G. Weatherly)著論文，居住區域與權益區域，實驗社會學雜誌，第十卷。

(註三四)特許轉錄自麥金瑞著論文，人類生態學的範圍(The Scope of Human Ecology)，實驗社會學雜誌，第十卷。

(註三五)羅威著：文化與人種學，一九一七年，麥克墨利出版，第六二頁至第六五頁。

第十六章　斯賓塞與機構論派的社會思想

十九世紀的後半時期內，社會思想受了生物學的影響。討論社會的時候，大都以生物學的類似形作為比擬——這是說：將社會的結構和功能，比諸有機的生命。斯賓塞(Herbert Spencer)是這一派引用生物學的比擬來分析社會的作者之領袖。他也注重社會結構的性質；在他的社會學原理(Principles of Sociology)一書中，他對於社會的制度很詳盡地作了一種歷史的敘述。

希臘的學者，古代的希伯萊人，和基督教的創造者，都提及人類社會與動植物生活的類似性。人類時常是被比作一棵樹或一株植物，以及它的多面的、演進的枝葉花果等。

在斯賓塞著名的有機比擬以前，還有生物學家如賴馬克和達爾文等的研究。賴馬克(Lamark——西曆一七四四年至一八二〇年)主張人類因為動作和應用的關係，纔能發展若干特質，而這些特質是會遺傳下去的。雖則這種理論已被韋斯曼(Weismann)加以批駁，但它仍是成為研究人類進化上生物學的定律之基礎。

達爾文

達爾文(Charles Darwin——西曆一八〇九年至一八八二年)對於進化性的思想是部分地受了馬

爾薩斯的人口過剩和由此而發生的生存競爭這些學說所衝動的。他的觀念也是根據於天演淘汰的原理。他發展了自然的奢侈性和生存競爭等概念，而推演爲天演淘汰和適者生存等概念。天演淘汰的過程是關於本能、模倣、想像、理解、自覺意識，以及美感和宗教的衝動等各方面。因此照達爾文的公式，人類是從下等的動物一步一步進化起來的。

達爾文的結論說：最適於生存者，就是最能適應環境的個人。如果環境是競爭的、野蠻的和殘忍的，那末最適於生存者就是最強壯和最兇惡的。如果環境是合作的，那末最適於生存者就是最能合作的人。早期社會中發展了理智和賢明，所以原是殘暴的個人也知道彼此合作了。一個大家合作的部落，如果同一個內部不能合作的部落相衝突，一定會勝利的。所以合作和合作的環境本身也就是天演淘汰的結果。

很不幸的，達爾文的天演淘汰論是給許多人誤解了。由於這種誤解，就有一種『社會的達爾文主義』的學說爲大家所公認。依照這種對於達爾文主義的錯誤解釋，動物爲生存而爭奪，也是人類中的普通辦法。這樣，最殘暴的和巧黠的人，在體力和智力競爭的環境中，是『適』於生存的了。同樣地說，能夠統率強大的海陸軍的國家，在彼此爭霸的世界中，也是最『適』於生存的了。因此看起來，人類社會只是動物社會的擴張，而社會進步的基本定律，也只是強權的定律，最初是體力上，後來是體力和心力兼用了。

但這種解釋與達爾文自己的原理是不合的。雖然達爾文曾經敍述和注重生存競爭中的爭奪，可是他切實聲明過：甚至在動物中間，克制的影響也在發生作用。他很清晰地說明很多動物的生活上，有着合作的，而這種合作的趨向是一個重要的生存因素。他也看到在高等的動物中間有各種新的和複雜的合作表現，並且高等動物的心理活動，好像和擴大的合作精神是連繫的。這種原理應用人類進步上，就是說：合作的態度最後或將成爲主要的生存力，而將來最適於生存的，就是最能合作的個人或團體。這種學說將在下面「社會學的合作論」一章內，加以詳細的敍述。關於這種學說的主要貢獻者是克魯布特金（Kropotkin）和拿維科（Novicow）。

達爾文對於社會思想上另有一種重要的貢獻，就是他的兩性選擇論。這種觀念是天演淘汰的一方面。在高等動物中，雌性去選擇她們的配偶。例如歌喉美妙和羽毛華麗的雄性是最適於當選的。因此這些雄性就成爲這類動物下一代的祖先了。同時比較的不很美麗的雄性，如果配偶起來，總是和劣等的雌性相合的。結果，雄性吸引力的表現是具有生存的價值的。（註一）

在人類中，兩性選擇的原則也是適用的，但兩性求偶的方式完全相反。在人類歷史的初期，已經有一種風俗，就是兩性求偶時，男性處於主動的地位。結果，女性就想盡種種方法使自己成爲「美麗」，以求得到男性的「選擇」。

斯賓塞

斯賓塞（Herbert Spencer——西曆一八二〇年至一九〇三年）的社會學說，比較其他任何社會學家的學說，引起了更多的爭論。在這些爭論中，斯賓塞的觀念時常被人家駁斥；但是這種事情並不能抹殺他在社會思想界所佔的重要地位。

斯賓塞在早年已經養成了因果思想的習慣，這是說：他相信原因，所以無論在什麼地方他總是要去找出原因來。因為他的父注間所有的深刻的討論，和他本人的獨立天性這兩種原由，他駁斥了純正派的宇宙觀。他本是學習土木工程的。他的數學和機械學的研究，促成了他對於宇宙的精密和多少帶有唯物主義意味的解釋。他的社會學說，一部分是他着重物質界的共存律和因果律所產生的。

進化律

要想了解斯賓塞的社會定律，先得檢討一下他所主張的進化律(General law of evolution)。他對於世界上各種東西，都用因果連環法，去追溯兩種基本因素：『物質』(matter)和『動作』(motion)——這是力的兩種形態。由於『第一因』(First cause)的作用的結果，物質的整形體就發生了，同時附帶地有着一種消耗動作。結果，物質就從不固定的和不相連合的同一性，變為固定的和連合的同一性了。在這過程中，未受消耗的動作，也是同樣地發生變化。(註三)

這種進化律最好的解釋，可以在它適用於社會現象時找到。假定有一個現代都市的附近地方，是在從事於本身的組織。這地方是有着物質源和智力。可是這些地方的人們對於社會組織的活動，都沒有受過相當的訓練。在這種意義之下，他們是同一性的。最初他們是不能在一起工作；事實上他們不知道怎樣做法；所以他們就成為起工作。每一人知道找他自己最能勝任的工作。大家在一起望着一個固定的目標而工作因此就發生一個『固定的和連合的同一性』。同時，人們未曾消耗的精力也會給從事於社會組織的經驗所指示的標準觀念加以影響和改變其形態了。(註三)

斯賓塞的進化律應用於人類進步方面，有弱點也有優點，原來的同一性並不是隨時都有的。如果加以精密的考察，在有關的許多個人方面的複雜經驗和能力尚未相互結合以前，這種同一性已經消失了。此外也用不到再去指出其他的錯誤點。但是斯賓塞發明社會進化是自然進化的一部分的概念以及他注意社會情形中自然因果的觀念，這都是應該歸功於他的。

斯賓塞的社會學原理(Principles of Sociology)一書，開頭就是詳細地敍述原始人類的情形，——人是原有的社會組織的單位，等於生物學上的細胞。關於原始人類的體力、情感和理智等狀態，他也特殊地加以敍述。他更分析了人類的行爲，就是成爲社會單位的人類在各種環境情形——無機的、有機的和超有機的——之下的行爲。他只是注意成爲最初單位的『人』，因此忽視了『集團』在社會進化過程中的重要性。同時，斯賓塞也輕視了原始人類的理智性；他否認原始人類是有迂迴的思想、想像和創始的觀念等能力的。(註四)

斯賓塞對於原始的觀念的討論，表明他是讀過很多很多的參考材料。他的『歸納』時常受到他對於原始生活的成見的影響，雖則他自己是忠實地希望和努力於科學化的研究。他雖描寫着部落、家庭和其他的集團；但對於個人相互的心理作用以及個人和他的集團的相互作用等影響，卻沒有認識。

關於國家方面，斯賓塞提倡那已被公認的學說——就是個人權利的學說。他反對由社會的軍事組織所產生的國家。這種統治是原始的和野蠻的。它是一種同性單位的組織，在這組織中許多單位——或個人——是些奴隸。

工業制度

斯賓塞相信一種新的工業發展，足使『個人』變爲個別發展，而從最高度的專制制度走到最高度的民主制度。在斯賓塞看起來，人類是超越於國家之上的。他預言在未來的工業制度時代，社會的主要工作是保護『個人』的權利。斯賓塞預料將來有一個工業國家的時代，擯棄一切戰爭。到了這時候，國家與國家中間僅有的衝突，是屬於自然性的。這種衝突不外是由國家造就良好的『個人』而自然發生的競爭；造就良好的『個人』就是使人民自由和協調地發展他們的『個性』。

輕視政府而重視『個性』的工業國家之興起，將會產生一個世界，這世界中的國界是漸漸地消失，而代以整個地球的統一。但是斯賓塞的工業主義也有基本的弱點。它含示社會組織比社會進步更重要。同時，它又沒有充分地討論到天然的心理變化。它認爲工業的社會在本質上是和平的。這種主義輕視了社會化的動機的重要性。

敍述了這六種制度的結構，——就是家庭的、儀式的、政治的、宗教的、職業的和工業的制度，前面對於兩種制度——政治的和工業的——已經討論過了。斯賓塞對於其他四種制度的研究，雖是多少有些正確，但在基本上，如果用現在的概念和材料來加以判斷，是不可靠的。

有機的比擬

也許斯賓塞在對於有機的比擬這種研究方面，格外著名。他立了這樣的假說：社會是像一個生物學的有機體。然後，他就用邏輯的方法，排除異議，以辯護他自己的學說。但是邏輯使他在社會學上失敗了，因爲它箝制了斯賓塞的科學見識。

斯賓塞認爲社會有四點很像一個有機體。(註五)（一）這兩者的成長都是使整體增大。（二）在每一方面，成長總是使機構增加複雜性。（三）有機體和社會的各部分都是互相依賴的。（四）社會的生命與有機體的生命一樣，都比內部任何單位或部分的生命要長得多呢。

但有許多地方，社會和有機體是不相同的。(註六)斯賓塞對於這些地方曾經加以分析，並認爲只是表面上的差異。在這方面有四項主要的差異點：（一）社會不像有機體，它是沒有特殊發達的形體，不像人體具有四肢或面部。（二）社會的分子並不構成像動物一樣的連續整體。組成社會的生命體是自由的，不是密集的，而多少是分散的。（三）社會的各部分對於全體，其位置並不是不動和固定的。（四）在有機體中，意識作用是集中於整體的一小部分，而社會的意識是散佈的。在這方面斯賓塞認為社會與有機體兩者間的差異的表面性，是很難承認的。

斯賓塞對於更進一層地討論有機的同形時，將有機體的營養系統比作生產的工業或政府的金融機關。（註七）還有一點，有機體的循環系統也是與社會的交通運輸系統以及商業階級和匯兌機關等十分相似的。因此，在兩方面都發展了節制的系統。在有機體中，有一個重要的中樞和次要的中樞、感覺及神經系。在社會中也有同樣的機構，就是調節的機關或政府，其作用是調劑生產者和消費者中間的差異。這些比擬對於闡明社會的性質，只是很微小的幫助。如果將這些比擬推演到極端，更是變為可笑；例如斯賓塞將御前國務會議比作腦髓，上議院比作小腦，下議院比作大腦，未免過於極端了。

斯賓塞很廣泛地和勇敢地應用了他的比擬論，而後來就認為這不過是歸納學說的臨時架子。這種結論包含着許多矛盾的成分。一旦將這架子去掉了，社會就變為一種空洞的東西。如果社會是同有機體一樣的話，它當然也得經歷生長老死的自然循環現象。但是照華德（Lester F. Ward）所發明的，以及為後來的學者所闡明的導進論，社會的死亡並不是像有機體那樣的必然性，而是根據於社會各分子的見識、計劃、勇氣和活動等為定。

有很多年大家都普遍地批評斯賓塞。差不多所有的批評都是適當的。這些批評實在是太多了，所以斯賓塞的著述幾乎完全沒有價值。但是斯賓塞對於社會思想的貢獻，因為下面種種理由，所以也是不容忽視的。（一）他注重進化律和自然因果律。（二）他主張社會進化是自然進化的一部分。（三）他指示生物有機體和人類他對於國家是主宰的機關，而一切人民都應自動地服從它，這種觀念加以駁斥。

菲斯克

斯賓塞有一位幹練而忠實的美國朋友，就是菲斯克（John Fiske——西曆一八四二年至一九〇一年）。菲斯克的社會思想是建立於達爾文和斯賓塞的進化公式之上。在他的宇宙哲學（Cosmic Philosophy）一書中，菲斯克主張人類的進化使宇宙進化的性質上發生了許多基本的變化。自從人類發展以後，宇宙中添了一種新的力量，就是人類的精神或靈魂。這種心理的力量產生後，使純粹的體力、自然力和物質力，都居於次要的地位了，而建立一個精神力量的統治。並且在人類進化中，精神生活方面的利己主義漸漸地受到兼愛主義的壓迫。在身體方面既然不再有重要的變化，同時心理方面就有了意外的發明，使人類脫離其他動物中所發現的消極的適應環境，而使人類逐步增進對於適應環境的過程之積極的控制。人類是進化過程中的最高級的產物，能夠有權力去左右宇宙發展的整個方向。（註八）菲斯克特殊地注重進化中的心理力量，以及這些力量怎樣使人類成爲有意義和根據社會的原則以組織人類的集團。人類並不是進化過程中偶然的東西，而是一種最高的因素。（註九）人類的主要作用不在延續族類，而是要發展更多的社會作用。

菲斯克繼承了梅因（Maine）、泰勒（Tylor）、麥倫南（McLennan）和盧卜克（Lubbock）的學說，斷定社會的進化是起源於家庭制度由「高等的合羣動物之暫時組織而變爲最高等的動物之永久組織」的時候。(註一〇)合羣性發展而爲固定的家庭關係和責任。社會進化產生了理智方面更複雜和專門的意識，而這種情形又需要延展在普通事情上神經機能變爲有組織的時期。這種轉變是需要相當時間的，所以就有一個爲低級動物所沒有的幼穉時期。這幼穉時期所附帶發生的，就是高等動物中長幼的熱愛時間比較的短促。在人類中間，父母之愛不僅有很強烈的徵象，而且是悠久而寬恕的。這種進化的情形裏面有三種因素聯繫發展着，就是幼穉時期的延長，父母之愛的增長和理智的發達。幼穉時期的漸次延長，也是理智發達的結果；反過來說，幼穉時期既已延長，就足以促進永久的關係，互惠和社會性。(註一一)

非斯克是第一位哲學家，指出進化狀態的進展中，先見佔着重要。也許文明人種所以異於野蠻人種，其主要點是因爲文明人種能够「將自己的行爲適應於將來的情形，不論偶然的或必然發生的」。文明人種有能力節制目前的愉快，以避免將來的災禍。(註一二)這種德性是嚴謹的要素，而且是由於文明人種的優越的自制力所致。這自制力也就是道德進步中的主要原素。「在任何社會中積蓄財富時，這種自制力也是必需的先決條件」。它是文明人種中科學發明以及哲學的和宗教的系統上一種基本的因素。

李連斐爾

李連斐爾（Paul von Lilienfeld ——西曆一八二九年至一九〇三年）將有機的比擬作爲他的社會學

說的重要部分。他將個人比諸有機體中的細胞；政府和工業的組織比諸神經系；社會的文化作品比諸有機體細胞間的部分。(註一三)

李連斐爾還將個人生長的各種時期比諸種族發展的各個時期——就野蠻時期、半開化時期和文明時期，這種比擬也曾經爲斯賓塞所應。雖然在普通的意義上，它是有些真實的，但這種摘要的學說並不能詳細討論。

社會集資化(social capitalization)的概念是由李連斐爾所發明的。這個概念就是說用社會的能力去貯蓄有用的觀念和方法，而且一代一代傳留下去。這樣，每一代是過去人類經驗的繼承者。

李連斐爾是最先發揮社會病理學(social pathology)的固定概念的社會學家之一。(註一四)但他對於這學說的檢討是非常薄弱的。他先區別了常態的有機體與病態的有機體；然後用比擬的方法，分別常態的社會與病態的社會。照李連斐爾的主張，社會病理學是敍述三種病——工業的病、道德的病和政治的病。當他將工業的病比諸神經錯亂，道德的病比諸癲狂，政治的病比諸瘋癱時，這比擬法是給他弄成可笑的和幼穉的極端了。他也詳細地擬成了一個社會治療的系統，以應付各種社會病。

謝夫爾

謝夫爾(Albert Schaeffle——西曆一八三一年至一九〇三年)也是有機比擬論的一個信徒，但是他比了斯賓塞和李連斐爾更有價值。在謝夫爾的思想方面，認爲社會並不是一個大的有機體，而是一個龐大的頭腦。

謝夫爾所敘述的，是機能的比擬而非生物學的比擬。斯賓塞特別對於社會的組織感到興趣，但謝夫爾則專注意於社會的機能。

在他的機能比擬論裏面，謝夫爾把理性比諸社會的立法機關；意志比諸行政人員；審美的感覺比諸司法官。謝夫爾的心理學說是不正確的，而且在大體上是不合於科學的；因此他的比擬論對於社會的了解並無多少幫助。但他在這些問題上的思想卻是比較斯賓塞的觀念進步多了。

在社會本體的結構和生命（Bau und Leben des Socialen Körpers）這一部著作中，謝夫爾從事於發展一個完全的社會學系統。他的學說所根據的原理是：『機能引導着結構，而結構則限制機能』。各種活動足以促進身體結構的發展，同時也促成新社會制度的組合。身體的結構和社會制度同樣地限制各種活動和效用。這種議論是與斯賓塞的主張相反，但是根本上很正確的。

雖然謝夫爾時常提到『社會的本體』，但他對於這個概念並未給以特殊的意義。他發明了『社會過程』這個名詞，而沒有分析它的性質。他反對着個人是社會單位的觀念，而認爲集團纔是社會的重要單位。社會進化中的天演淘汰是發現於各種集團間的意見衝突上面的。這裏可以補述一下，韋姆斯（René Worms）認爲社會意識的存在是與個人意識不相聯繫的；他還主張生物學的有機體和社會的有機體二者間主要的分別是在程度的高下。

謝夫爾認爲政府應該保護社會中的弱小分子，以及維持公衆最高的幸福。他也指示社會中受過優良的教育者和最幸運者所應負的社會責任。謝夫爾很聰明地注重個人和集團二方的有意義的活動之發展。

麥肯基

麥肯基(John Stuart MacKenzie)的觀念與斯賓塞、李連斐爾和謝夫爾等都不相同。他並沒有用有機比擬論來譬喻，而以各種異體同形的東西來說明。照麥肯基的主張，社會並不像一個有機體而是有機的。社會的有機性有三種：（一）社會的各部分和它的整體之間，有一種內在的關係。個人反映着他的社會的文化。（二）集團的發展是由於內在的過程。集團是建築在過去的觀念和從其他集團所採得的觀念；但是除非將這種觀念變成它本質的一部分，它是不能眞實地滋長的。（三）社會發展的方向是從它本身所發現的。將某一個集團的理想和發動力加以分析一下，就可以決定這個集團的進展方向。

麥肯基主張事物有一種內在的原則，特別是社會。但是他相信這種內在原則的知識和人類的主要統一性是不能演成一種特殊的科學，而只是社會哲學的基礎，社會哲學並不供給事實，只不過想解釋關於人類的社會統一性的各種特徵之重要性。(註一五)

家庭和國家是養成人類彼此最相親密結合的兩種聯結方式。如果語言可以稱為一種社會制度，那末它也許是最基本的制度，因為它產生了共同的精神，由於這種精神，社會的親密關係纔能發生，實現共同的幸福纔能達成。(註一六)

照麥肯基的主張，社會進步有三條主要的路線，因此要提倡三種社會的控制方法(註一七)（一）由人力去控制自然的勢力。（二）以公共的精神控制個人。（三）自制力。

社會進展的途程是有種種障礙物來阻滯的：（一）營養需要的佔着重要勢力。這種經濟的因素是普遍的和堅強的，所以在任何時候都可以征服人類其他的各種需要。（二）獸慾衝動的強烈，特別是在愛情和爭鬬兩方面。愛情雖是足以促進統一性，但它普通總是產生一種有限止的統一性。而且某一種形式的統一性是很容易和其他各種形式的統一性相衝突，這樣就可以引起強烈的爭鬬。（三）機械主義的運用。在組織的壓力下，生命的力量來支配。但僅僅運用個人的思想(註一八)還是不够的。個人的思想是很容易以自我為中心，趨避集團生活的各種問題，或對於這些問題僅作一種窄狹的解決。（五）保守主義。一個已經建立的和成功的文明，是有過於依賴過去的危險。它本身往往有變為腐化，而缺乏對於更高的發展的清明目光。

麥肯基是很傾向於國際主義的。他認為任何人不能再以自己的國家為忠順的唯一對象。「地球就是大家的國家，地球上的一切人類都是同胞；大家只有認識這一點纔能希望獲得永久的安全」。

麥肯基敍述社會是有機的情形時，他已經超出有機比擬論的範圍。在社會哲學方面他貢獻了許多標準觀念。他是避免了有機比擬的弱點，而同時又說明了這種概念的價值。

本章所討論的是社會思想史上一個重要的時期，當時的生物學是很不正確的，因此在社會學上應用各種生物學的知識也就很少成功。現世紀的初葉在生物學的思想方面有顯著的進步。關於遺傳和變異的定例之事實已增多了不少，而且遺傳學也成立了。現世紀的最初十年間，優生學也是興起了。下面有一章將陳述最近科學化的生物學，特別是優生學，對於社會思想的各種貢獻。

有機的進化（註一九）

『在第一要義（First Principle）一書內所敍述的三項進化，我們現在來討論第三項的進化。第一項無機的進化倘然也被研究起來，勢必要佔着兩大册的篇幅，一册關於天文學（Astrogeny），另一册關於地理學（geogeny），所以暫且將它擱在一邊，因爲我們不能爲了細述那些次要的東西，反而把主要的學說延緩研究，雖然在邏輯上次要的應該列在主要的前面。第一要義的續文四大册都是討論有機的進化：內中有二册是關於一切動植物生命體所表演的自然現象；另二册是關於最進化的有機體所表演的特殊現象，就是心理的現象。到了最後一部分是關於超有機的進化（superorganic evolution）。

『雖然這名詞是可以望文生義的，並且在第一要義的第三章裏面我也曾加以說明，但是在這裏對它的意義可以作更充分的解釋。

『在我們注意到個別的有機體的生長、成熟和衰老的各種事實時，我們就研究着有機的進化。如果我們討論這一個有機體和其他有關的各種有機體間的作用和反作用，我們仍沒有超過有機進化的範圍。就是在討論到產生子體的現象，也還沒有超過有機進化的範圍，雖在這方面我們已經看到一種新現象的萌芽了。我們承認父母體合作的產物有一部分足以預示單純有機體以外的某種階級過程，同時我們也承認父母體合作的產物，例如巢穴等，是一種超有機階級的產物，但我們仍然可以適當地認爲超有機的進化開始的時候，必須從父母體合作力以外所產生的。當然，沒有絕對的區分存在。如果有進化發生，那末這裏所分別出來的超有機進化一定是有機體在無意中造成的，可是我們仍能很容易判別出來，就是它包括一切代表許多個體的合作行爲的過程和產物」。

「現在我們再來討論爲什麼認社會是有機體的理由。

「社會是繼續長成的。它在成長的時候，各部都發生不同的變化，而增多其機構。它的不同的部分，同時發生不同的活動。這些活動不只是不同的，它們的不同點都是互相繫聯而發生的。這種相互的助力就促成各部分的互相依賴，所以這些互相依賴的部分，彼此幫助着生長，就組成一個整體，其原則與個別的有機體完全相同。如果知道每一種較大的有機體是和一個社會一樣，那末社會與有機體的同形說是更加明顯了。如果知道在社會和有機體兩方，每種單位的生命在整體的生命驟然停止時，還能繼續多少時間，反之，如果整體的生命不受強暴折喪，總是比較其本體內的單位的生命長一些——這樣，社會與有機體的同形說也是更明顯了。雖然社會與有機體是彼此有虛體和實體的分別，以及組織上的目的也有相當的不同點，但在組織的定律上並沒有什麼不同的地方。整體的各部分所需要的互助力是不能直接地貫通的，但在社會上，是可以間接地貫通的』。

『但是暫且將個別組織與社會組織間的比擬論擱着不談。我在前面不過引用同形論做一個架子，以便造成一個有聯貫性的社會學的歸納體系。現在可以拿這架子拆掉而社會學的納歸體系能夠自己立足了。

『我們看到社會是能夠成長的整體。各種社會裏面其成長的情形都千變萬化。其組織漸次地遞增，是因為比較小的內部組織的湊合而成的。這種聯合的增長與間隙的增長是組成文明國家的過程。

『社會的範圍擴大的時候，它的機構也會增長起來。原始的動物羣是沒有畛域的陳見的。後來人類聚族而居，變為各種部落的時候，彼此的人民在能力和職業上都有不同的地方了。部落的漸次結合，更發生較多的差異點，例如在政府和工業兩方所表現的不同情形；此外整個的民衆間又發生了各種社會階級，而各地域的各種職業不同的人民中間也有彼此相反的情形。複雜的組織愈往前進行，這種不同點就益發倍增。其動向是從普通的情形推演至特殊的方面，最初的廣泛的區別是統治者和被治者；後來統治階級中分出政治的、宗教的和軍事的部門；被治者裏面也分出食糧生產階級和工藝者。最後，每一個部門裏面，又分出種種更小的部門，再不斷地演化下去。

『我們從社會的機構方面再去看到它的功能方面，就知道社會的各部分倘然是同樣的性質和同樣的活動，那末各部分彼此就沒有相互的依賴，而所謂的整體就不成其為整體了。因為社會的各部分是有不同的功能，所以彼此相依為命，痛癢相關；到了高度進化的社會裏面，任何部分發生變化，就足以造成普遍的動搖。發達的社會與不發達的社會中間的相反情形，是起源於這種事實，就是社會的功能愈形特殊化以後，它的各部分愈不能去擔任其他部分的特殊工作。

「每一個社會組織的發端是它本身與其他接近的社會發生關係——通常是交惡的關係——的方面，與專爲尋生活的必需品方面，造成相反的現象。在社會發展的早期，這兩方面就湊合爲一個整個社會組織的形態。到了後來，這兩方面的功能以外，又出現了一個第三方面，就是社會內部的各部分的生產品和勢力的移動，從此以後，社會的早期兩種機構系統的進化，總是以這第三種系統的進化爲根據。

「整個社會的持續系統的性質，雖然是取決於其環境——無機的和有機的——的性質，但是這系統的各部也還隨着它們當地的情形而變化。所以主要社會的工業變地方化和特殊化以後，依賴這些主要工業的次要工業就會依照同一個原則而發生了。再者，在社會複雜化和分配系統發展的時候，專門從事於某種工業的社會部分雖然原先是分散，現在也會同速度地聚集到最優良的地點；所以地方化的工業機構是與政治的機構不同，它的成長是不受原有的區分線所限制的。

「由各集團的合併而使社會的範圍擴大以後，就需要交通的設備，以謀達成一致的攻守行動和生產品的交換。草萊中的羊腸鳥道，簡陋的道路，以及平坦的通衢等，就先後相繼成立了。社會上的交接既然這樣地溝通以後，物物直接交換的辦法變成由特種階級經營的貿易了；更在這種事業發生複雜的躉售另售等商業機關，由這種商業機關所經營的商貨活動，在開始時只是某地與某地間往來斷續輸送着，漸漸地變成很固定的和迅速的輸運。生活資料的分配，遍及各地，在最初其種類既少，品質也粗劣，但到了後來，就變成種類繁多和精巧。運輸效率的增進和被運的貨物的加多，益發使社會各部分彼此的依賴性同時增厚，而且使各部分能够更優美地發揮它的效能。

「社會的持續系統是適應於其有機的和無機的環境爲進化的；但社會的統制系統就不同了，它是要適應——不論侵犯或保衞方面——於其他隣近的各社會而進化的。在原始時期的無頭集團中，臨時發生戰爭了，就產生暫時的酋首，繼續的戰爭就產生永久的酋長；又漸漸地從軍事的統治轉爲民事的統治。習慣的戰爭需要社會各部分的迅速的集合，因此就必須服從。社會中沒有了服從，它就會趨於淘汰的，反之，社會中有了高度的服從，就能够存在。從這種情形造成各社會在戰時與和平時都應該永久服從政府的習慣。中央的統治系統就此發展起來了。在早期社會中，這種中央統治系統是惟一的統治機關。但在較大的社會變爲工業化以後，又出現了一種工業機構的分散的統治系統。起首的時候，這種工業的統治系統是受着原有的中央統治系統所節制，不過後來它漸漸地獲到實質的獨立了。最後，在分配的機構方面也出現了一種獨立的統治組織。

「社會進化是可以分爲簡單、複雜、雙複雜和三面複雜這幾個階段，而最低級的社會進步到最高級的社會，必須經過這幾個階段。在另一方面，社會的性質也可以假定地分爲軍事的和工業兩種。前者達到了發展的形式時，是組織在強迫的合作的原則上；而後者達到了發達的形式時，是組織在自願的合作的原則上。前者不但是帶有專制的中央權力的特質，而且對於個人的行爲還握着無限度的政治的統制。反之，後者不但是帶有民主主義的和代表制的中央權力的特質，而且對於個人行爲的政治的統制也是很有限的。

「最後，我們還注意到一種聯繫的論斷就是主要的社會活動發生了變化，足以產生社會的變態的。如果軍事式的社會組織沒有成爲絕對性的形式以防止變化，那末一種力量很大的工業系統就會發生起來，使軍事式的強制約束變爲鬆弛而其機構成爲柔弱了。反之，如果充分發達的工業制度成立了更爲自由的社會改進方式，那末一切攻擊和保衛活動的復活，足使社會回復到軍事式的組織。

「現在將上述的研究加以綜合起來，我們可以考察一下這種研究所給予我們的範圍，足爲更進一步的研究的準備。

「上面所考量的許多事實合併起來，證明社會進化的各種形式是普遍的進化運動的一部分。社會和其他的進化整體一樣，有它的完整行動，這種完整行動是由於簡單的體積擴大與體積的聯合和複聯合（re-coalescance）所表演的。從同種構成(homogeneity）至異種構成（heterogeneity）的變化，是有許多例證——一直從一個各部分相同的簡單部落，到機構和作用完全不同的進化國家。漸進的完整行動和異種構成都可以促進連貫性(coherence)。我們看到有許多遊牧的集團分散在各處，因彼此沒有團結而分裂潰散；我們也看到許多部落，因爲內部對於一位指揮者服從，所以各部分的組織都連貫起來。許多的部落又連貫起來成爲一個政治的系統，由首領和副首領統治着。這種過程可以推至進化的國家，其內部的團結足以維持至千年萬年。同時，社會組再逐漸地長成起來。風俗習慣是變成法律，不但獲得了固定性，而且對於各種人類行為的處置，也變成更確定了。此外，一切的制度雖在早先是互相含混的，也慢慢地分立了，同時每種制度的內容又明晰地判別其組成的機構。所以，在各方面都實踐了進化的公式。一切都向着較大的範圍，連貫性、複雜性和確定性等而進步。

「在這些普通的事實以外，我們的研究也發現了許多特殊的事實。將社會的遞進各階層加以比較的時候，就會看到它們成長、機構和作用各方面的重要事實——這些事實是關於社會一切機構的系統、持續的系統、分配的系統和統制的系統等的組合的事實；也是關於各種機構與環境的情形和社會活動的主要方式等關係的事實；又是關於社會活動中發生了變化而引起的變態形式（metamorphoses）的事實。這樣得到的各種歸納的事實，是形成了實驗社會學（Empirical Sociology）的粗大的輪廓，而且表示在社會的現象裏面有着並存（coexistence）和連系（sequence）的普通定律，因此社會的現象是一種可以在相當限度上認為是演繹式的科學。

「因此，一方面既受了進化律的引導，而另一方面在服從進化律的時候又是受着上述各種歸納的事實所引導，我們現在就準備去搜求社會現象的綜合論。在着手的時候，我們必須先從家庭的進化上所表現的各種簡單的事實開始」。

討論要目

（一）達爾文的『最適者存』是什麼意義。

（二）達爾文的社會合作說。

（三）斯賓塞的進化律的主要方面。

（四）斯賓塞的有機比擬中四種形似的情形，那一項是最能成立的。

（五）有機比擬中最不相似的各種情形。

（六）延長幼稺時期的概念之意義。

（七）『先見』是有社會價值的重要性。

（八）列連斐爾的社會資本化的學說之估價。

（九）列連斐爾的『社會病態』概念之優點和弱點。

（一〇）謝佛爾與斯賓塞對於有機比擬說的主要區別。

（一一）麥肯賽的社會『進步的三條路線』中那一項是最重要的。

（一二）麥肯賽所主張的社會的『進步的障礙』。

（一三）十九世紀的生物學對於社會思想的主要貢獻。

附註

（註一）達爾文著：人類的降生(The Descent of Man)，一九〇四年，阿普勒登出版，第一二九頁。

（註二）斯賓塞著：第一要義(First Principle)，一九〇〇年，阿普勒登出版，第三章，第一四五頁。

（註三）斯賓塞著：社會學原理，一九一四年，阿普勒登出版，第一章，第五九六頁，又第五九七頁。

（註四）斯賓塞著：社會學原理，一九一四年，阿普勒登出版，第八四頁。

（註五）斯賓塞著：社會學原理，一九一四年，阿普勒登出版，第二部，第二章。

（註六）斯賓塞著：社會學原理，一九一四年，阿普勒登出版，第四五七頁。

（註七）斯賓塞著：社會學原理，一九一四年，阿普勒登出版，第二部，第六章至第九章。

（註八）斐斯克著：宇宙哲學大綱(Outlines of Cosmic Philosophy)，一九〇四年，密佛林(Houghton Mifflin)出版，第三章，第二八〇頁。

（註九）斐斯克著：人類的歸宿(Destiny of Man)，一九〇四年，密佛林出版，第十二頁。

（註一〇）斐斯克著：宇宙哲學大綱，一九〇四年，密佛林出版，第四章，第一二七頁。

（註一一）斐斯克著：宇宙哲學大綱，一九〇四年，密佛林出版，第三六〇頁。

（註一二）斐斯克著：宇宙哲學大綱，一九〇四年，密佛林出版，第三〇三頁。

（註一三）列連斐爾著：Gedanken uber die Socialwissenschaft der Zukunft，第二章，第八頁。

（註一四）列連斐爾著：社會的病態(Pathologie Sociale)，一九〇四年出版。

（註一五）麥肯基著：社會哲學大綱(Outlines of Social Philosophy)，一九一八年，麥梅林書局出版，第十四頁。

（註一六）麥肯基著：社會哲學大綱，一九一八年，麥梅林書局出版，第六五頁。

（註一七）麥肯基著：社會哲學大綱，一九一八年，麥梅林書局出版，第二四三頁。

（註一八）即是對於『個人』的思想。

（註一九）特許轉錄自斯賓塞著：社會學原理，一九一四年，阿普勒登出版，第一冊。

第十七章　萊思脫・華德的社會學

萊思脫・華德(Lester F. Ward——西曆一八四一年至一九一三年)的名聲，是著稱於社會思想的新舊時代交替之際。華德是屬於半新半舊的人物。他採取了孔德的實證主義，而一部分又根據於斯賓塞的進化原理，但是反對斯賓塞的放任觀念和進化定命論(evolutionary determinism)，特別是關於教育方面。也許他的顯著的工作是在搖動帶着斯賓塞色彩的社會思想，而促成一種新的思想方法。

華德是社會導進論(Social telesis)的提倡者。這種學說是說人類能够改變推翻，或催促大自然的過程。華德還介紹了動的社會學(Dynamic Sociology)的概念於世界人士之前。他雖也很注意於社會的靜學(social statics)但他的主要旨趣是在人類運用了智力以後，不僅能够改造物質的世界，還能改革社會的世界，而且人類不僅能够駕馭自然的勢力以達社會的目的，還能駕馭社會的勢力以達社會的目的。因此華德現在佔着地位，雖然他的一元哲學和他的心理學前提是不正確的，但他還是一位世界重要的社會學家。

華德生於伊利諾斯省(Illinois)的若雷(Joliet)地方。他受的教育有限，很早就做工去了，其初是從事農業，次則充任輪匠。他非常喜歡讀書，並且大都是自修的。自從他在南北戰爭服務出名後，他即在美國政府任職，繼續有四十餘年之久。他在政府中所任的，是地質學家和古生物學家的位置。不管他是勤勉於政府的職務，但他還能抽出時間去思索和著作編造的社會學的思想系統。

華德最初發表的社會學著作是動的社會學(Dynamic Sociology)最後發表的是宇宙之一瞥 (Glimpses of the Cosmos) 這部大著，除第一冊外，其餘都是死後出版的。其餘介乎上述二者之間的重要著作依次序排列，即是純理社會學(Pure Sociology)、應用社會學 (Applied Sociology) 和文化中之心理原素(Psychic Factors in Civilization)。

華德是嚴辭正色毫不假借的。一九〇六年，他開始教社會學的唯一實驗，是年六十五歲。他在布朗大學(Brown University)當社會學教授，直到死爲止——爲時共七年。他得到他的夫人做他的勤勞不倦的助手，她爲他保留了許多的『參考文字和報紙短評』、『親筆手札』和『傳記』。

動的社會學

華德之著動的社會學一書，是由於他覺得一八七五年以前社會科學的思想界過於荒蕪了。他觀察到斯賓塞流行的學說是靜的，而斯賓塞的美國信徒之觀念則僅僅是消極方面的動物。華德相信在社會科學能夠眞正成立以前，必須先表白積極的動的要素。無裨益於人類的科學是沒有生機的。爲求從當時那種無生機的現象中救出社會學起見，他即著述動的社會學，他認爲社會現象是可以由社會本身用理智去控制，以適於他本身的利益。（註一）在動的社會學中，他的主要論旨，即是『必先把普及教育當作一種明顯有利的而又最迫切重要的社會責任』他主張一種眞正進步的通俗科學教育的系統。(註二)他宣稱苦心孤詣所已搜羅到的事實，現在並沒有百分之一，爲百分之一的社會人員所認識，所以一萬個眞理並沒有一個是完全爲大家所了解的。(註三)

在社會思想中，受斯賓塞所保護的很流行的放任說，被華德用他的優越智力加以攻擊。華德反對所謂自然界的力量只是萬能的進化過程中底成分。他指明人類之所以異於禽獸，是由於人類發達了心理性質，這卽是見識和理性。他並說明人類因爲有這種發達，所以能夠認識這種盲目的進化力之作用，並且能支配這種進化力之作用。所以『放任說』不僅是錯誤的，而且是有害的。華德說：社會能改良其自身，並且牠應當合乎科學地使其自身去利用機會，這卽是眞理。

消極的進步卽是指那些社會力一任其自由，只附屬於一般進化律之下。(註四)至於積極的進步卽是用人類自覺的意志指導社會力。社會靜學討論社會秩序的性質；社會動學討論社會進步的定律。社會動學有兩種研究：一種是分析和敍述在自然定律影響之下的社會行程——這卽是純理社會學。牠是純粹的診察社會而無關於『社會應當如何』這個問題。牠是就社會現象和社會定律的原本面目加以敍述。(註五)其他一種卽是討論用人類的意念去應付自然社會力——這卽是應用社會學。牠是研究將積極力量應用於社會進化中的技術。這種方法很顯然地是人類的過程，並且完全依賴於人類本身的行動。應用社會學是討論社會的目的和效果。

純理社會學記述社會的自然發展；而應用社會學則討論用人爲的方法以加速社會中的自然過程。(註六)純理社會學討論成績，應用社會學則討論進步。但是應用社會學並不是社會改良，『牠本身並不應用社會學的原則，牠只要說明這些原理如何可以應用。」牠將這些原理認爲是社會行爲的指南。把這些原理應用於社會的和政治的實施方面，卽是社會改良。

自然進步和人爲進步的區別，是很顯明的。（註七）前者是盲目的發展，後者則爲有目的的造作。前一種是原始過程，後一種則爲目的的過程。前者顯然是增加分化，後者則具着預期遠慮之過程。人爲進步是優於天然的進步。

華德是一元主義者。他相信大自然的絕對統一性，從最初天體的變化以迄於社會風俗制度之嬗遞都是一貫的。（註八）他主張「生命是物質的一種性質，」並且他老老實實地宣稱「生命是許多分子所構成的一團原形質繼續運動之結果。」（註九）心理現象則是「一種關係，這種關係潛伏於腦和神經系統的物質分子之中，以及存在於這些分子和外在世界的物質之間。」心理固然是關係的、非物質的，但牠有物質爲之基礎。雖然，關係是構成物質的性質，所以心理也和生命一樣，同是物質的性質。（註一〇）華德所用以支持他的一元學說之邏輯，其本身則已表明了他的錯誤。

人類起源

不像孔德一樣，華德是相信人類自始卽反社會的而並全是自私的。當人類的最初時期，人類所遇的生活，幾乎是孤單岑寂的，至少也只是小團體的生活。（註一一）他們周圍的，都是一些無機界和有機界的富有毀滅性的勢力。他們幾乎是無多大的體力以抵禦那些兇猛的野獸。其中有些人利用了智力以濟其體力之不足。應用智力和機巧，他們遂得以征服野獸，保全生命以及蕃殖後裔。和這種機巧相並增加的卽是腦之大小也和身體之大小成比例也增加了，並且腦之結構在性質上也大大地改進了。

這種腦之發達，是用以明瞭團結利益的首要先決條件。（註一二）人類在當初卽認識了團結的功效，由此遂脫離孤獨的放肆的社會生活時期，而走到第二個互相爲依的合羣時期。這第二個的時期因爲受外界壓制的原故，並不含有永久性。互相團結的趨勢往往不順遂的，並且時常因爲爭有限的天然食物而致發生凶殘的衝突，把團結破壞了。華德因爲主張人類的祖先是暴躁好鬬的動物，他遂越出了科學歸納範圍。他因爲相信互助是自私心理的產物，遂再干犯了最好的科學思想。大概自私心理和互鬬意識是同時發達的，而發達的原因或許有一部分不相同。當到這第二個時期中，人類的語言卽成了一種技術，這是團結生活的自然產物。

雛型政治組織之出現，卽表明開始到了人類社會的第三個時期。爲求保護起見，許多部落卽互相聯合於中心統治之下。各部落之相聯合，由於外力壓迫或利益以求保護的原故；社會組織的範圍從此擴大了。然而爲求保障和平而成立的政府，卻變成了對外戰爭的一個重要原因。爭政權爭土地遂使人民陷於悲慘毀滅的戰爭中。現在的世界仍在這第三個時期。

然而照華德的意思，國際間的戰爭，將來終有一天會消弭的，國家的偏見是將會軟化的，語言的紛歧是會消除的，所有的政府大概行將凝結而爲一個。這一幅畫是代表社會生活第四個理想時期，並且也許永不會達到的。華德抱着強烈的信仰，認爲現代的國家主義的時期，定將繼之以大同主義的時期。華德想像人道主義的情感將得到最後的勝利，這種勝利也卽是實際利益之勝利，牠將把現代的語言，國家自大和國際仇視等等障礙一齊掃蕩，用一種單純的政治組織，將各國完全聯合於一個大社會團體中。（註一三）

社會力

華德之分析社會進化全憑於他的『社會力』(social forces)這個概念。主要的社會力卽是慾望 (desire)，任何天賦的衝動力當其未得滿足時，卽表現而爲慾望。這種求滿足的努力卽構成慾望以及構成社會世界中的動力『慾望是一切行動的主要基礎』。

慾望是有許多和很複雜的，但是一經考察，卽可把牠們分類。慾望有兩種基本而重要的類別，卽是營養的慾望和生殖的慾望。第一類的目的在求保持個體；第二類目的在求綿延種族。

『一切動物的首重慾望卽是求營養。』這種慾望自生至死都是主要的。華德概括的陳述，認爲人類花費了許多年代的幼稚時期都只是爲着生存物質之追求。（註一四）當到天然食物供給不足時，人類卽被逼於從事創作，從事勞動或者至於餓死。一個地方的人口太多了，不是某些人移住他處，則必須有些人從事勞作開發自然界以增加維持生存的物產。（註一五）

求生的慾望使人類從事勞動，雖然，勞動並不是人類天然的趨向。（註一六）照華德的意思，勞動乃是非天然的和討厭的。常常有飢餓的威脅，遂把人類改變而爲勞動的人類。然而要求勞動有效則必須繼續對着一定的目的加以努力直到達到此目的爲止這種過程卽是發明的本質，最高級的最有用的勞動之形式。人類無翅以飛行，無爪以掘地，也無其他防身的利器，在他當前的只有一條進行的道路，這卽是發明，由此他卽可以突破外界的限制，以及利用大自然。

華德忽視了韋伯倫(Veblen)所說的工作本能。（註一七）人類是有一種要動作要做事要活動的慾望。——只有如此，他纔能免除無聊(ennui)的感覺。他看見自然界粗糙的物質受自己心力的經營而變形，卽獲得無窮的樂趣。

雖然，這種營養的需要，大概是發明工具和貯藏食物以防飢的主要因素。這些工具和貯藏，卽構成了財產。而同時財產也就代表權力。取得財產的方法卽發生大力量。要求財產的劇烈競爭也發達了。「大爭鬪是爲求財物的而不是求方法；只求達到目的，不管採取何種手段」。（註一八）經過許多年代直到現代，這種取財的道德，都沒有什麼發達而能與其他生活上的道德相並行。

社會欺騙

欺騙的行爲很早就顯著了，我們欺騙一個動物以求捕獲牠，豢養牠或者殺牠。我們也欺騙自己的同胞，並且奪取他辛苦賺來的財物。社會是盲目地獎勵欺騙，甚至當到個人利用之以危害大家的幸福，也還是這樣地獎勵。社會是尊重那種善於取巧的人。

華德宣稱人類要求取得財產而不擇手段的慾望自來就是很強烈的（註一九）現在所已出現的唯一不同的地方，只是減少了惡毒的方法和產生了一些強制的法律，而這種法律也是使各個人去取巧，以及在規定的限制以內去實行他們的欺騙而已。這種求獲得的衝動，產生了大多數的社會罪惡，貧者過貧，富者過富，以及不事生產的富人，遠多於會生產的富人，這卽是證明社會上的罪惡。（註二〇）在另一方面因自己懶惰而致貧窮的人，是非常之多，但自己勤勞而仍然貧窮者爲數卻非常之少。

用軟化人類心腸的方法，並不能消弭這種奪取財物的罪惡。華德以爲要使人們不採取上述行動，而能利用他人財產以謀全體之福利，這是不可能的。於是他卽藉社會科學以教訓人們使大家知道那種行爲反乎他們自己的最高級之發展。

華德認爲賺錢的傾向，是一種最有利的心理屬性，而同時也是一種最庸俗最卑賤的心理屬性。（註二一）牠之所以有利，因爲牠是一切工商業興起的動因，牠使有閒階級得以從事於理智上的探索，牠鼓勵人們之探險發見和發明；牠是一切大事業之基礎；並且牠也是文明發展中的主要動力。文明既然全是人爲的，而金錢又能買得人類慾望的各種對象，所以金錢之擁有卽成爲大家努力追求的目標了。（註二二）

反之，賺錢也足以供給一種卑汚的享樂。牠常常流於貪婪。（註二三）牠使人類間產生一種金錢上不平等的現象。從道德觀點來說，求賺錢發財的努力，是人類最可咒詛的事。（註二四）因爲有這種求發財的努力，所以有許多嬰兒一睜開眼睛，卽是無窮財富世界中的富家翁；而其他同樣有價值的嬰兒則一張開眼睛卻是赤貧世界中的乞丐。

社會寄生者

社會分爲兩個階級：勞動者和不勞動者或寄生者。不勞動者利用他們的各種機巧的方法。（註二五）不勞動者獲得財物的主要方式卽是：搶劫、盜竊、戰爭、政治手腕、利用宗教和壟斷專利。這些方式之排列卽是代表不勞而獲財物的方法之循序史。

搶劫是最粗魯的取財方法。盜竊則代表最低級的機巧手腕。侵略的戰爭是大規模的搶劫，而至於引起愛族部的偏狹心理。戰爭中的狡騙欺詐，結果遂形成了戰術。政治手腕常常是被少數奸巧聰明的人物，爲自私自利而應用。他們一方面計畫供給羣衆慾望的方法，而同時他們自己則專享受從鄰國得來的豐富的報酬。至於利用宗教以取財的人物可用婆羅門教、佛教、奥賽利教（Osiris）、奥麥兹教（Ormuzd）和回教中的許多僧侶來做代表，他們發達了一種很有效力的取財的方法。他們常常是站在鬼門關的面前，利用死者親屬之悲傷和恐懼，卽要求一種報酬爲之超度以保證死後之安全通過危難。壟斷專利是很機巧地利用某種生活物料之缺乏，或者故意製造缺少的機會，由此而從中取利。壟斷專利之有組織者，爲交通方面、貿易方面、金融方面、勞動方面、製造方面。

非勞動分子的合作行爲優於勞動分子。很不幸地，勞動分子並不很了解合作的原理，也不知切實地從事合作。他們所受的教育，不及非勞動分子；他們的讀書時期，卽已用之於從事工業學徒了。他們一經學徒弟以後，勞動的疲倦使他們沒有餘時餘力以增加知識。（註二六）華德這樣地宣稱合作是優卓理智之產物，然他卻忽視了合羣本能、親子本能以及社會團結的衝動所佔的地位。當他稱競爭爲自然律而合作則爲人工的時，他僅看見一部分的眞理。雖然，他卻很銳敏地觀察到能夠合作的人們即得發達而壓制其他互相競爭的人們。（註二七）同樣的情形，個人要求保持自己的利益旣須合作，則社會要求一切進步當然必須有組織。

第二種重要的基本力即是生殖慾望。這種慾望是爲將來爲種族的。動物之進行表現這種生殖慾望是不會感覺什麼羞恥或禮義的。至於人類之表現這種生殖慾望則應用理性和思想的作用而發生羞恥和禮義的情緒。（註二八）牠們祕密表現而至於引起稀奇的危險形式。

在動物中配偶之選擇，大都由雌性方面而決定。事實上，在最低級的動物中是沒有雄性的。在某些比較高級的動物生活中，雄性只是附屬的。但是在人類中，男性的選擇是很發達的。兩性配偶這樣的變遷是動物界和人類界之一異點。這種轉變的情形，即由於生物愈進步，牠的有機體即更富於感覺性，並且男子應用他的理智即能引起和滿足女子的許多慾望，以及由此且能使女子把男子看作是她的保護者和唯一愛她者。（註二九）

愛的形式

在人類界中，生殖力首先表現一種雛型的性愛，即是動物天性上的性愛，但是卻含有基本的意義。兩性的戀愛是配偶中不自覺的，然而卻是很重要的因素。在比較進步一點的形式中，即稍爲帶着一種眞正的不過是暫時的相愛成分，於是兩性之愛卽成爲浪漫之愛。依照華德的意見，浪漫的性愛，不適於經常生活之人們。當性愛熱烈時，他們只彼此相聚而未能操作什麼事體了。男子不適宜於業務，婦女不適宜於社會生活，他們二者也不適宜於理智的探求。然而只有能滿足對方慾望的事物，纔足以引起他們兩造以努力追求。（註三〇）

天然的或性慾的戀愛既成爲浪漫戀愛之基礎，所以浪漫之愛也就表示開始產生了再高一級的戀愛形式，這卽是婚姻之愛。雖然，男子之愛其妻，或婦人之愛其丈夫，是根本與浪漫不相同的。這種婚姻之愛是比較固定的，不甚會擾亂經常生活之過程，並且也使家庭成了社會生產的制度。牠往往達到高度的精良組織，而且因爲夫婦能共受苦樂，遂發達了婚姻戀愛之優點。

由母性所產生的母愛表現了異常高度的勇氣，甚至在動物中也是如此。爲了保護她的子女底原故，母親常常是進行最可驚訝的動作。在她的最高的形式中，母愛畢生都表現了非常顯著的能力，以及額外的寬宏大度的行爲。

其次，卽產生血統關係之愛。照華德的意思，這種愛是指父系的和兄弟方面的慈愛。牠成爲血統關係之團結，這種結合存在於原始血統團體的分子中，並且也引起了種族的情感以及世界休戚相關的感覺。

華德也指明對於上述各種形式的愛，都有一種相關的恨。這種排拒力往往大於相關的愛。妬忌時常引起激烈的和破壞的行動。種族之恨，往往變成一種惡毒的慘酷的和很廣泛的情緒，而致於消失各種向着世界進步的趨勢。

婚姻制度是從這種生殖力的作用發展出來的。一夫多妻，一妻多夫以及許多其他婚姻形式由此產生了，而一夫一妻制則成為最優越的婚姻制度。

兩性間的差別

生殖力也引起了兩性在社會上的許多差別。男女在社會上的活動都走到了各佔有一個相間隔的領域，並且是代表懸殊的社會境遇。（註三一）雖然男女在一處過生活且結為伴侶，但是事實上，他們是居於相間隔的世界以及在不同的地面上。兩性間有幾種重要的不平等的現象。（一）服裝方面的不平等；這種不平等使婦女負載着一些裝飾品，並使她感覺大大的不安和痛苦。（二）責任上的不平等；這種不平等現象即使把婦女限制於家屋中，並把她當作奴隸或嬌妖的嬖人。（三）教育上的不平等；在往昔，社會使婦女不能有各種機會以獲得經驗知識。再者，社會也拒絕婦女去受訓練而獲得知識。（四）權利上的不平等；這即是說婦女在法律之前是受歧視的。在立法上沒有直接的代表，在財產方面她們也感受痛苦。（五）一般性別上的不平等；即是說有時候，婦女被視為男子的財產或奴隸。總之，婦女一向是不允許參加高級理智活動的，同時也不允許享受社會機會和政治機會的，直到近年來，這種情形纔發生變遷。

說到華德的慾望之類別，我們現在可以進行討論第三種力——社會發展力(sociogenetics)和營養力或生命發展力(nutritive and reproductive)及生殖力或種族發展力(ontogenetic and phylogenetic)不相同，這種社會發展力是直接產生民族改良或社會改良的生命發展力保證個人的存在；種族發展力保證一民族之存在；社會發展力則保證民族或社會的進步。華德分社會發展力為道德的、美感的和理智的諸種。（註三二）

道德是民族的或者是個人的。民族道德大都是風俗之產物。依照華德的意思，所謂責任即是有利於種族安全的行為，至於美德卽是生活和品性上的態度而適合於使人類在地球上得以保存和繼續。（註三三）反之，個人的道德則根據於互愛之上。互愛卽是耗用自己的精力以為他人之利益，並且包含希望他人也如此待遇自己的心理狀態。道德產生人道主義（humanitarianism）其目的卽是淑世主義（meliorism），淑世主義之目的，則在乎組織社會以使可以保持最大的享樂而減至最少的痛苦。淑世主義對於人類社會是一種非感情的改良。（註三四）

華德主張美感力（esthetic forces）含有一種要求顯著深刻的對稱形式之需要。一種自然風景初視之好像是不規則的齒狀形的，然而實則牠骨子裏有一種根本的對稱和平衡。雕刻、畫、園藝等大都是大自然之模仿。至於建築則着重直線，有規則的曲線以及其他對稱的和幾何的形式。（註三五）因為普通樂器之發明，音樂卽公共給一般人民欣賞。然而不幸的，像這種通俗之發明尚未出現於圖畫和雕刻的領域中。這些領域是限於最高級的天才人物，並且其精良的作品是被少數有興趣有錢財的人所專有的。（註三六）

理智力

理智力卽是求知的慾望。這類的慾望有三種：（一）探求知識，（二）發現眞理，（三）傳播知識。（註三七）探求知識的慾望大概在少年時期是最強烈的。少年常要知道各種事物，而沒有辨別力。要求發現眞理的慾望滿足了，卽感覺無限的愉快。把知識傳播給他人的方法有四：（一）談話，（二）教訓，（三）演講，（四）著作。

除了活動力以外，在社會中當有一種指揮力，這卽是理解力(the intellect)。華德區別感情和思想，或者說區別這種當作情緒食慾和動機的智力以及那種當作思想和觀念起源的智力，這種區別是臆斷的有危險性的。（註三八）華德的心理學大家都認爲是非科學的。華德差不多把思想或觀念理解力完全和意識作用相分離的，他未有看見思想和觀念的活動性質，他把思想只看作社會中的指揮力。

華德在思想方面找着了種族希望。蓋思想能够約束和利用社會的精力，牠能產生有目的的進步法，這種方法遠優於那種盲目的殘酷的自然法。富有無限物質的大自然，產生了許多過剩的物質個體，而一任環境去選擇最優良者。（註三九）大自然之獲有如此成就是經過無數倍的機會纔達到的。所以所謂適者生存結果逐犧牲了大多數的同類——這是一種非常浪費的方法。至於心理的方法則相反。藉着事先計畫的方法，心理卽利用社會的一切動力（人類的慾望）作一種建設的有秩序的應用。藉此有目的的方法，社會浪費卽可減少至最低限度。人心能覺知最好的社會目的，並努力追求之。至於大自然則是盲目的。思想之權力能够制服自然力並利用之以滿足人類需要。

社會動學（註四〇）

華德闡發了社會動學(social dynamics)以迄於社會進步的四個主要原則。（一）第一個原則他稱之爲『勢差』(difference of potential)（註四〇）這個名詞是他從物理學上借來的，用以指示各個人能勢上之差異。例如文化中的溝通情形卽可表明這種差異。牠攪擾社會的穩定性而產生社會的易變性。兩性上的差異，也視爲足以維持這種勢差。無陰陽兩性的生殖是千篇一律的，至於有陰陽兩性的生殖則其後裔卽向各方面分化變異。由不同種子雜交所引起的勢差是很活動的。結果卽產生無數的變化，並且由此，卽供給許多機會以圖進步。同樣的情形，各種文化之互相溝通對於社會進步也有了許多機會『進步是從不同的原素相融合而產生的』。（註四一）再者彼此意見之相衝突也足以表明白這種勢差。思想上也會發生衝突的，其結果似乎卽是發明。勢差可以引起有創造性的綜合作用。（註四二）當到兩種原素連合在一處，其結果往往不止是諸原素相加的現象，而有更甚於此者。例如氫氧二氣在一定的比例中相結合卽成水，而水的特質並不是氫氧二氣任何一種所具有的。同樣的情形，兩種觀念由人的心理作用使之結合卽產生新觀念，而致於進步。

（二）第二個動的原則卽是創新(innovation)在變態的動植物中，可以找到這種類似的情形。在自然界和社會界中，常常出現偶然的變異。生命有時候是會超出純粹遺傳的界限——結果卽是創新。從突變(variation)或創新的意義來說，變異似乎是由於生物繁盛的原故。有時候大自然對於生物也給予一種改變力，破壞那種嚴格的遺傳律，反抗牠自己的法則，而使之茂盛。

社會創新即是發明。新觀念往往是偶然出現的。強健的心力開闢一些新境界，認識本體的新形相，以及創造些觀念，這些觀念是與過去所已確定的和認爲眞正的觀念相反。

（三）華德第三種的進步原則即是稱爲決擇（conation），這個概念即指要求滿足慾望，保全生命或改良環境的社會努力。一個人能夠常常滿足團體的慾望，則他即推動了社會進步的原因。母親養護着子女的生命，則她有裨益於種族之福利。父母爲子女起見而致於有所犧牲，則這種努力即足以促進社會之幸福。無論是對於物質環境或精神環境所加的各種改良，都有利於人類。由此說來「決擇」這個名詞，是包含許多活動的，這些活動是常見於日常生活中，並且活動者是無意地增進了人類幸福。

社會導進論

（四）華德所敍述的第四個動的原則，曾經說過了，這即是社會導進（principle of social telesis）的原則。社會導進之可能性是無限的。社會導進能將人們的感情和慾望轉變而爲社會有用的過程。這些情感只有當到用之不得其當時，即是不好的。牠們像火一樣——牠們有害，牠們也有利。如果社會的人員能夠發展其深謀遠慮，盡心竭力以爲社會，則他們即能改造此世界。

華德相信，理智的權力並不如情緒的力量那樣大，也很相信中等智力的人即有創制權。因此，社會好好地發展一般人的中等理智，即可成爲一部分的智慧。所謂只有很少數是天才，以及只有這些人的優越能力纔能制勝環境，像這種觀念，華德是反對的。他主張所謂天才大都是心理精神集中的事象，由這種集中的過程，所有的人對於文明都可以貢獻有價值的事物。

華德指明天才之出現於這個社會階層，也如出現於別個階層一樣；出現於窮人叢中，也如出現於富人叢中一樣；出現於茅屋中，也如出現於皇宮中一樣。他也說明了因爲缺乏機會的原故，社會如何地把下層階級中的天才和人才殘酷地犧牲了。對於這種問題之解決，華德主張公平的社會分配，即是把一切有利的知識分配於所有的人類。合乎科學的制度是要把牠完成的，以求使業已發見的大多數有用的知識，得到較好的分配。華德是強烈地贊成教育社會化。

華德死後一個月，在美國社會學雜誌中發表了一篇他的遺著，用優生學（eugenics）、優境學（euthenics）和優行學（eudemics）（註四三）這樣的名詞，討論他的社會進步的觀念。他用健全環境說來補充健全生育說。社會的實際效果即將成爲文質彬彬的狀態，或者說是健全人民的社會。

華德是主張社會政治（sociocracy）的人物。所謂社會政治，他並不是指民主政治，也不是指個人應用政治以謀私利的政治。社會政治之意義，即是指社會上各個人不爲私利，均爲全體社會福利之政治。

在華德心中，成績（achievements）也是個重要的概念。他認爲「成績」是人類生活的一個主要目的。在人類進步的行程中，有了成績，則一個人即可獲得社會上之不滅。人類大衆現在對於社會，都沒有什麼成就。

關於討論華德的社會學思想作者之目的，並不要進而說及他的與這方面有關的，含有抽象意義和哲學意義之論文。作者也不想去挑剔華德思想中的弱點，除了指示到他的有缺陷的一元哲學和有謬誤的心理學。作者的目的，只在示使華德社會學系統中的健全優良的成分明白而有效地表達出來。

社會學（註四四）

「社會學的科學，如果是有一個確定的來源的話，是由孔德所創導的，孔德最先引用這個名詞，是在西曆一八三八年他所著的實證哲學 (Cours de Philosophie Positive) 第三版，第四冊，第一八五頁，但這個名詞所依據的各種概念是早已有了，而孔德本人也認爲最早討論它的是孟德斯鳩和康多塞。

「當然，社會科學觀念的主要原素，是承認社會現象的固定性和一貫性。統計已經證明有許多種類的社會現象是如此的；而在孔德以前已經有很多學者宣稱人類行爲和社會動作的不固定性和隨意的性質是因爲這類的事實過於複雜，以致人類的能力不够將它們歸納到若干普通的定律裏面。」

「現在有許多重要的科學家和哲學家承認和表示：凡一切可以觀察到的現象都有它們的來歷，所以要想去研究這種來歷的工作不再是不可能的了。因爲如果承認某一現象是有絕對獨立性的可能，那末當然不能去追究其來歷了。

「現代的大思想家也還同意和宣稱：人類能力所可以成功地維持的唯一最後目的，是改良地球上的人種。

「在這兩種主要原則的有力的刺激之下，組織人類知識的工作是正在推進，而且很有希望在最近的時期內達到完善的境地。待到科學分類的工作可以認淸各種科學的排列是有相當的聯繫和次序以後，纔能有各種現象集體的滿意的排列，這裏所說的聯繫和次序是要使對於初步的時期相當的認識，成爲完全了解更進各時期所必要的。

「只有發現了和把握了線索——這是在高漲中的人道所供給的——以後，纔能使充分的精力或能耐貫注於達到成功的努力。現象的普遍因果依賴的概念，如果轉變爲一種活動的工作原則，就是一切發展或進化的普遍學說。高度的功利動機，集中一切有利於人類的思考，結果祇有建設人類生活的科學，卽是社會學，以爲最後的科學，而集科學之大成。

「因此，一方以進化的原則作爲一種法則和引導，一方以「淑世主義」（孔德著實證哲學，第二冊，第四六八頁）爲動機或推動力；組織各種事實勢力和現象使成爲一個有次序和聯繫的系統，這工作，已經在確定地和迅速地進步了。」

社會力

「一切行爲的動機是感覺，歷史上各種偉大的運動是有了猛烈的感覺纔造成的，所以有猛烈的感覺的人們纔能對於社會的性質發生絕大的影響。純粹的理智感覺是不够直接去指揮大衆的，在這方面最適當的歷史例子是古代的希臘。但甚至從古代希臘遺留的文物中所找到的材料，也是很不充分的和空泛的。感覺對於知識發生影響以致蘇格拉底派犧牲其一切要求的單純事實，也使我們對於其他歷史所沒有載及的各種情形，只看到一個含糊的影子。在過去的整個時期，人類是受着感情力量的驅策，而從未直接受過知識的深刻感動。因此，我們看到衝動人類的心理媒介大都是屬於宗教性的。宗教是感情達到具體和有組織的情形，它是代表着人類的感覺的大團結。許多宗教改進家所獲到的偉大成功是因爲感情力量的所向披靡，而不是因爲有了優越的知識。關於這是公衆意識的經常狀態，我在另一處再行伸述（華德著：動的社會學，第二册，第一一一頁、第一一三頁和第一二三頁）。這裏我想特別使大家注意的事實，是世界至今不但爲感情所統制而不受知識的統制；並且世界的眞正領袖如果要想成功，他們不只是熱心家和空想家，在大部分的情形中他們還須是瘋狂者——就是與瘋狂者這名詞有些相似的。現代的醫學界已公認那些信仰神力和創立宗教制度的人們的偉大行爲不但是屬於病態的，而且他們的頭腦的確是有些失掉常態。

『我們就可以知道一種奇特的事實就是自從古時到現在，大家都沒有受知識和理性的指導和驅策，而是受着許多患癲癇者(epileptics)和偏執狂者(monomaniacs)的磁石般的感情所統制和指揮。

『這種可以驚異的事實更有力地告訴我們要想策動人類行爲是需有感情而不需知識，這個問題不但是可用邏輯的和心理學的表演來證明，而且也可以用物理的表演來證明的。但這原理還是有些含糊，因此必須要有上述的解釋纔能使人明瞭。有許多人們（他們中間也有很多明達之士的）希望有一天這種社會狀態會翻身過來，並希望將來由知識和理性來統治社會，以替代情感。這些人們是會失望的，不但在現代，而且在永遠的將來都是要失望的。知識不是一種衝動的力量，而是一種指導的力量。只有感情纔能策動社會前進，不論其方向是禍是福」。

社會改進

「用辯論、勸告和其他一切哲學家所有的方法以求社會改進，一定是道德的督促而非理智的督促。如果要想成功，必須循着以前一切同樣的努力的路線，以及文殊、若洛斯特(Zoroaster)、孔子、基督和穆哈默德等人物的宗教制度和道德方案，同時社會的改進與這些偉大的和成功的制度一樣，必須合乎其對象社會的情形。以前那些宗教的和道德的制度中任何一種，如果在目前的美洲和歐洲施行起來，一定開頭就會失敗的。每一種方案必須有合理的特質，而且與人民的能力成爲適當的調劑。」

自私主義和利他主義

「自私主義是要求增加一己的快樂和減少一己的痛苦的感情。利他主義是替旁人要求這些事情。當然這是可以，而且在相當時候（華德著動的社會學第二册，第一四六頁又第三六八頁）是要說明，在最近的科學分析上，自私主義和利他主義是二而一的，因爲利他主義只是一種間接的自私主義，不過有同情的動機，即是一種設想勞人所受痛苦的感覺。這種感覺的組織是精微的，其力量與本質比例起來是可算得很強大的。因爲這原因，並不爲了利他主義是屬於另一種性質的，所以利他主義是更爲高尚可貴，雖然至今與自私主義這感情比較起來是弱一些。」

社會的進步

「雖然一切有系統的努力至今還沒有能够獲到人爲的社會進步，以致前途的希望很難樂觀，但是成功的唯一希望是在用和以前同樣方法和同樣態度的其他有系統的努力繼續進行；換言之，就是信任感情的力量足以唯一的策動社會活動。如果這也是沒有希望，那末人類只能在純粹的自然勢力中飄浮着；隨了地球所能變化到怎樣的情形而走着，可是大家不能認爲宇宙的進步，雖是很遲緩，也並非繼續到無窮無盡的時期。在下面（華德著：動的社會學，第一冊，第七〇四頁又第七〇六頁；又第二冊，第十五頁，第二一〇頁又第二七二頁）將詳述這個人羣聚居的地球上不久就要看到人類進步有枯竭的一天，而反動的黑暗和絕滅就要應運而生，以後永久不再有進步的曙光可以看見，除非有比較天演淘汰更迅速的和更確的東西發明了，致影響於心理能力的發展。這種心理能力是人類與地球上萬物的最大區別，並使人類可以遍散於地面的各部。地球的資源並不是永遠取之無盡和用之不竭的，除非運用聰明的智慧預先加以積極的保育。」

「問題是在運用偉大的感情力量，而這種力量是永久在努力以改進社會，但缺少了相當的理智指導，就是要求眞正進步的機械系統，以達成所企求之目的。上面已經說過了，只有智能纔可以擔任這項工作，它也必須與事實聯絡起來。總之，正眞需要的是知識，知識是智能所闡明的眞理，聰明的頭腦加以知識的幫助，就成爲最可靠的指揮力。在這種作用上最適當的知識，是可以由物質和自然勢力方面獲到的。既然只有利用這種東西纔能達到企求之目的，所以對於這些東西的知識是指揮改進人類的熱忱之最重要的需要。因此，只有對人羣宣佈知識纔能希望獲較大的社會進步，社會進步就是比較大自然在天演淘汰過程中所產生的進步更大。上面所說的知識，就是包含在科學這名詞中，而宣揚這知識的方法就是名爲教育。那末，眞正進步的系統之第一原則是普遍的科學教育。」

「現在我們時常會極力提倡利用大家一切高等的官能以求知識的增進，然後可以擔任獨立的創作研究（華德著動的社會學第二册第五六五頁）。這是很好，但事實上創作研究已經發現的許多事實還不到百分之一是被社會人士百分之一所可以得到，所以一萬個眞理中沒有一個被人充分利用。現在社會中既是沒有適當地利用已有的眞理，爲什麼再去搜求新的眞理呢？這種資料的積留不但超過社會去利用的能力，而且社會連它們的存在也不知道，因此它們雖有相當的直接利益，可是同時也間接造成了社會本身的若干罪惡，這一點是不難證明的，這是好像把胃內塞滿了食物而希望胃內的消化力就可以增加一樣。」

「現在所需要的社會進步是導進論的進步。過去社會所有的遲緩細微的生產進步，不够去追上人口的增加率。自然進步爲改良社會情形的整個運動因爲個人人數的迅速遞增，其效力就被抵消。這人數遞增的本身是使人類能够延續下去（華德著動的社會學第一册第七〇三頁又第二册第二〇九頁）。大體上講，社會情形並沒有顯著的改良。當然世界享受到這種無組織的自然進步所賜予的千萬種物質的恩物，但是我們如果看到無產階級的情形，如果同時又看一看大都市或大種植地，或走到產業中心去參觀的時候，我們一定覺得社會的理智物質等情形雖是高度發展，但人類的道德情感等情並未有絲毫的進步。社會上一方面有千百萬工作過度的人們，而在另一方面又有着千百萬失業的人們。人類文明所造成的，也還有一切麻木窮困和其他無數的痛苦。我知道一定有人會說這些情形是不可免的；是由於遺傳的墮落性、懶惰性，以及其他人類邪惡的性質所造成的；因此，也是無法可以救治的，但這就是癥結所在的地方。有些人們認爲用不到去救治，而上述的一切情形，是社會完全沒有組織的結果——那些痛苦的羣衆只是不幸者，他們在謀生活的慘酷競爭中是被擠到邊上而碰壁了。也有許多人們相信社會組織要移去，和最後剷除，這種罪惡，並不是妄想。事實上差不多每人自己雖不承認，而都是有類似這種的見解。在古代這些概念並沒有像現在的普遍。大家在這方面的努力所遭受了失敗，後來就抱着懷疑的態度。前面提及的各種道德和宗教的系統，也正是爲達到社會導進的進步之努力。甚至世界上一切改良的希望都廢棄了，或一切努力都集中在謀得未來生活上的同樣結果，但傳教師和宣道者的工作仍是一種導進的努力，以冀人類獲到幸福」。

『爲什麼高唱着「放任主義」好像社會是能够自謀進步的呢？同樣地可以對一切發明家說：你們不必再想法子去控制大自然了，讓它去好了；它本身能有控制的；如果不去阻撓，它也會在相當的時期內製造大家所需的軋花機、收穫機、印刷機和噴沙機等等東西的。爲什麼因了首次發明的電報線和海底電線失敗，就嚷着叫惠特斯東（Wheatstone）和非爾士（Fields）不必再去煩心那些事情，說它們自會有辦法的呢？在事實上，依我對於第二件事情的記憶來說，許多人們並沒有什麼表示。雖然他們並不認爲大自然能够自己產生海底電線的，但他堅持這事情是永遠辦不到的。在社會學的問題上，這最後一種態度也是很普遍的。在物理學和機械學方面，以及在工業和商業方面，我們普通總是稱呼這些人們是「悲觀者」（croakers）和「阻撓者」（retardataires）。那末在社會學的領域中我們稱他們什麼呢？如果社會上因爲成立了一種社會科學而可以獲到利益，除了照其他各種科學的成功方法以外，怎樣可以辦到呢？在物理學上成功的一位研究者要是繼續地主張：雖然他所測驗的一切現象都是有一致性的，並受固定的定則之控制；但大家不用去希望這種現象可以由人力變爲比自然狀態下更有益於人類；所以他就對於一切努力於這種工作的人們，說是多管閒事而想去變動大自然的鐵律——那末大家對於這位物理學者作何感想呢？這種態度一定是被稱爲絕對的矛盾，因爲人類在實際上由對於自然勢力的人爲的和多管閒事的統制而獲到很多益處，而且每一種成功的研究，不論對於人類有沒有直接的益處，都是含有超越自然的意義的。

『任何科學能够有實際的價值之唯一方法，是在使人類因了它所給予的識見和預示而能控制科學所說

明的定律和勢力，以致人類更能滿足自己的需要。社會科學當然也不能例外，它也得嚴守這範疇。但是社會怎樣能够自己或由選擇出來的代表加以統制呢？」

社會統制

「社會學所要求的實際工作，最簡單地說，就是感情的組織。人的身體是感情的儲藏所，這些感情如果不受到阻礙就是愉快的。但是感情的質與量上有着各種程度的區別。它也有面積、高度和聲色的，譬如快樂所能達到的高度是很高的，而且沒有法子去測量的。感情是和自然界其他東西一樣，爲外在的勢力所衝動而永遠活動着。感情的自然流溢受到了阻礙時，卽變爲痛苦；而這種反面的感覺也和正面的或愉快的感覺同樣有着深淺的程度。社會學的特別問題是在於統制這些勢力，免除各種阻礙自然軌道中的感覺的東西，增進和加濃適合於正道的感覺的東西以及預防任何足以引起反動的刺激。這種刺激對於人類幸福總量所發生的影響是較大於刺激的本身所能收獲的利益。

「這就是社會科學一旦獲到相當的工具，就要開始處理的眞實問題了」。

報酬

「在許多阻礙社會進步的東西中，還有情形是一切爲謀進步的工作是沒有報酬的。從事於科學發明的工作大都是贈予的，因爲它是得不到代價。事實上它還會遭受劇烈的反對，因此甚至有人爲科學而犧牲一切。關於進步思想的議論總是不很受人歡迎，更得不到報酬。凡營利的工作差不多全是不進步的。收入最豐裕的人們都是專門爲謀維持社會現狀而工作，例如律師、法官、政府官吏以及平民生活中的商賈和其他各種不生產的自由職業者。在文藝界方面報酬最多的作家，大都是描寫現實的，而且題目愈是空泛和瑣屑，獲到的報酬也是愈大。那些人們能够說明古時的事物是怎樣，未來的事物是怎樣，和現在的事物爲什麽是怎樣——但他們的工作是白費了，而且永遠會遇到人家的反對。」

「現代的社會已經是成了這樣一個局面，卽是最沒有價値的人們可以得到優美的報酬，同時眞實有價値的人們反而被有組織地擠出去了。成績最少的人們是最愛受人家的贊譽的。這是够使大家相信時代的沒落中，因爲大家看到許多沒有修養的人們熱望着了「低賤的名聲」，而社會方面又願意去用報紙或其他方法以助成之。眞正有修養的人們反享不到聲名，只有在旁邊譏笑那些無功受賞者，但眞的成績仍是不能受人歡迎而被大家所贊賞。」

愚昧與知識

「人類的進步更是因爲大家昧於自己的利害關係而受到頓挫。凡反對改革運動最厲害的人們，時常是最受這種運動的利益者，如果是大家能够採行的話。好像奴隸宣稱他自願做奴隸而幫助主人將束縛本身的賦隸釘住一樣，社會的愚昧者通常也反對智慧，盡力阻撓達到它的希望。在教育方面有一種矛盾的事情：即反對教育者就是證明他們自己是需要教育」。

「這事情中的道理是：如果他們能夠在生物學中或其他科學中發現同樣情形的不平等，就足以促大家去設法改善了。我們對於科學的唯一實用，是在將它的性質改進，以統制各種的勢力——社會勢力也在內——和改良我們住居在地球上的生活情形，這纔是眞正的和唯一的文明。文明已經將一切大自然界粗劣、廢棄和冷酷無情的勢力征服了；但它並未將兩性的關係加以處理，或甚至現在將野蠻人種的兩性關係愈演愈壞，這是文明的恥辱。可是在這種情形之下，一般像巴本式(Bourbon-like)的科學家反而去創造野蠻的人類優勝標準和社會制度的典型，那是更可恥的了。

「我們應該自己欣慰大家沒有仍舊是獅子、蜘蛛或穴居者，而都變爲文明的人物。所以我們應該設法將社會政策成立於光榮、公正和平等的原則上，並不依據野蠻的本能或野人的貪婪。」

教育（註四五）

「教育的問題因此就成爲：社會的分子是否將繼續着自然的和無組織的勢力之下的生活，漸漸地採納自然的知識，但其中有許多概念因爲含有差誤的勢力，不能成爲知識；他們是否就這樣地組成各種不加分析的和無系統的觀念，大半是客觀地不眞實的，其餘大部分也是窄狹而無價值的，但大家的行爲又跟着走，對於個人或社會都發生相當的影響此外，他們是否必須於一部分的青年時期在人爲的情形中生活，這種情形是受着合於意識和能够產生觀念的勢力所支配，而這種勢力又是可靠和重要的，由於這種勢力，人類的腦力正常地運用着，一定獲到可靠的和有價值的知識，造成堅實的個性，促進最高的倫理的和有力的行爲，對於個人和社會都嚴格地產生相等的影響呢？簡言之，它卽是問：社會制度是否就永遠讓它飄浮着，完全交託給不一定時常在進步的勢力去左右；或者是應該被認爲一種藝術的主題一樣，被人類的智慧像處理其他大自然的產物那樣地加以研究，而造成比自然的情形更超越的狀態，好似其他人爲的東西是比自然的更優美呢？」

討論要目

（一）華德的卓越性。
（二）華德關於社會學的主要作品。
（三）華德所貢獻的主要社會思想。
（四）華德對於放任主義的態度。
（五）華德的「純理社會學」的概念。
（六）華德對於實用社會學和社會改進的區分。
（七）人類的工作是「後天性的」。

（八）華德對於營利爲終身職業這一點的估價。

（九）浪漫式戀愛的主要特徵。

（一〇）夫婦愛的最高價值的來源。

（一一）母愛的卓越的特徵。

（一二）血族戀愛的特點。

（一三）婦女所受到的主要的不平等待遇。

（一四）責任與德行的性質。

（一五）淑世主義的意義。

（一六）主要的理智慾。

（一七）創造性的綜合作用的要素。

（一八）決擇在社會思想上的價值。

（一九）華德的『社會導進論』概念。

（二〇）『偉大』的主要原由。

（二一）優生學和優境學對於優行學的關係。

（二二）民主政治與社會政治的區別。

附註

（註一）華德著：動的社會學，一九一一年，阿普勒登公司出版，第一册，第二五頁。

（註二）華德著：動的社會學，一九一一年，阿普勒登公司出版，第一册，第二二頁。

（註三）華德著：動的社會學，一九一一年，阿普勒登公司出版，第一册，第二二頁，又第二三頁。

（註四）華德著：動的社會學，一九一一年，阿普勒登公司出版，第一册，第五六頁，又第五七頁。

（註五）華德著：純理社會學，一九一四年，麥梅林書局出版，第四頁。

（註六）華德著：實用社會學，一九〇六年，金恩書局出版，第五頁。

（註七）華德著：動的社會學，一九一一年，阿普勒登公司出版，第一册，第七二頁。

（註八）華德著：動的社會學，一九一一年，阿普勒登公司出版，第一册，第一四三頁。

（註九）華德著：動的社會學，一九一一年，阿普勒登公司出版，第一册，第三二〇頁。

（註一〇）華德著：動的社會學，一九一一年，阿普勒登公司出版，第一册，第四〇八頁，又第四〇九頁。

（註一一）華德著：動的社會學，一九一一年，阿普勒登公司出版，第一册，第四六四頁。

（註一二）華德著：動的社會學，一九一一年，阿普勒登公司出版，第一册，第四五二頁。

（註一三）華德著：動的社會學，一九一一年，阿普勒登公司出版，第一册，第四六七頁。

（註一四）華德著：動的社會學，一九一一年，阿普勒登公司出版，第一册，第四七四頁。

（註一五）華德著：動的社會學，一九一一年，阿普勒登公司出版，第一册，第四八六頁。

（註一六）華德著：純理社會學，一九一四年，麥梅林書局出版，第二七〇頁；又華德著：動的社會學，一九一一年，阿普勒登公司出版，第二册，第五四一頁。

（註一七）韋伯倫著：人類工作的本能(The Instinct of Workmanship)一九一四年，麥梅林書局出版。

（註一八）華德著：純理社會學，一九一四年，麥梅林書局出版，第四九七頁。

（註一九）華德著：純理社會學，一九一四年，麥梅林書局出版，第五一六頁。

（註二〇）華德著：純理社會學，一九一四年，麥梅林書局出版，第五一八頁。

（註二一）華德著：純理社會學，一九一四年，麥梅林書局出版，第五二〇頁。

（註二二）華德著：純理社會學，一九一四年，麥梅林書局出版，第二冊，第三四一頁。

（註二三）華德著：純理社會學，一九一四年，麥梅林書局出版，第一冊，第五二〇頁。

（註二四）華德著：純理社會學，一九一四年，麥梅林書局出版，第五二二頁。

（註二五）華德著：動的社會學，一九一一年，阿普勒登公司出版，第一冊，第五七九頁。

（註二六）華德著：動的社會學，一九一一年，阿普勒登公司出版，第一冊，第五七九頁。

（註二七）華德著：純理社會學，一九一四年，麥梅林書局出版，第五九四頁。

（註二八）華德著：純理社會學，一九一四年，麥梅林書局出版，第六〇六頁。

（註二九）華德著：純理社會學，一九一四年，麥梅林書局出版，第六一五頁。

（註三〇）華德著：純理社會學，一九一四年，麥梅林書局出版，第四〇三頁。

（註三一）華德著：動的社會學，一九一一年，阿普勒登公司出版，第一冊，第六四一頁。

（註三二）華德著：純理社會學，一九一四年，麥梅林書局出版，第十五章。

（註三三）華德著：純理社會學，一九一四年，麥梅林書局出版，第四二〇頁。

（註三四）華德著：文化中的心理原素，一九〇六年，金恩書局出版，第三四章。

（註三五）華德著：動的社會學，一九一一年，阿普勒登公司出版，第一冊，第六六九頁，又第六七〇頁。

（註三六）華德著：動的社會學，一九一一年，阿普勒登公司出版，第一册，第四七三頁，又第四七四頁。
（註三七）華德著：純理社會學，一九一四年，麥梅林書局出版，第四三八頁。
（註三八）華德著：純理社會學，一九一四年，麥梅林書局出版，第四五七頁。
（註三九）華德著：純理社會學，一九一四年，麥梅林書局出版，第四六九頁。
（註四〇）華德著：純理社會學，一九一四年，麥梅林書局出版，第二三一頁。
（註四一）華德著：純理社會學，一九一四年，麥梅林書局出版，第二三七頁。
（註四二）華德著：純理社會學，一九一四年，麥梅林書局出版，第七九頁。
（註四三）華德著：優生學優境學與優行學，見美國社會學雜誌，第十八卷第七三七期至第七五四期。
（註四四）特許轉錄自華德著：動的社會學，一九一五年，阿普勒登公司出版，第一册。
（註四五）特許轉錄自華德著：動的社會學，一九一五年，阿普勒登公司出版，第二册。